# 龙云传

LONG YUN
ZHUAN

谢本书 著

团结出版社

图书在版编目（ＣＩＰ）数据

龙云传 / 谢本书著. -- 北京 ： 团结出版社,
2019.11
ISBN 978-7-5126-6998-7

Ⅰ．①龙… Ⅱ．①谢… Ⅲ．①龙云（1884-1962）—
传记 Ⅳ．①K827=7

中国版本图书馆 CIP 数据核字(2019)第 055365 号

出　版：团结出版社
　　　　（北京市东城区东皇城根南街 84 号　邮编：100006）
电　话：（010）65228880　65244790　（出版社）
　　　　（010）65238766　85113874　65133603（发行部）
　　　　（010）65133603（邮购）
网　址：http://www.tjpress.com
E-mail：zb65244790@vip.163.com
　　　　fx65133603@163.com（发行部邮购）
经　销：全国新华书店
印　装：三河市东方印刷有限公司

开　本：170mm×240mm　　　16 开
印　张：25.5
字　数：310 千字
印　数：4000
版　次：2019 年 11 月　第 1 版
印　次：2019 年 11 月　第 1 次印刷

书　号：978-7-5126-6998-7
定　价：68.00 元

民国时期立于云南昭通的龙云铜像

龙云夫人李培莲及儿子龙绳勋、女儿龙国璧

1943 年，龙云与美国将军史迪威在昆明

龙云与飞虎队领导人陈纳德在昆明，1944 年

龙云与缅甸总理吴努在北京，1955 年

龙云（左）与李济深（中）、陈其尤（右）在北京，1955 年

1955 年，龙云（左 2）在莫斯科大学访问，右 2 为莫斯科大学校长

1956 年，龙云（右 2）与国民党将领冯占海（左 1）、陈铭枢（左 2）、张之江（右 1）在北京

龙云（右 2）、彭真（左 3）与苏联领导人赫鲁晓夫（左 2）、布尔加宁（左 1）、伏罗希洛夫（右 1）在莫斯科，1957

# 目　录

龙云传

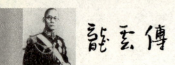

# 前　言

云南，这是一块神秘的土地，神话传说的故乡。30年前，当我从四川第一次踏上云南这块土地的时候，一种异样的新鲜感袭击了我。在这块气候宜人、风景秀丽的土地上，不仅生长着水稻、小麦、苞谷、棉花、烟草以及各种各样的花草和树木，而且还生活着不同服饰、不同生活习惯的民族，产生着令人向往的许多奇异的传说。昆明西山的睡美人、大理苍山的望夫云、西双版纳的原始森林、丽江的玉龙雪山，神奇的故事伴随着美丽的自然风光，常使人如醉如痴。

曾经有一位旅行家向我提出这样一个问题："在你看来，杭州与昆明哪一个地方更美丽？"

这个突如其来的问题，一时间问得我哑口无言，只好说："都美，都美！"

旅行家不满足于这个"公式化""一刀切"的回答。他说："当然，祖国的土地，有哪一块不美呢？问题在于，你的回答太笼统了，没有说出它们之间不同的特征来。"

我说："鄙人洗耳恭听，愿意领教。"

旅行家以他那风趣的语调回答说："是啊！都是美丽的。不过，杭州好比城市姑娘，更多的是人工美；昆明好比农村姑娘，更多的是自然美。前者的美，令人动心；后者的美，更令人神往。"

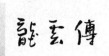 

听了旅行家的高论，不觉心头为之一动。心里想，真不愧是旅行家的高见！

这次谈话已经过去了很久，然而每当想起旅行家的高论，心里总是觉得有道理。其实，在云南这块土地上，到处都充满着"农村姑娘"的美丽姿色，又岂是昆明一地而已。

我热爱云南的自然美，当然更热爱生长在这块神奇土地上的各族人民，也热爱这块土地上各族人民的神奇故事和历史。在云南的土地上，历史的发展充满着神奇的色彩。170万年前的云南元谋人的发现，使这个神话的故乡，为中外学者所瞩目，被认为可能是人类最早的发祥地之一。大洋彼岸的日本学者，到云南寻找日本民族的"根"来了。跟随历史的脚步前进，我们可以看到，庄蹻是楚国的大将还是穿草鞋的群众领袖，也需要进一步探讨。"南诏国""大理国"的地方政权，仍然笼罩着一层迷雾。虽说史料已发掘不少，然而科学著作却很少问世。

直到近代，云南在其历史发展中，仍然不缺乏传奇的色彩。杜文秀、李文学起义时期是这样，辛亥、护国起义时期也是如此，至龙云、卢汉执掌云南省政时期也不例外。

历史科学工作者为充满神奇色彩的历史现象所吸引，却又希望通过自己的研究，来揭示在神奇色彩掩盖之下的历史的本来面目。在这里，好奇心成了历史研究的出发点，而揭示历史的本质则是进行历史研究的归宿。我试以这样的意图，研究云南近代历史的有关人物和事件，并且完成或主编了一些著作，例如：《近代云南人民革命斗争史》《李文学起义》《护国运动史》《蔡锷传》《唐继尧评传》《西南军阀史》等。近代云南的历史，成了我的主要研究课题。

我曾经有过这样的设想，希望对云南近代历史上起过重要作用，而对全国历史发展又有一定影响的人物和事件，在广泛搜集资料的基础上，一个重要历史人物写一本传记，一个重大历史事件写一本专著。当然要实现这个愿望，绝非易事。

1984年，四川民族出版社决定约人写作《龙云传》，于9月间派人来昆明，请云南省社会科学院负责同志推荐撰写《龙云传》的人选，这位同志推荐我承担这一任务。我本来就有要写近代云南人物传记的想法，所以不揣冒昧地接了这一任务。出版社建议把这个传记写得深入浅出一些，既要有科学性，也要有可读性。我也觉得，应该写得生动、形象、活泼一些，当然是不能违背科学的原则和历史的事实的。在我看来，在近代中国的历史人物中，像龙云那样富有浓厚的传奇色彩的人物是不多见的。把一个具有传奇色彩的爱国者，写得生动、形象、活泼一些，使人读后，既有兴趣，可以增加知识、增广见闻，又能给人以爱国主义的启示，无疑是有益的。为此，在搜集资料过程中，我比较注意龙云的许多重大活动的细节，这对于把人物写活是有帮助的。但是，需要说明的是，这个传记自身是一本历史著作，并非小说或其他文学作品。所使用的材料，虽不能说字字有来历，却可以说事事有根据。

有关龙云的传记，除了散见的少数回忆和简要的介绍文章以外，没有见到别的著述。龙云自己事实上没有留下任何日记或文集之类的东西，而只有个别的回忆记录等。所以，我写这个传记，基本上是"白手起家"。

在我搜集资料的过程中，传来了一件令人吃惊的消息。美籍华人作家江南（刘宜良）被台湾当局的特务暗杀了。江南不仅写了《蒋经国传》，而且正在写作《龙云传》。《龙云传》尚未完稿即被害。据我所知，江南所写《龙云传》计划20万字，拟于1984年完成。江南在写《龙云传》的过程中，曾专程从美国来到昆明访问，搜集龙云的材料，实地考察了龙云活

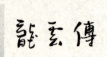

动过的一些地方。不过，他未能去过龙云出生及青少年活动的地区云南昭通。当他从昆明返回美国，下车伊始，即遭杀害，在昆明的调查材料未及整理。

在我搜集资料的过程中，由于一个偶然的机会，使我认识了昆明麦溪水泥厂退休干部田汝增先生。田老与龙云的公子龙绳文、龙绳勋、龙绳德诸先生都很熟悉，而且是江南在昆明采访期间的义务向导。田老不仅向我介绍了江南来昆采访的情况，而且尽可能把他手上的资料、照片提供给我使用，向我介绍了他所了解到的龙云的一些片断，对我有很大的帮助。田老还把江南给他的几封信借给我参阅，从这几封信中可以看出江南写作《龙云传》的某些情况。值得提及的是，有一封信是江南返美遇害前夕写的，有可能是江南的最后手迹。兹将江南给田汝增先生的几封信摘抄如下：

1984 年 5 月 24 日的信：

汝增先生：

你给绳文的信，早交给我了。

我在写《龙云传》，如你的资料已准备好，即请惠下，或寄龙兄均可。

此书共写二十万字，预定今年出版。

我也可能到昆明和你们谈谈。方家治先生请代候。

　　祝

好

江南　5/24/1984

1984 年 7 月 26 日的信：

汝增先生：

华报奉悉，不胜欣慰。

龙云传已写九章，资料包括中外。去昆明的目的，主要求证一些资料的正确性，对龙生前所居住的地方，有点实感。

本由朱志高同行，他摔断了腿，不良于行，到昆明要你费心的，约一些硕果仅存的元老谈谈，去几个地方，大约在九月到。详细日期，确定后再通知。

　　祝

好

江南　7/26/1984

1984 年 9 月 15 日的信：

汝增兄：

　　我已订 19 日飞昆明。

　　龙兄给你的照片、信，还有一点馈赠，一并带上。给朱家璧有一信，还有龙泽汇。

　　电池也完了。昆明见。

　　祝

好

江南　9/15/1984

1984 年 10 月 13 日，即江南返美遇害前夕的最后一封信：

田兄：

　　昆明畅叙，极为难得。我 26 日返美（注：后提前返美），即和绳文通电话。照片尚未冲出，一好就寄你。

江南　10/13/1984

江南遇害后不久，江南夫人崔蓉芝女士曾给田汝增先生一信说：

田先生：

先夫不幸事，国内报道翔实，于此不赘，谢谢你的关切。

"朋友遍天下"。大家对他的欣赏厚爱，足以告慰其在天之灵。

将来回国一定去拜访您。

照片如果找到，一定寄你。①

崔蓉芝率　家穰　叩
　　　　　家禾

这里摘抄了几封信，不仅有助于我们了解江南先生的最后活动，也表示我们对于江南先生未竟事业的怀念。

为了搜集更多的材料，除了在昆明访问了一些老人，查阅有关资料以外，我还约请了云南省社会科学院历史研究所孙代兴先生一道去龙云的老家云南昭通地区进行社会调查。这次调查对我们帮助很大。

在昭通调查时，我们也访问了曾跟随龙云、当过 20 余年厨师的解德坤师傅。他不久前刚从美国回来。他向我们介绍了龙云的生活习惯和饮食习惯，对于我们深入了解龙云也是有帮助的。

在写作过程中，我曾参阅过许多同志的文章。由于文内大部未注明材料来源，故将参阅过的文章（包括内部刊物的回忆文章和手稿）的作者开列如下，以示谢意。这些文章的作者有龙泽汇、安恩溥、马锳、龚自知、刘宗岳、朱希贤（志高）、方家治、张增智、赵振銮、杨肇骧、余建勋、马子华、赵鼎盛、张剑波、胡以钦、赵乐群、傅开林以及龙云自己的有关回忆等。

---

① 信件为田汝增先生提供。田汝增先生不幸已于 1994 年 12 月病逝。

由于得到各方面同志的支持和帮助以及上述作者文章的启示，才使得本传得以完成。

在本传写作过程中，我曾请著名史学家黎澍同志写"序言"。黎澍同志虽然身体不好，工作繁重，仍然答应了作者的请求。黎澍同志建议我读一读马克思为《路易·波拿巴的雾月十八日》一书写的第二版序言，他认为这对于分析民国年间许多扮演了"英雄角色"的历史人物，是有帮助的。马克思在序言中有如下一段精辟的话：

在与我这部著作差不多同时出现的，论述同一问题的著作中，值得注意的只有两部：维克多·雨果著的《小拿破仑》和蒲鲁东著的《政变》（按：即《从十二月二日政变看社会革命》）。

维克多·雨果只是对政变的负责发动人作了一些尖刻的和俏皮的攻击。事变本身在他的笔下却被描绘成了晴天的霹雳。他认为这个事变只是一个人的暴力行为。他没有觉察到，当他说这个人表现了世界历史上空前强大的个人主动作用时，他就不是把这个人写成小人而是写成伟人了。蒲鲁东呢，他想把政变描述成以往历史发展的结果。但是，他对这次政变所作的历史的说明，却不知不觉地变成了对政变主人公所作的历史辩护。这样，他就陷入了我们的那些所谓客观历史家所犯的错误。相反，我则是说明法国阶级斗争怎样造成了一种条件和局势，使得一个平庸而可笑的人物有可能扮演了英雄的角色。

拿破仑由一个平庸而可笑的人物扮演了英雄的角色，是由于法国阶级斗争的发展所造成。龙云由一个不知名的武术爱好者变成了著名的反蒋爱国人士，也是由当时中国阶级斗争的发展所造成。离开了中国特定的历史条件，龙云这样的历史人物的出现那就是难以理解的了。实际上，在民国

年间，像龙云这样的历史人物，又岂止一个而已。剖析一个龙云，对于我
们认识民国年间的中国社会，无疑是有益的。这就是我写作《龙云传》的
重要目的之一。如果说，读了本传，对于读者认识民国年间的中国社会有
一点帮助的话，笔者也就心满意足了。

1985 年 10 月于昆明

# 一　摆擂比武

这是一个在云南流传很广的传说……①

## （一）蔡锷时期的云南

1914 年的秋天，雨季的昆明，雨过天晴，蓝蓝的天空，稀稀疏疏地散布着一朵朵的白云，呈现着一片和穆、安详的气氛。虽然，轰动一时的辛亥革命失败了，反动军阀袁世凯窃据了中华民国大总统的宝座，出卖主权，专制独裁，复辟倒退，残酷地镇压一切革命势力，全国各地吵吵嚷嚷，动刀动枪，很不平静。然而，地处祖国西南边陲的云南首府昆明，袁世凯鞭长莫及，云南都督蔡锷及其后继者唐继尧驾驭有方，市面上展现了一派繁荣、兴旺和安宁的景象。是的，在那个纷纷攘攘的旧时代，昆明显得是那样的宁静、安详，的确令人向往。在民国初年的日子里，边城昆明不仅成了有志之士的集散之地，也成了各色洋人聚会之所。

---

① 本章内容，过去缺少文字记载，但在云南昆明、昭通及四川凉山一带流传甚广，作者经过广泛采访、调查后写成。有人认为可信程度值得怀疑，然而龙云本人生前对此事是默认的，龙云的大儿子龙绳武也肯定了这件事。龙绳武回忆说："龙云苦练国术的结果，日后却击败了西洋拳师，为国争光，也与他发迹有关。"参见后希铠：《龙云如何发迹》，载台湾《传记文学》第 46 卷第 4 期第 12 页。

# 龙云传

　　造成昆明历史上少有的平静局面的原因是多方面的。不过，有一位其貌不扬、瘦削矮小，但两眼炯炯有神的将军，对这种局面的形成，确乎起了重要作用。他就是辛亥革命后的首任云南都督、讨袁名将蔡锷。蔡锷（1882～1916）本是湖南邵阳人，然而，他对云南的影响却远远超过了对湖南的影响。算起来，蔡锷两次在云南待的时间，总共不过三年，但是这三年，无论在蔡锷的一生中，还是在中国近代历史上，都是重要的年代。

　　还在1911年（辛亥年）的春天，蔡锷首次来到云南，受当时清末云贵总督李经羲之聘，担任新军第十九镇（师）第三十七协（旅）协统（旅长）的职务。蔡锷为人深沉，谁也摸不透他的脾气，李经羲对他颇为欣赏。同年，10月30日（阴历九月九日），昆明新军响应武昌起义，在北校场打响了"重九起义"的第一枪时，李经羲如梦初醒，急忙给驻扎昆明城南10公里巫家坝（今昆明飞机场所在地）的蔡锷打电话，要蔡迅速带兵进城，镇压起义。蔡锷听了电话，异常高兴，立即召集巫家坝的新军官兵，浩浩荡荡地向昆明城开来。不过，蔡锷并不是来镇压"叛乱"的，而是来宣布就任起义军"临时总司令"的。他会同北校场的起义官兵，向昆明城内的制高点五华山，以及云贵总督衙门、军械局等地发动了猛烈的进攻。李经羲自知上当，却为时晚矣，仓促组织督署卫队反击，无济于事，只得化装潜逃，藏匿民间。

　　起义军在蔡锷、李根源等人的指挥下，经过通宵的战斗，以牺牲150人、负伤300余人的代价，歼敌200余人、伤敌100余人，终于在第二天中午控制了昆明全城，起义获得了成功[①]。第三天（11月1日），起义官

---

　　①　冯自由：《辛亥云南省城光复实录》，《革命逸史》第六集第221页，中华书局1981年版。又见孙种因：《重九战记》，中国近代史资料丛刊《辛亥革命》（六）第247页。

兵在五华山上两级师范学堂所在地组织了"大中华国云南军都督府"，公推蔡锷为云南军都督。这时的蔡锷，年方 29 岁（他的诞生日期是 1882 年 12 月 18 日），人虽瘦小，却精力旺盛，锐意改革，成效卓著。

辛亥起义后，蔡锷在云南虽然只当了两年都督，却大刀阔斧地进行了内容广泛的改革，使民国初年的云南出现了非同一般的安定团结、欣欣向荣的局面。这在当时混乱的中国各省中几乎是绝无仅有的。蔡锷改革所涉及的方面是广泛的，这里不妨选几个例子说说。

例一。在一个晴天的晚饭以后，蔡锷脱下了军装，穿上便服，微服出访，了解民情。当他返回五华山都督府大门时，已经夜深了。都督府卫兵见着一位青年人要进大门，叫他出示证件。蔡锷没有携带任何证件，又不便说明自己的身份，只好转到都督府后门。但是，后门的卫兵也不认识蔡锷，阻挡他进门。蔡锷无奈，乃说要求会见都督夫人。卫兵认为这位青年是在捣蛋，无名火起，甩了他一耳光。正在这个时候，从都督府内走来一名参谋，见卫兵打蔡锷，急忙上前训斥，说这是蔡都督。

蔡锷回到办公室后，立即下了一个手令，提升后门卫兵为排长。当参谋拿着手令来到后门找卫兵时，卫兵却因打了蔡锷一耳光，吓得逃走了[①]。

例二。蔡锷对当时省级各机关的办公时间和会客时间也作了明确的规定。1912 年 4 月 27 日，在云南都督府政务会议上，蔡锷发言说："关于各机关的办公时间，已有明确规定，但最近检查，仍有人迟到。建议对迟到者，应进行必要的处罚，以保证规定的执行。"政务会议根据蔡锷的提议，作出了如下的决定："每日午前七时半，由兵工厂再放汽笛一次，以为信号。如过八时十分不到者，罚月薪百分之一，过二十分者罚月薪百分之

---

[①] 1985 年访云南大学教授李德家记录稿。李德家教授已于 1992 年去世。

二，每过十分钟依次递推，自阳历五月初一日实行。"[1] 这大约是我国历史上对公务人员上班迟到罚款的第一个规定。同时，蔡锷还说："办公时间，不得任意会客，以免影响办公，应当订立会客时间。都督府内人员，以午前十时至十一时，午后二时至三时为会客时间。"[2] 这就刹住了上班时间无故聊天的恶习。

军政府还对商店开门时间作了耐人寻味的规定。1912 年 8 月 28 日，军政府巡警局致省商务总局的咨文中说："省城内各街铺户，积习相沿，每日早晨开铺时间，七、八、九点钟不等，甚至有延至十点余钟始行开铺者。此种陋习，殊非民国肇基，咸与维新之气象。因此，应当改革，特制订简明规则，准予执行。"简明规则有六条，其中规定，各街铺户统限于每日早上七点钟一律开市，如逾期始开者，每过半点钟罚金二角[3]。对私人商店开门规定时间，迟开门罚款，几乎"前无古人，后无来者"。

例三。1912 年 1 月和 6 月，蔡锷带头两次裁减薪金。都督的月薪由600 两（元），第一次减至 120 元，第二次再减至 60 元，以下递减，直到目兵为止[4]。这样，云南都督的月薪只等于一个营长的月薪。据记载，都督月薪之低，"举国未有如云南者也"[5]。朱德后来回忆自己青年时在云南的情景说，辛亥起义后的云南，由蔡锷带头，月薪减至 60 元，使"廉洁成为一时风尚"[6]。

① 《政务会议记录》，《云南辛亥革命资料》第 40 页，云南人民出版社 1981 年版。
② 《政务会议记录》，《云南辛亥革命资料》第 41 页，云南人民出版社 1981 年版。
③ 《云南军都督府巡警局致省商务总局咨》（1912 年 8 月 28 日），未刊资料。
④ 《云南政报》第一期（1912 年 2 月）第 1 ～ 2 页；《云南辛亥革命资料》第 198 ～ 199 页。
⑤ 周钟岳：《云南光复纪要——建设篇》，《云南贵州辛亥革命资料》第 51 页，科学出版社1959 年版。
⑥ 转引自《社会科学战线》1979 年第 3 期。

蔡锷的弟弟听说蔡锷在云南当了大官，从湖南赶到昆明，希望用"走后门"的方式，弄得个一官半职。但是，蔡锷却对他说，这里没有什么职务留给你，给了他 20 元钱，要他徒步走回湖南老家，自谋生路[1]。

辛亥云南起义后，由于蔡锷采取了一系列改革措施，生产有所恢复和发展，人民群众生活安定，使得云南在民国元年（1912 年）扭转了长期以来滇省财政入不敷出的局面，并有节余近 20 万元[2]，这是云南财政史上了不起的政绩。

1913 年 10 月，蔡锷被调赴京，云南都督由贵州都督唐继尧继任。唐继尧（1883～1927），字蓂赓，云南会泽人，年龄只比蔡锷小一岁（他诞生于 1883 年 8 月 14 日）。这位个子不算太高的不胖不瘦的会泽"美男子"，早年也有其光荣的历史，加入过同盟会，参加过云南辛亥起义和护国起义，并统治云南达 14 年之久（1913 年至 1927 年）。

### （二）法国拳师摆擂台

当 1914 年秋天来临的时候，唐继尧刚刚开始统治云南。蔡锷的遗风，还在云南的土地上游荡。云南各族人民正在加紧建设自己的家园。

辛亥革命后的云南，一度享受过共和的幸福。然而，云南的近邻安南（今越南）却已是法国殖民地，另一近邻缅甸则是英国的殖民地。19 世纪后半期，英、法分别占领缅甸和越南以后，就希望尽快打开中国西南方面的"后门"——云南的门户，入侵中国，划分势力范围。于是，云南成了英、法列强争夺的主要对象。辛亥革命虽然一度阻遏了他们进一步扩张的

---

[1]　周钟岳：《惺庵尺牍》，未刊稿。

[2]　万湘澄：《云南对外贸易概观》第 183 页，新云南丛书社 1946 年版。

企图，然而辛亥革命以后，他们向云南扩张的步子却再度加紧起来，各式各样的代表团、探测队、旅游人员等，纷纷来到了云南。其中，一位名不见经传的法国拳师，自称"法国大力士"的人，也来到了云南昆明。

这位法国拳师姓甚名谁，昆明的老百姓已经记不清楚了，有的人称他为"法国大力士"，昆明人称他为"老番"，有的人叫他是"老外"。他的长相凶横，个头高大，白皮肤蓝眼睛，满脸络腮胡，一眼望去确乎有"大力士"的架势。他来到昆明，大言不惭地声称自己的武术"天下无敌手"，愿意在任何地方与任何人比武。他在晋谒云南都督唐继尧时，要求在云南陆军讲武堂摆擂三天，并且立下誓言：在三天之内，如果没有人把他打败，他就留在昆明传授武术，开馆传教；如果谁打败了他一次，他就没脸再留在昆明，立刻离去。作为一省之长的唐继尧，面对着这位拳师，心里犯嘀咕。同意他吧，有谁能与这个大块头匹敌呢？不同意他吧，又怎能开这个口呢？他犹犹豫豫，哼哼哈哈，最后还是不得不同意了法国拳师在讲武堂摆擂的要求。唐继尧很不放心，万一中国人真的被这个大块头打败了，都督的脸面往哪里搁呢。因此，他在讲武堂学员和滇军内部悬赏，如有谁能打败法国拳师，将有重赏，甚至可以连升两级。

话又说回来，法国拳师为什么要选择云南陆军讲武堂的地点摆擂呢？这也是大有讲究的。云南陆军讲武堂创建于清朝末年，当时的清朝云贵总督锡良，希望把这个培养中下级军官的军事学堂办成维护清王朝反动统治、镇压革命人民的坚强阵地。可是，与清朝统治者的愿望相反，云南陆军讲武堂几乎是从开始建立的那一天起，领导权就掌握在资产阶级革命派的手里，一大批云南留日学生（大部分为同盟会员）担任讲武堂的监督和教官，例如，著名同盟会员李根源、李烈钧、方声涛、赵康时、沈汪度、张开儒、庾恩旸、顾品珍、刘祖武、李鸿祥、罗佩金等人，都曾在讲武堂担任要职。唐继尧不仅在讲武堂当过教官，并且还兼任着讲武堂总办（此时总办已改称校长，是云南陆军讲武学校校长，但习惯上仍称云南陆军讲武堂总办）。连都督蔡锷，也曾在讲武堂上过课。辛亥云南起义时，讲武堂的师生起了重要的作用。辛亥起义后，在云南建立的各级政权的主要掌权者，讲武堂的师生处于举足轻重的地位，曾是讲武堂学员的朱德，此时已晋升为营长，驻扎蒙自（滇南）。换句话说，这时在云南掌握军政大权的骨干人员，大多与讲武堂有关，不是当年的教官，也是当年的学员。云南陆军讲武堂不仅在云南，而且也在全国政治生活中起着重要作用。愈来愈多的人承认，在省属的陆军学校中，云南陆军讲武堂位居前茅。早期"云南讲武堂和保定军校、东北讲武堂并称中国三大军事学校"。①

更何况，云南陆军讲武堂的校址位于昆明市中心、著名的风景区翠湖之西岸。这里，绿树成荫，环境幽雅，湖水清澈，鸟语花香，真是难得的人间天堂。讲武堂校园宽阔，建筑古雅，大楼前的跑马场和练兵场不亚于两个足球场的面积，绿草丛生，十分可爱。这个跑马场和练兵场，地名叫承华圃，是这时昆明政治集会的中心。1915 年底和 1916 年初，在这里多次举行过讨袁誓师大会和阅兵式。云南陆军讲武堂的校址，现在虽已被云南省图书馆、云南省展览馆、昆明市少年宫和云南省科技宫等几家分用，然而当年的风采仍然依稀可见。

### （三）龙登云来了个"和尚撞钟"

法国拳师选择云南陆军讲武堂这块宝地作为摆擂的场所，真是颇费

---

① 张朋园、郑丽榕：《龙绳武先生访问纪录》第 15 页，台湾"中央研究院近代史研究所"1991 年版。

心机的。在讲武堂的跑马场指挥台上，围起了圈子，扯起了旗子，红红绿绿地写满了大力士"豪言壮语"的纸条，在随风飘舞。当摆擂比武开始的第一天，昆明的老百姓像赶庙会一样，陆续前往讲武堂围观喝彩。幸好，这时昆明市区人口仅有 10 万人（今天市区人口已超过 100 万，加上郊区则已达 300 余万），前往围观者，先先后后不会超过当时城区人口的 1/10（约一万人），否则讲武堂跑马场是容纳不下的。唐继尧心神不定，颇为不安，骑着马在前呼后拥的吆喝声中，来到了跑马场，坐在擂台下正中前面的太师椅上，表面上若无其事但又心情紧张地观看。滇军中的武术师们、讲武堂学员中爱好武术的小伙子们以及流浪江湖的好汉们，一个接着一个地先后登台了。然而这些叫得响的"半瓶子醋"，多半没有经过什么正规训练，耍耍花枪还可以，拉出来上阵，是万万使不得的。结果，在法国拳师"三下五除二"的快动作之下，纷纷败下阵来。围观的群众扫了兴，唐继尧的脸色也由红变白，不声不响地离开了跑马场。

第一天比擂的结果，法国拳师获得了全胜。第二天擂台摆出，法国拳师脸红脖子粗，耀武扬威，显得不可一世。这一天，围观的人减少了，唐继尧也没有来，天空似乎又阴沉了起来，这种沉闷的气氛给每一个围观的群众留下了忧郁的感觉。然而，法国拳师似乎劲头很足，在台上手舞足蹈，用示威性的拳头向天空揍去，苍天没有回音，他"哈、哈"地大笑了起来。这个声音好似给了每一个围观的群众重重的一锤，怎么办？有谁能打败这个"老外"？人们在沉思。这一天，没有一个人上台与法国拳师比武。随着夜幕的降临，跑马场使人感到空旷和格外阴森可怕。

第三天早晨，太阳出来了，跑马场明亮多了，人们的心情也开朗多了。法国拳师神气十足，登上擂台，向四周望去，他是在寻找比武的对象，还是在有意挑衅？人们在心中大大地打上了一个问号。上午过去了，仍然没有人上台，当天空的太阳向西移动的时候，法国拳师满以为，三天擂期将满，胜利不仅在望，而且已经在握，正准备收拾东西下台，不料一个小伙子以出人意料的轻捷动作，跳上了擂台。拳师傲慢地直起腰来，仔细打量起这个小伙子来。

这个小伙子身材只有一米六多一点的高度，比起法国拳师整整矮了一个头；伸出手臂，比起法国拳师紧握拳头的胳膊也短了一截；至于脚杆短，那就更不用说了。但他的脸色则是油亮黝黑，双目有神，紧紧地盯着了法国拳师的眼睛，身上毫无打扮，仅仅脱下了外面的军装，穿的是一件白色衬衣，草绿色的长裤。尤其使法国拳师意外的是，脚上竟然穿的是一双普普通通的草鞋。上台的这位小伙子，显然刚脱去军装，看得出来，他还未当官，如果不是哪个部队的一二等兵，也可能就是讲武堂的学员，因此穿草鞋是不足为怪的。

法国拳师在端详了这个小伙子以后，心里暗暗发笑，你算老几，敢来这里胡闹，只消轻轻一腿，就把你踢上九重天。正在这时，唐继尧又骑着高头大马来了。因三天的比武时间快要结束，难道偌大一个滇省真的就没人能制服那个西洋拳师？他是怀着惴惴不安的心情赶来的。唐继尧刚一坐下，裁判的哨音就响了，比武开始。

法国拳师高傲地昂起头，把拳伸出，直抵小伙子胸口，小伙子也伸出拳头，由于法国拳师手长，小伙子无论如何也绕不过法国拳师的手臂，更无法触及他的头部。交手了几个回合，小伙子无法发动进攻，因此改变策略，直接向法国拳师手臂捶去。法国拳师顿感有如铁棒敲打的力量，手臂发软，近乎麻木，大呼不平，硬说小伙子身上藏有暗器。比赛暂停，小伙子为了表示清白，当即脱光衣服，只穿背心短裤，请求再战。这件背心颇为特殊，乃由细竹丝编成，是昭通的土特产，既能防身，又不怕汗浸，汗水多了脱下来抖抖又可穿上再战。法国拳师暗中吃惊，知道小伙子武艺不凡，又有气功，心里已不自安。比武重新开始，小伙子稍加交手，即用腿一扫，从法国拳师的头部上方掠过。法国拳师大吃一惊，正欲躲避；小伙子另一脚踢来，拳师站立不稳；小伙子全身运气，用八卦拳"猫洗脸"式，虚晃一下，就势"双擒双抛"，来了个"和尚撞钟"，低着头，连人带拳，一齐向法国拳师的腹部撞了过去，拳师一下被撞翻在地，过了两三分钟才翻起身来[①]。

"哗——"，一阵掌声，淹没了整个跑马场。唐继尧眉开眼笑，站了起来。小伙子不好意思，一溜烟地从人群中钻走了。法国拳师精疲力竭地拖着大块头的身躯，走下了擂台。他还有什么可讲的呢？比武完的第二天，这位"法国大力士"不声不响地离开了昆明。这时，昆明人的注意力，已经不是这个大块头的法国拳师（他很快就被人们忘记了），而是那个打败法国拳师的小伙子。他是谁呢？

### （四）龙云由此大显身手

这个传说中的小伙子就是本传的主人公龙云，不过他当时的名字不叫龙云，而叫"龙登云"。

龙登云当时是云南陆军讲武堂快要毕业的学员。他平时喜欢武术，但并未正式上过阵。所以法国拳师摆擂三天，他并没有想到要出场，人们也没有注意到他这位名不见经传的人物。然而，三天的擂期快要过去了，难

---

① 关于龙云与法国拳师斗法的拳术，说法甚多。这里参考中共昭通地委宣传部干部陈本明1989 年 5 月 7 日给作者信中提供材料的线索，同时参考田汝增等先生提供的材料。陈本明信中说，他的老师彭勤与龙云都曾就学于武术大师马得胜，他是听彭勤讲述记录的。

道能让云南人在这位法国拳师面前丢脸吗？他心潮起伏，坐立不安，真想跳上擂台显显身手，掀翻那个自命不凡的"老外"，出出憋在心头的窝囊气，然而恰巧这两天他又在闹肠胃炎，肚子拉得很厉害，精神也不大好，所以也就犹犹豫豫，下不了出场的决心。他的同班好友却一个劲儿地鼓动他说："龙登云，试试看！"是呀，他转念一想，自己不是什么拳师，也没有什么名气，被打败了也没有什么不好意思，于是仗着一股气，一冲就上了擂台。由于龙登云没有包袱，敢打敢拼，加上在老家有名师指教，武功底子不错，因此出乎意料地把不可一世的法国拳师击败了，为云南人民出了一口气。

龙登云由此大显身手，并且为他以后的发展奠下了无形的基石。直到晚年，龙云仍对自己青年时期能够打败法国"大力士"，而感到异常高兴，"认为是他生平最得意的事"。1954 年，四川凉山民族参观团去北京看望他时，他"还边讲边比画给大家看。个子虽不甚高，壮健胜过常人，七十高龄犹纵跳如猿，令观者叹服不已"。[①]

龙云精于枪法，图为龙云在试枪

① 赵乐群、傅开林：《龙云及其家族和凉山的关系》，凉山《文史资料选辑》第 2 辑第 6 页。

# 二 家居两省

## （一）龙云是什么地方的人

龙云到底是什么地方的人，四川还是云南？如果是四川人，那么是四川凉山天地坝（今金阳县城所在地），还是四川凉山金阳县派来乡？如果是云南人，那么是云南昭通燕山（炎山），还是云南永善大井坝？这看起来似乎是一件小事，然而研究起来，不仅非常有趣，而且向我们展现了统治云南 20 余年的龙、卢家族早期演变的一幅生动的图景。这幅图景，不仅吸引了历史学家的注意力，而且也引起了社会学家、民族学家以及文学家们的巨大兴趣。

直到现在，还没有发现龙、卢家族的"家谱"一类的记载，也没有发现能直接说明龙、卢家族早期历史演变的文字材料；当地稍知情况的老人不仅为数甚少，而且大多只知其一不知其二，提供的材料矛盾甚多；即使偶尔遇上一两位多少知道一些情况的老人，不是采取回避问题的态度，就是再三声明，回忆不准确，请勿公开使用或请慎重处理等。可见，由于文献资料缺乏，研究这一问题存在许多困难。

这里，我们只好从已知的龙云在昭通炎山的老家说起。为了叙述方便，请读者沿着我们的考察路线前进。未考察前，需要先了解昭通的情况。

### （二）昭通的沿革

云南昭通地区位于云南省的东北部，东北连接四川省宜宾地区的筠连、高县、珙县、叙永等县；东南与贵州省毕节地区的威宁、赫章、毕节等县接壤；西北部以金沙江为界，与四川凉山彝族自治州的宁南、金阳、雷波和宜宾地区的屏山、宜宾等县隔江相望。今天的昭通地区，介于东经 102°52′ 至 105°19′，北纬 26°34′ 至 28°40′ 之间，总面积 22444.96 平方公里，辖昭通市（原为县）、鲁甸、巧家、盐津、大关、永善、绥江、镇雄、彝良、威信、水富等 11 个县、市，全区总人口有 380 万，其中汉族约占 90%，彝族约占 3%，其他少数民族约占 7%[①]。

昭通地区开发较早，是中原地区通往云南滇池、洱海文化区域的交通孔道，也是"西南丝绸之路"的必经之道。据现有材料证明，远在新石器时期，这里就有人居住。夏、商时期（距今 3000 年前），昭通属古梁州地，周代为窦地甸。秦孝文王元年（公元前 250 年）蜀郡太守李冰，自僰道（宜宾）修筑通往滇东北地区的道路。秦始皇统一中国，再派常颇续修"五尺道"，经昭通至今曲靖，全长 2000 余里。西汉武帝建元六年（公元前 135 年）设朱提县、南广县，属益州犍为郡。东汉安帝初年（2 世纪初），把犍为南部（金沙江以南）划出，置犍为蜀国都尉，领朱提、汉阳两县（现在的昭通大部及东川、会泽、贵州威宁等地）。汉代中原地区与朱提（今昭通）地区的交往，已比较密切，现存东汉时期的《孟孝琚碑》，

---

① 这里数据是根据作者 1985 年的调查统计。下同。

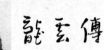

就是一个明证。《孟孝琚碑》原发现于昭通县城南10里的白泥井，今已移至昭通市内第三中学校园内，龙云担任云南省政府主席时，出资为此碑建立了碑亭，以资保护。《孟孝琚碑》是昭通地区的重要古迹之一。

蜀汉时（3世纪），置朱提郡，辖朱提（昭通）、堂狼（东川、会泽、巧家）、汉阳（威宁）、南昌（镇雄）、南广（盐津）五县。晋武帝（3世纪后半期）时，分朱提郡，置南广郡。这个时期留下的《晋霍氏墓壁画》说明，朱提地区（昭通地区）已是以汉族为主的多民族杂居区，与内地的交往比较频繁。《晋霍氏墓壁画》，今已移至昭通市内第三中学校园内，与《孟孝琚碑》相邻，是昭通地区的又一重要古迹。

南北朝时，昭通先为朱提郡，后改恭州。唐代初年仍为恭州，后更名曲州，治朱提，属戎州（宜宾）都督府。昭通地区盐津县豆沙关（原属大关县石门乡），保留有《唐袁滋题名摩岩》。这是唐德宗贞元十年（794年）派御史中丞袁滋到云南册封蒙氏异牟寻为南诏，经过豆沙关时，摩岩题刊

云南昭通龙云家祠堂

纪事，留下的文字记载。它进一步说明，昭通地区是唐代中原进入云南的主要通道和门户。南诏时，乌蛮仲牟由之后裔阿统者踞昭通地区。

到公元 11 世纪，乌蒙部兴起。宋大理国时，昭通地区属叙州羁縻之地，包括乌蒙部（昭通、鲁甸）、闷畔部（会泽、巧家）、茫部（镇雄）、易娘部（彝良）、易溪部（威信）、乌撒部（威宁）、阿头部（赫章）。元代初年，置乌蒙路、茫部路、乌撒路，后升为乌撒乌蒙宣慰司，隶属云南行中书省。明代洪武初年，改乌蒙、茫部路为乌蒙军民府，隶属四川布政司。清代初年为乌蒙府，仍属四川。清代雍正年间，改土归流，乌蒙府改属云南省。雍正九年（1731 年）清朝云贵总督鄂尔泰改乌蒙府为"昭通府"，取"昭明宣通"之意。民国二年（1913 年）废昭通府，改府治恩安县为昭通县，属滇中道；道旋废，直属云南省政府。民国三十二年（1943 年）设昭通行政督察专员公署。新中国成立后于1950 年 3 月设昭通专区专员公

龙云家族祠堂

龙云家族祠堂侧方形碉堡

署。其后，行政区划略有变动，但大体上已经稳定。1981 年 11 月 18 日，昭通县经批准改为昭通市。

今天的昭通坝子（又称昭通鲁甸坝子），地势低洼，在 1000 年前，积水盈尺，周围数千里，称为"千顷池"。千顷池与洱海、滇池地区是云南古代文化的三个重心，也是云南古文化的三大发祥地。尽管沧桑巨变，"千顷池"现在已经化为一望无际的农田，然而千顷池文化孕育了滇东北地区的各族人民，成为我国中原文化与洱海、滇池文化交汇的纽带，对促进祖国古代文化的发展和繁荣作出了贡献。尽管今天的昭通地区，由于交通的变迁，已经不再是中原地区进入云南的主要通道，成了"被人们遗忘的角落"；然而，不要忘记，仅仅在几十年前，那里出生的龙云、卢汉，以及曾经属于那个地区出生的唐继尧[①]，几乎统治了整个民国时期的云南。

昭通地区由于自然资源丰富，土特产甚多，在过去是一个引人注目的地方。木材、药材、水果、羊毛等，久负盛名。例如，彝良小草坝的天麻，在国内外享有很高声誉。地下资源也很丰富，褐煤、硫黄等的储量较高。不过，工业基础薄弱。所以，过去有"搬不完的昭通，塞不满的叙府"之说，就是说，昭通的资源甚丰，但加工技术落后，工业基础薄弱，于是昭通的自然资源（包括木材、药材、水果、羊毛及其他农副产品等），主要靠人背马驮，运往四川的叙府（宜宾），进行加工。叙府地处长江、岷江和金沙江汇合处，水陆交通都比较方便。昭通的自然资源在叙府加工以后，再运往全国各地，以至顺长江而下，运往海外。这就出现了"搬不

---

① 唐继尧出生于今天云南省曲靖地区的会泽县城关，但是会泽县在 1958 年前属昭通地区。1958 年 2 月 20 日划归东川市辖，后改隶曲靖地区。

完的昭通，塞不满的叙府"的状况。

昭通地区首府昭通市距云南省会昆明 475 公里，不过这是指从昆明出发经嵩明、东川、会泽、鲁甸直达昭通的一线而言。这条线山坡大，汽车运送吃力。因此，从昆明至昭通，还可以走另一条公路，即经曲靖、宣威、威宁（贵州）而抵昭通，这条线长 500 多公里，但较为平缓。再一条路是：从昆明乘滇黔线火车至贵州水城，转乘汽车，经威宁抵昭通①。

1985 年 5 月 23 日，我和我的同事孙代兴一道乘了两天的长途汽车，才到达昭通市，当这里的干部和群众获悉我们是来考察龙云、卢汉早年的历史情况时，非常热情和诚恳地接待了我们，并为在这偏塞的穷山沟里，竟然也能飞出"金凤凰"来，统治云南达 20 余年之久而感到有点自豪。但是他们多少也有点惋惜之情，生于斯、长于斯的龙云和卢汉，统治云南 20 余年，几乎是从一个穷光蛋变成了"百万富翁"，对家乡所作的贡献，留给家乡的建设成果，不能说没有，但却是很有限的。能够数得出来的主要有这么几项：第一，龙云投资在昭通城内修了一条"云兴街"，街两边建筑了两层楼有外走廊的统一式样的木结构住房，近一百套；第二，以龙云、卢汉为重要资助人，由安恩溥直接筹办的"昭通民众实业股份有限公司"，以一部小得可怜的发电机兴办了电业，于 1934 年发电照明，并用两台碾米机经营碾米业，以及经营土地 3000 余亩；第三，龙云捐资并倡议开凿了昭通城南簸箕湾至高鲁岩的河道 30 里，深和宽各 6 尺，减轻了簸箕湾一带的水害，这条河道取名为"龙公河"；第四，对文化教育事业的部分资助等。

我们在昭通市停留期间，受到了中共昭通地委、昭通市委、市政府、

---

① 这里说的是 1985 年的交通状况，今天昭通交通状况已有了较大的改观。

市政协等有关单位的热情接待。他们不仅为我们考察提供了许多方便，还为我们提供了许多难得的、珍贵的材料。

在所有这些访问中，有一位不希望透露其真实姓名的老者，向我们提供了迄今为止，对了解龙云、卢汉家族早期情况最系统最宝贵的材料。以下是根据这位老者提供的线索为基础，再参考别的资料而加以整理的材料①。

### （三）"纳吉"的龙家

在今云南昭通炎山区的松乐（梭罗）村，几十年以前，那里居住的彝族，汉姓"龙"。不过，这个"龙"家，实际上原来是两个家族。汉姓都姓"龙"，而彝姓则大有差别。彝姓之一叫"纳吉"，这是龙云家族的彝姓；彝姓之二叫"海"（翻译成汉语语音，有时又译为"黑""赫"等），这是龙泽汇（曾任云南省政协副主席、云南省人大常委副主任）家族的姓。

先说彝姓"纳吉"的龙家。

纳吉家原为四川省凉山金阳县较大的黑彝家支之一。彝族是我国人数较多的少数民族，1985年时总人数约500万，主要分布在云南和四川两省，尤其在大小凉山更为集中。在四川凉山彝族自治州境内，有彝族居民约140万人。凉山彝族的来源，学术界说法不一，但是有一个很重要的传说与云南昭通有关。根据凉山的传说，凉山彝族有很大一部分是从"古侯""曲涅"两部繁衍而来。古侯、曲涅最早居于云南的兹兹蒲武，即今云南昭通一带，后迁入凉山，再扩散至四川各地。中华人民共和国成立前，凉山彝族在超度死者时，要请毕摩念《送魂经》，将死者的灵魂送回

---

① 提供材料而又不愿透露姓名的老者，已于1988年去世。他就是昭通地区著名学者、原昭通民族师范学校校长龙瑞麟。龙瑞麟，彝族，昭通炎山人，是卢汉的亲侄子。

祖先住地。分住凉山各地的彝族，首先将死者的灵魂送至昭觉，然后经布拖、金阳，渡金沙江到云南永善，或者昭通，最后送到"莫木蒲姑"，意即祖先居住的地方。凉山彝族的这条送魂路线大体上反映了凉山彝族的来源和迁徙路线[①]。后来，龙云的父亲从凉山金阳迁往云南昭通，实际上是回到了自己"祖先居住的地方"。

纳吉家是彝族传说中远祖古侯的子孙。传至中华人民共和国成立前夕，纳吉家已分为四大支系，即普米支、几几支、普提支、日鲁支。日鲁支因无后，家业已被几几支继承（因此，纳吉家仅存三大支系）。纳吉家，与黑彝哲家、海家在很早以前就有姻亲关系。龙云属于纳吉几几支的后代，据传，按其家谱，龙云家的世系是：纳吉阿略——立吉——萨博——阿日——灼足——瓦蒂——乌梯。乌梯，也叫乌萨或日萨，是龙云的乳名[②]。这就是说，龙云的彝名应该是纳吉乌梯。龙云的父亲，彝名是纳吉瓦蒂（又名纳吉伊和），汉名龙清泉。

中华人民共和国成立前凉山彝族存在着明显的等级划分，凉山彝族的全体成员大体上划分为五个等级：兹莫、诺合、曲诺、阿加和呷西。其中兹莫、诺合是统治阶级，其余三个等级的成员属于被统治者。到中华人民共和国成立前夕，由于兹莫势力已经衰败，原属第二等级的诺合成了凉山地区事实上的最高统治等级。

龙云的父亲纳吉瓦蒂，是四川凉山金阳人。他的老家在今四川凉山彝族自治州金阳县长坪乡的则祖村。则祖村汉名为老寨子，是三家寨的一个小寨子。则祖距派来乡政府所在地约5公里，到金沙江畔的灯厂寨子，顺公路

---

① 参见《凉山彝族奴隶社会》，人民出版社1982年版第10～11页。

② 参见赵乐群、付开林：《龙云及其家族和凉山的关系》，凉山《文史资料选辑》第2辑第2页。

足有 23 公里；到金阳县城所在地天地坝，公路里程为 49 公里。则祖是一个海拔 2015 米的山间台地，属潮湿暖温带气候，以产贵重的阴沉木出名。

纳吉瓦蒂是纳吉灼足的长子。瓦蒂幼时，曾按彝俗，拜寄给一位毛姓汉族。毛家保爷依其子女排行为瓦蒂取名为毛老四。因此，龙云幼时，被人称为"小毛老四"，又叫"纳吉毛老四"，稍长又被称为"毛四哥"[①]。龙云是瓦蒂的长子，所以又有"阿甲"的称呼。瓦蒂有胞弟二人，名瓦赫、瓦什，此外尚有胞妹一人。

瓦蒂从小喜欢武术，并且以勇敢善战著称于乡里，是冤家械斗中的英雄人物。凉山彝族社会中的诺合（黑彝）奴隶主，为了掳掠奴隶、财物，或者为了血族复仇，或者为了侵吞土地，经常发生家支间或家支内部，或与相邻其他民族间的械斗，俗称"冤家械斗"。冤家械斗是彝语"吉泥吉舍"的直译，"吉泥"意为"敌对"或"冤家"，"吉舍"意为"械斗"，合称为"冤家械斗"。冤家械斗是凉山彝族奴隶社会中引人注目的现象之一。诺合奴隶主向边缘地区掠夺奴隶的战争，实际上是扩大了的"冤家械斗"。无论什么形式的冤家械斗，都会造成生产的破坏和生命财产的损失，带有残酷的性质，瓦蒂之所以从四川金阳迁往云南昭通，是与冤家械斗事件有关的，实际上他是受昭通彝族的"海"家之聘而来到昭通的。

### （四）"海"姓的龙家

再说彝姓"海"的龙家。

海家也是黑彝，居住于昭通炎山的松乐村上营盘。这个海家与云南会

---

① 据龙绳武回忆，龙云有"毛老四"之称，龙云弟弟小名是"毛老幺"，最小妹子叫"毛幺妹"。但他说，并非拜寄毛姓汉族之故，是因为"毛"就是小的意思，也有亲切的意味。参见《龙绳武先生访问纪录》第 9 页。

泽、巧家的海家（汉姓龙）是一个家支吾尔支的后代，而与凉山的纳吉家（汉姓也是龙）不同家支。据说，炎山松乐的海家五代祖，原住会泽，因在一次冤家械斗中杀了人，被人追捕，而不得已逃到松乐来安家落户的。

海家有"讲武不讲文"的传统，男孩子很少学习文化，但从小就要学习武术和枪法，这是为了适应频繁的冤家械斗而自然形成的传统。

海家的三代祖，即龙泽汇的祖父时期，已有相当的势力，成为炎山松乐村的彝族大奴隶主。他娶了彝姓"阿普"（汉姓卢）的姑娘为妻，这个阿普姑娘在纳吉（龙）、海（龙）和阿普（卢）三个家族的发展史上，是一个关键人物。她是卢汉的姑祖母、龙泽汇的祖母、龙云的外婆，这样她就把二龙一卢以姻亲的关系联结起来了。为了尊重阿普姑娘，二龙一卢的后代，都称她为"老祖婆"。老祖婆在三个家族中享有崇高的威望。

当龙云的父亲瓦蒂尚未成为老祖婆的女婿时，纳吉家与海家曾经打过冤家，并且结下了仇恨，纳吉家派人把老祖婆的房子烧了。但是，后来海家与炎山汉族徐家发生冤家械斗，海家处境不利，不得不渡过金沙江，到凉山一带搬兵时，纳吉家抛弃了与海家的仇恨，派瓦蒂率领一批小伙子，过江来为海家报仇，这样纳吉家与海家就由仇人变成了亲家。

汉族徐家是炎山屋角的大地主，因争夺炎山坝子的土地与彝族海家发生了冲突和械斗。徐家人多势众，一鼓作气，攻上了炎山松乐村，把老祖婆的六个儿子杀死了五个，只剩了老六，徐家也要杀。海家没法，海家的保姆（奶妈）只好忍痛让自己的亲生儿子穿起海家老六的衣裳，冒充老六，交给徐家，遭其杀害。徐家以为海家男性后代已被杀绝，便收兵而回。他们万万没有想到海家老六居然保留了下来，并长大成人，这就是龙泽汇的父亲龙德源，后称"龙老太爷"。

过了几年，海家势力逐渐恢复，老祖婆派人渡过金沙江，邀约凉山彝

族兄弟过江来，向徐家复仇。这群人中就有龙云的父亲瓦蒂。海家约了金沙江对岸的彝族同胞，与炎山屋角的徐家，又打了几年冤家，最后除了一个男孩以外，把徐家的男女老少杀了个满门。无独有偶，徐家的这个小男孩，就是现在昭通徐生民的祖父，也是被徐家的保姆（奶妈）保护，才得以活了下来的。海家打败了徐家，夺取他家在屋角的土地，论功行赏，瓦蒂表现最勇敢，为海家立了大功。老祖婆决定把女儿（龙德源的姐姐）嫁给瓦蒂，这个女儿就是龙云的母亲。

瓦蒂成亲后，老祖婆在昭通炎山松乐村下营盘（距上营盘约1公里）为瓦蒂盖了房子，并将下营盘旁的一块土地（地名叫诺支）拨给瓦蒂耕种。这样，瓦蒂就从金沙江对岸的金阳老家迁到了昭通炎山的松乐村下营盘居住。龙云就是出生在昭通炎山松乐村下营盘的。因此，可以认为，龙云原籍四川凉山金阳县长坪乡则祖村（汉名老寨子），出生地则是云南昭通县炎山区松乐乡松乐村下营盘[①]。

龙云只有兄妹两人，龙云是老大，还有一个妹妹名叫龙登凤，彝名叫纳吉美吉，又叫毛幺姐，或又称毛幺妹，后来昭通地区百姓称她为龙姑太。据说，龙云还有一个弟弟，但幼年即去世，因此人们对这个弟弟的情况毫无所知。龙云还很年幼的时候，他的父亲龙清泉就去世了（去世的准确年代已无从考察）。因此，年幼的龙云及妹妹龙登凤，是在他们母亲的弟弟，即他们的舅舅龙德源家里长大的。这就是说，龙云与龙德源之子龙泽汇等虽为表兄弟，实际上其关系相当于亲兄弟。

---

① 在调查访问中，少数老人说，龙云是在金阳老家出生的，幼年时期才迁到昭通炎山来。但多数人仍认为，龙云父亲虽在金阳长大，龙云却确实出生于昭通。同时，据现有材料，龙云及其家属一直承认自己是云南昭通人。鉴于此，我们认为，龙云原籍四川金阳、出生于云南昭通的说法，比较适当。

老祖婆娘家的孙子卢汉，后来也来到龙德源家生活，因此龙云与卢汉的表兄弟关系虽更远一些，却仍有亲兄弟般的感情。卢汉成人以后，由老祖婆把龙德源之女龙泽清（龙泽汇的姐姐），许配给了卢汉。老祖婆说，为了防止你们以后打冤家，我把你们的亲戚关系拉得紧紧的。就这样，老祖婆建立了龙（纳吉）、龙（海）、卢（阿普）三家盘根错节的亲戚关系。

龙云对自己的母亲很尊重。她生于 1857 年，去世于 1923 年，活了 66 岁。龙云于 1945 年将母亲的坟迁葬于昭通城南的簸箕湾新建的龙家祠堂（今云南昭通地区财经干部学校校址）旁的小山丘上[①]。令人费解的是，龙云几乎从未提到过他的父亲，甚至在簸箕湾龙云于 1933 年修建的龙家祠堂里，也只有龙云母亲的牌位，而没有龙云父亲的牌位。龙云的父亲龙清泉，大约比他母亲早去世 40 年。有人说，他的父亲死于"冤家械斗"，也有人说是病死的。由于实行火葬，到龙云长大成人时，其父的坟墓已难以找到。

龙云的妹妹龙登凤，字志桢，系遗腹子，在昭通老百姓中有较好的反映。在她年轻的时候，曾与云南永善县黑彝阿呷家的卢奎益订婚。订婚之日，卢奎益背着银子、布匹等礼物来到龙家，被海家博斯支所偷。为此，龙家与博斯支家曾发生械斗，龙家失败。从此，龙姑太终身未婚，于 1935 年 9 月 2 日去世，活了 45 岁[②]。蒋介石所题悼词是："操行可风。"

---

① 龙云母亲的墓前尚有墓碑，碑文注明龙母生于咸丰丁巳年十月初六（1857 年 11 月 3 日），殁于民国十二年冬月十七日（1923 年 1 月 3 日）。据介绍，墓前原有墓志铭碑刻一块，对龙母的生平有比较详细的说明，但该碑现已不知去向。

② 参见《昭通龙志桢贞孝褒扬录》，石印本四册，未注明印刷年月。

### （五）"阿普"的卢家

最后说彝姓"阿普"的卢家。

据调查，"阿普"卢家原来也是四川凉山的黑彝，不过在好几代以前就迁往云南昭通炎山的中寨居住（中华人民共和国成立前，中寨属西达乡，现在属中寨乡）。在昭通城南回龙湾卢家祠堂（今为中共昭通地区党校所在地）附近的小丘田里，还有卢汉父母亲的坟墓和墓碑。尤其值得注意的是，卢汉父亲的长篇墓志铭的碑刻，基本上完好。根据墓碑，我们知道，卢汉的父亲卢元达，字裕丰，生于 1874 年，去世于 1926 年，活了 52 岁；卢汉的母亲刘氏，生于 1874 年，去世于 1946 年，活了 72 岁[①]。根据卢元达的墓志铭记载，卢元达为卢廷杰之次子，"世居昭通西达乡，业耕读"。成人后，"从戎，功历叙至游击"。然而据调查，卢元达当游击之官，并非因功，而是出钱买来的。可见，卢家经济状况是比较好的。卢汉是其长子。卢元达之姑妈，即海家（龙家）之老祖婆[②]。

### （六）龙云老家炎山

这就是我们在昭通城区及其附近了解的关于龙云、卢汉家族早期的情况，为了核对这些材料的准确性，我们在 1985 年 5 月 30 日至 6 月 1 日赴炎山地区作进一步的实地考察。

炎山是昭通最西部的一个行政区，与金沙江紧紧相连，江的西面就是四川凉山的金阳县。而在江的东面，炎山又几乎为云南的永善、鲁甸和

---

① 卢汉父亲卢元达，生于同治甲戌年三月十四日（1874 年 4 月 29 日），卒于民国丙寅年四月十五日（1926 年 5 月 26 日）；卢汉母亲刘氏，生于同治甲戌年九月十八日（1874 年 10 月 27 日），卒于民国丙戌年正月二十六日（1946 年 2 月 27 日）。

② 参见拙著：《昭通龙云家乡调查记》，《云南现代史料丛刊》第 6 辑（1986 年 9 月）。

巧家等县所包围。所以说，炎山处于两省（四川、云南）五县（昭通、永善、鲁甸、巧家、金阳）之交，夹在五县之间。这种地理形势决定了炎山区的群众与两省五县接合部的群众，有着密切的经济交往和文化联系。加上历史上两省五县的边界又不时变迁，今天属于甲县的村寨，历史上可能隶属于乙县。这样，处于两省五县接合部的炎山区的某些村寨所隶属的省、县，常有不同的说法。现在，我们不能不以今天的行政区划为根据来加以说明。

现在的昭通市炎山区，共 13 个乡、1 个镇、69 个自然村，总面积为1973 万亩，计 6733 户，26239 人。炎山区公所距昭通市约 112 公里，直线距离为 51.5 公里[①]。炎山区是金沙江畔的山坡地，海拔从 571 米到 3000多米不等，区公所所在的炎山镇海拔为 1853 米。民谣说，炎山"山大石头多，出门就爬坡，不是上坡就是下坡"。这就是说，这里全是山区，不过也有一些山间台地（小坝子）可供耕作。由于山高坡陡，出现了不同的气候带，农作物种类繁多，盛产花椒、油桐、甘蔗、洋芋、苞谷、红薯，以及黄果、橘子、核桃等。炎山镇的水稻亩产高达 2500 斤（谷子），森林资源亦较丰富。但是交通甚为不便，只有通往昭通市的公路一条，且甚为简陋危险，没有正常的公共汽车行驶，此外就家是靠金沙江了（并未完全通航）。从区公所到各乡，由各乡至各村寨，都是靠两只脚不断地上坡下坡，才能到达目的地。由于交通不便，炎山区自然条件虽然较好，却未能发挥出优势，基本上还是自给自足的自然经济，是一个封闭或半封闭式的经济结构。不过，较之江对面的金阳，炎山开发较早，生产水平也较高。

---

① 炎山区为 1985 年行政区，今为炎山乡。下同。炎山乡政府所在地距昭通市区 112 公里，但路很难走。1985 年我乘吉普车，从昭通市到炎山，竟走了五个多小时。

这里是以汉族为主的有彝、苗、壮等族人民的杂居区。

这就是说，龙云的家族，虽然曾在四川和云南两省居住，其实就在金沙江的两岸。四川金阳县的灯厂区和云南昭通县的炎山区，从直线距离来讲，仅有10余公里；不过，因系山区小路，而且不是上坡就是下坡，还要渡过金沙江，人行大约需要一个整天。

我们乘坐吉普车，从昭通市出发，经过鲁甸县的龙树区、昭通县的大山包区进入炎山区。这条只有50余公里的公路，吉普车却行驶了5个半小时。这是因为公路是土路，不仅路面窄，而且凹凸不平，从大山包到炎山的一段路，几乎全在悬崖上行驶，一不小心，就有翻车摔进百米深渊的危险；加上我们进入炎山的那一天，气候不好，小雨不停，大雾迷漫。在大山包前后的20余公里的路上，肉眼能见的距离不超过10米，路又泥泞，很滑，驾驶员在这样的路上行驶，是捏着汗、提心吊胆的，其紧张程度可想而知。即使是这条像走钢丝式的公路，通车到炎山，也不过才10余年的时间。过去进入炎山，则完全靠步行或骑马。这就难怪炎山地区虽然出了许多大人物，包括龙云、卢汉在内，在他们离开炎山后的几十年，几乎就再也没有回去过（据说，卢汉只在他母亲60大寿时回过炎山一次；而龙云离开炎山后，却再也未回过炎山，只到过昭通）①。

我们到达炎山区公所后，区里的同志首先就对我们说，炎山最大的问题是交通不便，交通问题解决了，生产马上就可以翻一番以至翻几番。炎山坝子（山间台地）过去叫欢喜坝，因夏天炎热，故又叫炎山，或称燕山。有

---

① 云南省政府经济研究中心研究人员熊清华1989年8月9日给作者来信说，龙云后来虽未回过炎山，但他对炎山的情况仍很关心，思乡情结很浓。炎山人来拜访他，他都很热情。他当省长时，炎山人进省政府所在地五华山是通行无阻的。他在昭通和昆明的住所，总离不开"西"字，如"西楼""西院""西苑"等，就因为炎山在昭通西边，叫"西"，意即不忘家乡。

人说，中华人民共和国成立前这里普遍种植大烟（鸦片烟），故叫"烟山"，后转化为"炎山"，根据实地考察，这是一种想当然的说法，缺乏根据。

站在炎山坝子，向东、南、北三方望去，是重重叠叠的大山；向西望去，山势向下舒展，直至蜿蜒的金沙江，把炎山与凉山隔开来，江对面就是四川凉山了。江对面的凉山，高耸壁立，大有要压倒炎山的架势。夜幕降临的时候，凉山和炎山似乎紧紧地靠在了一起，好像伸手就可以相互抚摸似的。

### （七）龙云出生在炎山松乐村

第二天早餐后，以区委书记为首的 5 名区干部，带我们翻越炎山的梁子，先去卢汉的出生地中寨考察。中寨距炎山坝子不过 10 公里，但由于是不断地上坡爬山，在崎岖的山间小路行进，我们整整走了 4 小时，才到达中寨乡政府所在地的上寨村。中寨乡主要包括上寨、中寨、下寨等村寨。原来，卢汉的老祖辈从凉山搬到炎山后，老祖辈的大儿子住下寨（现已无后代），二儿子住中寨（卢汉的祖辈），三儿子住上寨（卢汉的幺叔卢濬泉的祖辈，卢濬泉曾任国民党兵团司令）。上、中、下三寨像一条线分布在炎山梁子的一侧，上、中、下三寨相距各二至三公里，上、下寨相距约五公里。在上寨和中寨的寨外，卢汉家族的祖墓保留较多，其中最重要的是中寨寨旁的卢汉祖父卢廷杰和祖母安氏的合墓及其墓碑。墓碑记载，卢汉祖父卢廷杰，为其曾祖父卢朝选之长子，生于 1845 年，殁于 1886年，活了 41 岁，被清廷追赠为正二品武显将军，然其事迹已不可考。卢汉的祖母安氏，生于 1841 年，卒于 1881 年，活了 40 岁。墓碑为石质，宽约 5 米，高达 6 米，这是我们在炎山考察时看到的最大的一块墓碑。这些墓碑都回避了原籍四川凉山的事实。

在中寨的山间平台上，卢家的住房已经不存，但地基却仍然清晰可辨。我们就在卢宅原址处，邀了当地几位老人座谈。大家一致肯定这个地方就是卢宅地基，卢汉出生在这里，并且生长在这里。卢汉的母亲刘氏，也是彝族，彝姓为"勒"。不过卢家现在已经没有后人在中寨了。中寨村现有 26 户，156 人，都是汉族。中寨乡的四个自然村中，共 372 户，2017 人，彝族只有 25 户，154 人。

在考察中寨以后，我们回到上寨，下午四时余，在乡政府吃了中饭，又匆匆上路，翻上"拖鸡梁子"就看到松乐村了。拖鸡梁子，是卢汉、龙云两家族辖地的分界线。传说，当年划地时，杀了一只公鸡，拖着鸡沿山梁走，鸡血划出了一条线，这条线就是两个家族辖地的分界线。这个山梁也就称为"拖鸡梁子"。后来，龙、卢两家都出了大官，发了财，当地老百姓把这个拖鸡梁子称为"大富梁子"。

从上寨到松乐，我们走了一个小时。松乐是山区的大村落，有 113 户，567 人，其中彝族 25 户，135 人。松乐村实际上分为三个小的村寨，称为上营盘、中营盘和下营盘。主村是上营盘，这是龙泽汇（海家）的老家，向西约 500 米是中营盘，仅有 10 多户人家。距中营盘 200 余米是下营盘，这是龙云（纳吉家）的老家，现有 20 多户人家。龙云家的房子现已不存，房址尚可寻觅。这里就是老祖婆嫁女给龙清泉（龙云的父亲）时，分给他的地方。

松乐村像一把太师椅，东面山最高，好比靠背；南、北两面山势从东向西往下延伸，好比两旁扶手；西面金沙江遥遥可见，是太师椅的正面。这里水源充沛，气温适宜，农作物茂盛，是一个使人留恋的地方。我们在上营盘访问了梁昌贵老人（73 岁）和松乐乡的干部，他们都证实了龙云幼年在这里生活的情况。梁昌贵老人还带我们察看了龙云居住的村寨松乐下营盘。如果说，对龙云的籍贯还有怀疑的话，在考察了松乐下营盘以后，

028

一切疑问都烟消云散了。据已知材料，松乐村从清代，经民国，一直到现在，它都属于昭通县（现为市）管辖；松乐以下，从屋角起到金沙江为止，一度划归永善县管辖（现仍属昭通）。因此，说龙云是云南永善人，过去和现在都不符合；说龙云是云南昭通人，则与历史和现状都相符合。

在考察了松乐返回炎山区公所时，已是晚上 8 时半，暮色已经笼罩了炎山。炎山之行，实地考察了龙云、卢汉老家的情况，大有助于澄清误会，证实基本事实。

当我们在第三天离开炎山时，当地干部依依不舍。他们说，自 50 年代初土地改革前后起到现在，已经 30 年了，省里没有人到过这些山区，更没有人到这里来调查研究龙云、卢汉的历史。你们来，弄清这一段历史，对我们也是很大的帮助。欢迎你们再来！是的，有机会我们还应该再来。

# 三 辛亥投军

## （一）少年学武艺

龙云幼年时期是怎样度过的，对我们来说仍然是一个谜。因为，龙云幼年时期的情况，既没有文字材料；人们的传说和回忆，又不仅多种多样，而且互相矛盾。这里，我们根据一系列相互矛盾的传说和回忆，清理出一条线索来。

龙云于清光绪十年冬月初二（1884 年 12 月 18 日）[①]，出生在云南省昭通县炎山区松乐村下营盘，原名登云，字志舟，彝族。他的彝名是纳吉乌梯。他的父亲龙清泉，彝名纳吉瓦蒂，原是四川凉山金阳县的黑彝奴隶主中成员之一，但是在频繁的冤家械斗中已经没落。后来，在昭通炎山松乐村黑彝海家的邀约下，来到昭通炎山，在与汉族徐家的冤家械斗中，表现勇敢，遂娶海家之女，并在松乐安家。

---

① 关于龙云出生的具体日期，江南《龙云传》（香港星辰出版社 1987 年版）认为是 1884 年 10 月 10 日，马子华《一个幕僚眼中的云南王龙云》（云南美术出版社 1994 年版）认为是清光绪十年十月初十日（1884 年 11 月 27 日）。作者根据调查材料认为是清光绪十年冬月初二（1884 年 12 月 18 日），参见凉山《文史资料选辑》第 2 辑第 1 页。

几年以后，龙云还只有几岁，龙云的妹妹龙登凤即将出生的时候，龙云的父亲龙清泉就去世了。龙清泉的去世给龙云的一家造成了极大的不安，龙云变成了没有父亲的孤儿。年轻的母亲带着两个孩子，今后怎么生活？母亲无可奈何，只好把孩子送回娘家，由自己的弟弟龙德源帮助教育、抚养。龙云的童年大部分时间是在外婆、舅父家里度过的。

幼年的龙云，除了参加一些轻微的田间劳动和放牛、放羊以外，很喜武艺一类的游戏、玩耍。虽然，在乡间他的舅父送他读了两三年私塾，可是他更喜欢和少年伙伴们弄刀弄枪，或是成群结伙地"打仗"。龙云就是这样在孩童的"游戏"过程中，不知不觉地爱上了武术、气功这一行，为他以后的发展开辟了一条意想不到的道路。后来，又被送到昭通城内"后围墙"去读书，与龙云在一起读书的还有卢汉、龙泽清（龙德源之女，后来是卢汉的妻子）。随着年龄的增长，龙云渐渐地钻得进去了，知识与日俱增。

有一件事，对龙云、卢汉都产生了深刻的影响。就在龙云出生的松乐村，有一个小寨子中营盘。这个小寨子的读书人龙文波，有一年考中了举人。龙文波从昭通回到松乐，鞭炮也"噼噼啪啪"地从昭通放到了松乐，吸引了沿途的群众，好不热闹。龙文波回到松乐后，前来祝贺的、看热闹的人络绎不绝，使松乐这个山区村庄热闹了好些日子。龙云、卢汉深为感动，觉得不认真读书，今后不会有出息。因此，他们读书的态度大大地好转起来。

然而，他们两人都酷爱武术，课余之时，练武是他们的主要活动。尤其是龙云的武功，更引人注意。

龙云的武功是从哪里学来的，他的武术师傅又是谁？回答这个问题是很困难的。在调查中，人们提到的龙云的武术教师有五六个，例如，广西人、曾任云贵总督锡良的镖客的万正坤；云南昭通人、彝族、龙云的远房

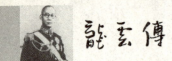

叔父龙永安；四川宜宾人马得胜；云南永善人、邹若衡的长辈；以及云南永善人魏焕章等。龙云的拿手拳术是少林拳中的四门方卦拳以及八卦拳等，同时还能运用气功。看来，龙云的拳术并非来自一家，而是师出多门，自辟蹊径。1914年，他与法国拳师比武时，说实在的，法国拳师还没有完全弄清楚龙云所使用的是哪一套拳法，就吃了败仗。在龙云所有这些武术师傅之中，有一个人是非常值得注意的，他对龙云产生了巨大的影响，这个人就是马得胜。

马得胜，回族，四川宜宾人，外号人称"马汤圆"。他曾流落昭通、永善，见龙云有一定的武功基础，乃收为徒弟，精心指导，使龙云的武功有了明显的长进。

马得胜有两个"绝招"，颇为人所称道。第一个绝招是，他运用气功后，能使自己的身体像苍蝇一般，贴在陡立的墙上，或吸在天花板上。有了这套硬功夫，飞檐走壁就不在话下。第二个绝招，也是运用气功，能抵挡外来的突然袭击。据说，一次，马得胜因与人发生械斗，把人打死，清廷知县派人把他抓了起来，并判处绞刑。行刑之日，用牛筋绳在他的脖子上绕了几圈，然后牛筋绳穿过背后有洞的木板，绕在一个手摇的可以转动的机器齿轮上。行刑时，有两个大汉用力转动机器，牛筋绳勒得"咔、咔"地响。可是，马得胜不仅安然无恙，而且还有说有笑，要求吃点东西。狱卒端来了一碗汤圆，他竟然在牛筋绳把脖子勒得很紧的情况下，吃完了这碗汤圆。绞刑无法进行，行刑官向昭通知县报告后，知县无可奈何，只得赦免其罪。从此，马得胜就获得了"马汤圆"的外号。马得胜的名字，记得的人很少很少；马汤圆的外号，在昭通却差不多是家喻户晓的。

龙云从小喜爱武术，青少年时期又得到武术名师的指教，所以练就了一身武功。这身武功使他在金沙江两岸流落时逢凶化吉，得到了许多好处；在频繁的冤家械斗中，经常保持不败的纪录，即使偶尔失败，也不致遭到暗算而身亡。由于龙云武艺高强，又善于经营，在他十七八岁以后，家境渐渐地好了起来。他经常过金沙江到金阳老家，去看望纳吉家的亲友们。

一次，龙云到金沙江对面金阳县老家则祖村，受到伯叔兄弟的嫉妒。幺叔瓦什之子纳吉达哟、纳吉儒牛和叔伯舅舅海五补（兹作）、海阿乌四人密谋杀掉龙云，吞并其财产。海家的尼木俺嘎知道此事后，悄悄地告诉了龙云，并提醒龙云不要上当。这时，纳吉达哟之妻来请龙云去他家吃饭。龙云明知有诈，却又不便拒绝。按彝族的习俗，兄弟媳妇出面请客，大伯子不能不去，否则就是失礼，将受家族舆论的谴责。龙云只好按约定的时间去赴"鸿门宴"。到达哟家后，刚一坐定，龙云就看到墙眼中露出枪口，正对着他坐的方向。他十分机敏，立即把达哟最小的兄弟、年仅七八岁的纳吉使牛紧紧搂抱在怀中，正面对着枪口坐着。彝家的规矩，打冤家是不能伤害妇女和小孩的，更何况龙云手中抱的正是达哟自己的亲弟弟。这样，达哟始终不便开枪。酒过三巡，龙云趁大家不备，抱着纳吉使牛逃走了。

第二天，龙云找到了一批小伙计，前往海阿乌、海五补家进行报复。他们捣毁了海家营盘，把海家兄弟的枪手纳马母达捉住吊死了。对两个堂弟的恶行，他宽恕了，只宣布把纳吉达哟改名为海达哟，意思是达哟已不是纳吉家而是海家的人了，即开除出家门。龙云的机灵，使他在这一次有可能失去生命的场合中化险为夷，反败为胜。

这件事给了龙云深刻的刺激，他为了学得更多的本领，乃流落金沙江两岸，从锌厂沟、大井坝，沿金沙江，直抵永善县城，到处求师拜友，学习武艺。就在这时，他与永善人魏焕章、邹若衡相识。魏焕章是武术教师，邹若衡是武术世家出身，大家在一起共同研究武术，练习武术，提高武术，过得十分融洽。龙云与邹若衡就在这时建立了终身的友谊，双方的武艺都得到了提高。值得注意的是，他们在练武之余，还进一步学习文化知识。

### （二）辛亥投身于滇军

就在这个时候，龙云参加了拥有 30 多条枪的兄弟会。兄弟会是民间自发组织的团体，其目标是不很清楚的，既有迷信色彩，也讲"义气"，颇有一点路见不平、拔刀相助的气概。

金沙江两岸，山高坡陡，森林茂密。在那个黑暗的年代，就在江边的丛林草莽之中，常有"绿林好汉"出入。在昭通和永善之交的金沙江边，有一位号称"顺江王"的绿林头子余海山，以兄弟会为名，率领了 800 多人的队伍，顺江设卡，以收税为名公开进行抢劫。闹得江两边，人心不安，人人自危。富有正义感的青年龙云，为了"为民除害"，决心与"顺江王"决一雌雄。一天夜里，龙云单身闯进"顺江王"的老巢，出其不意，把这个作恶多端的"绿林"老贼解决了。这时龙云才 19 岁。从此，他因单枪匹马解决了"顺江王"而威震金沙江两岸。龙云的名声，从金沙江两岸渐渐地传向远方。

为了谋求生活，龙云常邀约邹若衡、卢汉，以及兄弟会的成员，从昭通炎山和金阳灯厂地区收购或挖掘阴沉杉（一种贵重木材，是做棺材的好木料）① 以及其他土特产等，顺金沙江运往四川宜宾贩卖；又在川南收购盐

---

① 龙绳武在回忆中说："西康边界一带出产贵重的阴沉杉。因为地形变迁，有些杉树埋入地下，年代久远后，成为阴沉杉，味道奇香无比，人们挖掘出售，解成杉板，制成棺材，极为贵重。商人将杉木扎成木筏，浮于金沙江上，转运他处，是一门赚钱生意。我老太爷（龙云）和卢汉就曾经作过阴沉杉的买卖。"参见《龙绳武先生访问纪录》第 7 页。

巴。运回销售。一来一去，获利甚丰。但是，意外的事情发生了。大约在1910年底，龙云顺金沙江运送物资的木筏，一个接着一个地碰坏了，崩了，货物沉到了江底，同行的人淹死了20多个。龙云、邹若衡、卢汉不仅亏了本，也无颜再回家乡。卢汉的父亲对龙云说："人不出门身不贵；既然翻了船，死了那么多人，事业无望，还待在家乡干什么，不如换换环境，下四川去，消消烦闷。"[1] 于是，他们便相约去四川再想办法。

1911年6月以后，四川各地纷纷组织保路同志会，反抗清廷出卖主权的罪恶行径。9月初，孙中山领导的同盟会员在四川各县组织同志军，发动武装起义。云南永善人魏焕章在四川嘉定赶街，就在当地召集健儿600余人，有枪一二百支，连同接受魏节制的队伍共1000余人。魏自任统领，准备进攻成都，矛头直指清王朝的四川总督赵尔丰。龙云在四川，听说魏焕章人多势众，乃往投奔，这样，龙云、邹若衡、卢汉三人都投入了魏部。不久，魏部回师川南，驻扎宜宾。

同年10月10日，辛亥武昌起义爆发，全国震动。10月30日（阴历九月初九日），昆明响应武昌起义，爆发"重九"起义，云南很快"光复"，成立了以蔡锷为首的新兴的云南军都督府。云南是中国西南地区响应辛亥武昌起义的第一个省份，省内比较安定。而在同一时期，全国以至西南的四川、贵州等地，还处在动荡不安的状态之中。根据四川、贵州地区有关方面的邀请，蔡锷决定派出滇军，援助四川、贵州等地的革命势力。1911年11月11日，云南军都督府讨论了"援蜀案"，认为"一、天府之国，为形势所必争，川乱平，则鄂无牵制；二、铁路风潮起，各省次第反正，独川省为赵、端钳制，转不能成独立，应扶助之，俾五族早定共

---

[1] 后希铠：《龙云如何发迹》，台湾《传记文学》第46卷第4期第12页。

和；三、赵、端大肆淫威，政学绅商，死亡枕藉，宜拔发缨冠往救。"① 随即组织援川军一个师，以云南军都督府军务部总长韩建铎为师长（滇军援川军总司令），下辖两个梯团（梯团相当于旅），以谢汝翼为第一梯团长，顾品珍、张开儒、黄毓成协助，经昭通向四川叙府（今宜宾）进军；以李鸿祥为第二梯团长，张子贞、黄毓英、杨发源协助，经贵州威宁、毕节向四川泸州前进。12 月中旬，谢汝翼所率滇军援川第一梯团进驻叙府。

谢汝翼在叙府获悉，有云南青年在此组织反清武装，乃派人与之联络。而魏焕章、龙云、邹若衡、卢汉听说滇军派人联络，亦甚高兴。于是立即率 100 多人，投奔谢汝翼梯团。谢汝翼欢迎他们加入滇军，暂时给了"候差员"的名义，等待安排。龙云就是在这种情况下，正式加入了滇军，这成了他以后飞黄腾达的起点。

### （三）进入云南陆军讲武堂

1912 年 5 月，援川滇军结束了自己的使命，回到云南昆明。滇军回昆后，进行必要的改编和整顿。鉴于龙云、卢汉等虽有培养前途，却未能接受过正规的军事训练，因此谢汝翼推荐他们进入云南陆军讲武堂第四期学习，龙云学骑兵科，卢汉学步兵科。

云南陆军讲武堂（后改名为云南陆军讲武学校）是云南赫赫有名的军事学校，它训练正规，要求严格。辛亥起义时，云南陆军讲武堂打出了名；辛亥以后，继承了比较好的传统，继续着它的事业。讲武堂内分为步、炮、骑、工程四种兵科，其学科、术科为日本式的。其中甲、乙班（学制为一年）学员入堂后即学习军事学科，如地形学、筑城学、兵器学、军制

---

① 周钟岳：《援蜀篇》，《云南文史资料选辑》第 6 辑第 241 页。

学、卫生学等，并学习本兵科教程，如本科的典、范、令等。丙班、特别班（学制为两年半至三年）第一阶段先学习普通学及军事学基本教程，学科有国文、伦理、器械画、算术、史地、英法文、步兵操典、射击教范、阵中勤务令、工作教范以及制式教练、野外演习；第二阶段分不同兵科，专门学习军事学科和本兵科教程。学校的制度和作风仿效的是日本陆军士官学校，纪律非常严格。每天上 6 小时课，下两小时操。早晨有体操和跑步，晚上还有自习。每天日夜除睡觉吃饭外，并未安排休息时间，并且夜间睡觉以后常有紧急集合的练习。由于课程完善，教学严格，使得云南陆军讲武堂毕业生的质量也较当时其他省属的军事学堂高出一筹。所以有人说，云南讲武堂之声誉昭著，不亚于日本之士官学校、中国之保定军官学校。

像云南陆军讲武堂这样的学校对于流浪惯了的龙云来说，是一个很苦的差事。由于文化水平较低，不习惯于严格的纪律生活，龙云在讲武堂的表现是不太令教官们满意的。不过，在课堂上无精打采的龙云，一旦进入操练、武术、骑马和野外演习，像是换了一个人，非常活跃，成绩常常居于前茅。讲武堂是龙云所进的唯一的一所正规学校，而且是军事学校，尽管开始很不习惯，随着时间的推移，也渐渐地习以为常了。讲武堂的学习虽然只有两年，在龙云一生中却是一个重要的时刻。没有讲武堂的这段经历，龙云不可能是一个有较高文化教养的、有军事素养的人，也不大可能取得后来的地位和成就。只是龙云当时还无法理解这一点。我们深感遗憾的是，龙云在讲武堂时期的生活、学习和思想状况，也没有留下什么文字记载，我们所知道的具体情况，实在是太少太少了。

如果龙云不是在毕业前夕与法国拳师的一场惊心动魄的比武，那么当时很不出众的龙云，知道他的人会是微乎其微，甚至还会有人怀疑他是否

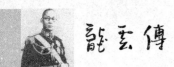

真的进过讲武堂哩。当龙云在比武擂台上大显身手，击败法国拳师后，人们才开始注意到了他。法国"大力士"灰溜溜地离开云南的时候，龙云的名字像是忽然膨胀了好多倍。但是，人们对这个似乎从地下钻出来的小伙子，仍抱有一些怀疑。这个其貌不扬的矮个小伙子，是否耍了什么花招呢？对脱光了衣服这一点，人们无话可讲：既然没有穿什么衣服，暗藏棍棒和武器当然无从说起。人们总是喜欢"打破砂锅纹（问）到底"的。然而，人们更清楚的是，总而言之，统而言之，是龙云打败了法国拳师，并不是龙云被法国拳师打败。这是历史事实，还有什么争论的必要？

唐继尧亲眼见到龙云打败法国拳师的那一刹那。他一方面非常高兴，寄希望于龙云；但是另一方面，他对这个忽然冒出来的小伙子还有保留，还要看一看。因此，龙云1914年在讲武堂毕业时，没有被立即留在昆明，而是分回他的老家昭通，担任了以刘发良为营长的昭通独立营的少尉排长，不久又升为中尉排长。

龙云对这个小排长，并没有放在眼里。但是，他很清楚，既然没有任何背景，就不能不从小排长做起。龙云的排长还没有当上一年，时来运转，新的机遇就来临了。

# 四　侍卫队长

## （一）成了唐继尧的副官

民国初年是一个风云变幻的年代。

在辛亥革命高潮中，于 1912 年 1 月 1 日建立了中华民国，孙中山在南京就任中华民国临时大总统。共和制代替了帝制，这是中国近代历史上的重要转折。然而，不到 100 天，袁世凯在帝国主义和大地主大资产阶级的支持下，用反革命两面派的阴谋手段窃夺了辛亥革命的果实，在北京当起了临时大总统，继而成为正式大总统、终身大总统。但是，袁世凯仍然不满足，他还想复辟封建帝制，自己要当皇帝呢！

袁世凯的倒行逆施，激起了全国各民族各阶层人民群众的强烈反对。经受辛亥革命洗礼的云南各族人民和滇军上下，积极酝酿反对袁世凯复辟帝制的武装斗争。辛亥时曾任云南都督的蔡锷，摆脱了袁世凯的羁绊，于 1915 年 12 月 19 日由北京来到昆明，与云南将军唐继尧及各地来昆明的爱国志士，共同发动和领导了反袁护国战争。12 月 25 日，云南宣布独立，武装讨袁，并组织了讨袁护国军，以蔡锷为第一军总司令，率部向四川进发；以李烈钧为第二军总司令，率部向广西进发；唐继尧以云南都督兼第

三军总司令，负责留守和机动。

当蔡锷率护国第一军向四川出发前夕，蔡锷看到唐继尧身边的侍卫副官邹若衡武艺高强，希望将邹若衡调到自己身边，任上尉副官，随军出发，保卫护国第一军司令部和总司令。

邹若衡怎么又担任了唐继尧的副官呢？原来，辛亥滇军援川军回昆明后，龙云、卢汉进了云南陆军讲武堂；邹若衡则加入了国民党，随辎重营长徐采臣押送枪械弹药进入贵州。此时，唐继尧作为滇军北伐军总司令，已率部进入贵州，与贵州宪政会、耆老会相勾结，夺取了贵州政权，当起贵州都督来了。唐继尧急需滇人协助，乃任邹若衡为贵州都督府中尉副官。不久，局势稳定，邹若衡被送入贵州陆军讲武学堂学习。1913 年秋，"二次革命"爆发，唐继尧接受袁世凯命令，派师长叶荃、旅长黄毓成入川攻打熊克武，因急需军事人才，邹若衡尚未毕业，即从讲武堂抽出，调任黄毓成司令部上尉副官。"二次革命"失败后，叶荃、黄毓成回到贵州，邹若衡也跟着回到贵州。

1913 年底，蔡锷奉调入京，唐继尧回云南任云南都督。邹若衡亦回到云南，但未安排职务，受人之托，教授武术。1915 年 1 月，唐继尧贴出告示，征集各地武术人士，进行比赛，报名者有 100 多人。比赛场地在翠湖边偕行社（现云南省图书馆馆址的一部分），唐继尧亲临察看。100 余人相继出场，单独演武。最后出场的一人叫高小峰，是通海盐商高峻峰的儿子，年 16 岁，出脚出手皆有风声，动作干净利索，表演十分成功。唐继尧大为惊奇，问："这孩子向何人学的？"旁边人回答："向邹若衡学的。"唐又问："邹现任何职务？"答："将军记不起了？他在贵州都督府当过副官，现在黄司令官（黄毓成）处。"[1]唐继尧想起来了，这不就

---

① 邹若衡：《云南护国战役亲历记》，《云南文史资料选辑》第 10 辑第 142 页。

是以"铁罩五峰"拳术，名噪一时的邹若衡吗？据说，有一年山东一位名拳师，走过许多省份，未逢敌手，听说云南有个邹若衡，便找到昭通，见面之后，说明来意，于是两人摆开架式，一见高低。几个回合后，邹卖一个破绽，让对方进击，以迅雷不及掩耳之势将对方打倒。这位山东拳师从地上起身，拱手佩服，走出几步，便倒地而死。这一招就是后来被人神化了的邹若衡名招"铁罩五峰"[①]。唐当即召见邹若衡，并委任为上尉副官，随侍唐继尧身旁，以资保卫。邹若衡武功甚好，保卫唐继尧颇为尽心。

蔡锷要调邹若衡，唐继尧不甚愿意地问邹若衡的意见："蔡总司令一定要调用你，怎么办？"邹答："我服从将军命令，愿到前线保卫蔡总司令。"见唐有犹豫，邹继续说："我有个同乡好友龙云，民国元年滇军援川时，他与我一同到谢汝翼梯团投军，现在昭通独立营任排长。此人能力胜我十倍，武功也很高明，可以保护都督。"唐继尧这才记起，不就是他打败了法国拳师吗？唐乃发加急电报给昭通独立营营长刘发良，调龙云马上来昆。

这个命令来得很突然，龙云立即骑上一匹高头大马，以最快的速度，跑了400多公里来到昆明。他先找到邹若衡问明情况，邹若衡领他去见唐继尧。一见面，唐继尧见累得不行的龙云，又黑又瘦，心里冷了半截，不表态，只哼哼哈哈，让先休息休息。邹若衡带龙云去吃饭，饭未吃完，唐继尧派军士来叫邹前去。唐继尧说："你说龙云如何能干，我看他个子又小、又瘦、又黑，言不压众，貌不惊人，话都答不上。"邹立即说："将军不能以貌取人。如同凉山巴布马，到危险的时候，才显得出本领，别人认

---

① 杨修品:《大侠邹若衡》,《云南政协报》1995 年 10 月 14 日。

为是悬崖绝壁，它看作阳关大道。如果龙云在将军身边，我敢以全家生命担保。"[1] 唐继尧仍有难色，乃派龙云到副官处任中尉副官，交副官长马为麟手下听用。唐继尧面有难色一点，龙云看得一清二楚，本想离开不干，但副官长马为麟对龙云很照顾，所以才留了下来。龙云曾对人说过："要不是马子祥（马为麟）再三挽留，对我优礼，我当时真干不下去，不想干唐公的那个中尉副官了。"[2]

### （二）当了仗飞军大队长

然而，用不着多长时间，龙云的机灵和对武术的擅长，就逐渐地博得了唐继尧的喜欢和信任。而龙云对唐继尧也表现出相当忠诚的态度，保卫唐继尧，几乎到了形影不离的程度。唐继尧先后任命龙云为唐的近卫军二大队中队长、补充第一大队大队附、仗飞军大队长等职。

什么叫"仗飞军"？仗飞，古书上有时写作次非、兹非、兹飞、仗飞等。仗飞本是春秋时代一位勇士的名字。到了汉代，仗飞变成了官名，是少府属下武官左弋，取勇士名为武官名，表示武官的英勇果敢。唐继尧别出心裁地把自己的警卫军，古色古香地命名为"仗飞军"，是取其勇敢之意。

在1915年至1916年的护国战争期间，护国军的主要领导人（包括唐继尧在内），赢得了很高的威望。可是，在护国战争中膨胀了实力的唐继尧，胃口愈来愈大，护国运动以后，立即向邻省四川和贵州扩张，卷进了以争权夺利、扩张地盘为目的的军阀混战。护国战争结束之时，唐继尧将滇军改编的护国3个军，扩大为8个军之多，并且成立了警卫军，这是仗

---

① 邹若衡：《云南护国战役亲历记》，《云南文史资料选辑》第 10 辑第 151 页。
② 刘宗岳：《我所知道的龙云》，《云南文史资料选辑》第 6 辑第 148 页。

飞军的前身。

　　伙飞军，这支主要护卫唐继尧安全的警卫军，犹如唐大督军的一支御林军。这支御林军的情况比较特殊，成立之初，只有 60 人，成员必须身高 6 英尺以上；武器装备、生活待遇都优于别的军队，配马枪，穿洋人军礼服，却又是红边高帽，帽上有"冲天缨"，长筒皮靴，还带有一只方天画戟，甚为壮观。这实际上是中西合璧的打扮。60 人的伙飞军，不久就扩充为 8 个中队。一个中队相当于一个连，8 个中队相当于两个营，伙飞军大队就相当于一个团，大队长即相当于团长，而且比一般团长更有权有势。这个大队不仅装备优越，人高马大，而且更接近于权力中枢。所以伙飞军在唐继尧时期是很引人注目、吃得开的。最终任命龙云为伙飞军大队长，是唐继尧对龙云特别信任的表现。

　　在任命龙云为伙飞军大队长之时，还有一幕特殊的情景。说起来，至今仍然是一个谜。

　　一天深夜，人们都已经熟睡了。在伙飞军的营房区，忽然响起"嘘、嘘"急促的哨声，惊醒了沉睡的官兵们。"紧急集合！""紧急集合！"人们不知道发生了什么事情。队伍整理好后，立即出发，原来是进行野外演习。为争夺一座山头，演习的两支队伍从不同的方向，奋力向上攀登。大队长率领的一支队伍，首先登上了顶峰，在山顶上插上了伙飞军军旗，迎风招展。演习结束，东方开始发白，天快要亮了，队伍沿着来时的路线返回驻地。回到驻地后，有人吃惊地叫道："军旗不见了！"真的，为什么军旗不见了？大队长焦急地派出两名年轻的士兵，跑步上山，寻找军旗，然而山顶上也没有军旗。到底是怎么回事，谁也说不清楚。询问所有参加演习的人，都说不知道。只得向唐继尧报告，此时担任云南督军的唐继尧一气之下，下令把大队长枪毙了，同时任命大队附龙云为伕飞军大队长[①]。

龙云就是这样当上了当时在云南令人向往的赫赫有名的伕飞军大队长职务的。不管疑团如何，不过有两点是确切无疑的，一是唐继尧很重视伕飞军及其军旗、军容，这是为他打牌子的；二是唐继尧很看重龙云，信任他，希望他独掌伕飞军的军权。这也说明了龙云与唐继尧的特殊关系。

龙云担任唐继尧伕飞军大队长的几年，正是唐继尧红得发紫、权力达到顶点的几年。唐继尧所取得的"成绩"，也包含着龙云的一份"功劳"。

### （三）伕飞军重庆显威风

护国战争以后，唐继尧控制了云南，掌握了贵州，尽力想向四川发展，试图把四川也纳入自己的势力范围。1917 年 4 月和 6 月先后爆发了川滇黔三军交互的成都巷战，这是唐继尧向四川扩张的典型的军阀混战性质的战争。这次战争，唐继尧的滇军虽然暂时遭到失利，但他却又以响应孙中山领导的"护法战争"为名，发动了"靖国战争"。唐继尧声明，要声讨北洋军阀，实行北伐，必先解决四川问题。因为川事于中作梗，不先戡定，终难免内顾之忧。"思维北伐，宜先靖蜀。"[②] 他以川军刘存厚阻碍滇军北伐为辞，亲自到贵州毕节，就任滇黔联军总司令职，率滇黔联军入川，大张挞伐。

1917 年 11 月，滇军顾品珍部联合黔军王文华部突然袭击了重庆，并于 12 月 4 日占领重庆，14 日占领泸州。接着，熊克武等川军将领通电加

---

① 访田汝增记录稿，1985 年 5 月 10 日。据刘淑清说，是龙云自己偷了旗子，陷害她的丈夫，自己当大队长。因此，刘与龙云结下了仇恨，曾收买刺客，计划刺杀龙云。后龙云任省主席，找到刘淑清，向她解释，旗子不是他偷的，问她有什么困难，送了她一大笔钱。这事遂不了了之。

② 《唐继尧通告由滇启程北上先平川乱电》，《四川军阀史料》第 1 辑第 306 页，四川人民出版社 1981 年版。

入靖国军，推唐继尧为"川滇黔靖国联军总司令"。1918年2月20日，川滇黔联军攻克成都。到此，唐继尧以夺取和控制四川为目的的"靖国"战争就基本上结束了。

唐继尧为了牢固地控制四川，进一步向陕西、湖南扩张，乃以商讨北伐为名，决定于1918年9月在重庆召开四川、云南、贵州、湖北、河南五省联军会议，并就任"五省靖国联军总司令"。9月17日，唐继尧在前呼后拥的情况下，由贵州毕节来到重庆。这一天，重庆全城戒备森严，所有码头的渡船均勒令停靠对岸海棠溪。自太平门到学院衙门行辕，沿途断绝交通，每一铺户站一武装哨兵。沿街商铺及楼上窗户，一律勒令关闭。唐继尧抵达海棠溪，鸣炮21响。唐乘坐借来的美军摩托艇渡江，经太平门入城。

入城仪式异常隆重，唐继尧的御林军——仸飞军，首次在云南省外亮相，给人以颇为深刻的印象。队伍前列，为护卫骑兵，接着就是仸飞军了。仸飞军的"勇士们"，个个头戴钢盔，身穿清一色的漂亮军服，背挎十响枪，手持方天画戟，俨然是帝王巡视的仪仗一般。在仸飞军护卫下，掌旗官出场，乘高头骏马，手掌杏黄滚金丝穗帅旗，上绣斗大的一个"唐"字。后面接着是唐继尧乘坐的八抬绿呢大轿，轿内放着绣龙金黄褥靠垫；轿后跟着的是唐的坐骑黄骠马，马背上放着紫金鞍。殿后的就是仸飞军大队长龙云率领的护卫大队。龙云似乎比唐继尧还神气[1]。

唐继尧入城后，即乘坐黄骠坐马，足踏金镫，浩浩荡荡，进入行辕。龙云紧跟在后，始终保持差不多相等的距离，护卫甚为认真。

唐继尧在重庆召集联军会议，先后待了20天，龙云都紧跟在侧，

---

[1] 《重庆联军会议前后》，《四川军阀史料》第2辑第36页，四川人民出版社1983年版。

时时保卫。这时，陕西、湖南、福建等省部分军事首脑，亦以"靖国"相号召。这样唐继尧俨然以川、滇、黔、鄂、豫、陕、湘、闽八省靖国联军总司令自命。龙云也自然而然地变成了八省联军总部的警卫军首领了。这是唐继尧声威达到顶点的时期。然而，即使在这个时候，唐继尧企图完全吃掉四川，进而向陕西、湖南方向发展的企图，也未能得逞。重庆联军会议没有任何实质性的结果，最后不欢而散。唐继尧只得不声不响地离开了重庆，经泸州返回昆明，来时的威风劲不知到哪里去了。龙云带领的护"驾"队伍，偃旗息鼓，跟随唐继尧回到了昆明。

**（四）成为独立部队的指挥官**

唐继尧野心不死，一方面与北洋直系军阀吴佩孚秘密勾结，签订了《救国同盟条约》，北以对付皖系军阀段祺瑞，南以排斥革命民主派孙中山。这是一个带有攻守同盟性质的军事密约，条约的规定不仅在舆论、道义上，而且还要在军事上互相支持。条约甚至规定，"由同盟人署名盖章后，永久发生效力"[①]。另一方面，继续向省外扩张，念念不忘物产丰富、税源充足的四川，插手四川的军政事务。

1920 年 3 月，唐继尧以联军总司令名义，下令免去熊克武的四川靖国军总司令职务，5 月任命吕超、刘湘为四川靖国军正、副总司令。唐继尧企图推倒熊克武，扶持有利于自己的势力。这时，滇军驻在四川的有两个军，第一军由顾品珍率领，第二军由赵又新率领。唐继尧命令顾品珍、赵又新联合黔军王文华，进攻成都，赶走熊克武。熊克武虽然退出成都，却以驱逐客军为旗号，联合川军各部，分路向成都、重庆及四川南部滇、黔

---

① 《救国同盟条约》，转见拙著《唐继尧评传》第 113 页，河南教育出版社 1985 年版。

军驻地发起进攻，滇军再次退出成都。川军乘胜直追，驻川的滇军第二军军长赵又新在10月8日被打死于泸州城外学士山。这样，滇军全线溃退，直退到贵州毕节。驻川的滇军全部被逐出四川。

驻川的滇军第一军军长顾品珍，原来就不满唐继尧强驱滇军参加混战，这时又得到熊克武的鼓励，遂以"士兵厌战"为由，准备班师回滇，驱逐唐继尧。唐继尧自知形势不妙，乃任命顾品珍为云南东防督办，试图稳定局势。顾品珍一方面宣誓就职东防督办，一方面又率师向昆明进发。驻省城附近的叶荃第八军与顾品珍相呼应，倒戈反唐。唐继尧召集紧急军事会议，准备亲自督师，镇压反叛。但是，唐继尧之亲信杨蓁、邓泰中两旅与顾品珍部旅团长却联衔请唐下野。这就是说，顾品珍大军压境，叶荃、杨蓁、邓泰中等部倒戈，内部分裂，军心动摇，在这种情况下，唐继尧被迫通电辞职，并于1921年2月8日天未明时，即率亲信卫队百余人离开昆明，乘滇越铁路火车向南出走，流落香港。顾品珍率部进入昆明，没有遇到什么抵抗，乃以滇军总司令名义控制云南。1921年2月8日，恰巧是农历辛酉年春节（正月初一），所以民谣说："两个洋芋辞旧岁，一棵白菜迎新年。"因唐继尧是云南会泽人，会泽盛产洋芋，个大味美，故唐有"会泽大洋芋"的绰号。"两个洋芋"指唐继尧及其堂弟唐继虞。又因顾品珍为云南昆明人，昆明白菜的好品种较多，一年四季不断。这里"一棵白菜"是指顾品珍。

事变前夕，侦飞军由于排场摆得太大，引起非议，唐继尧乃暂时撤销侦飞军，把侦飞军大队长龙云任命为滇军第11团团长，侦飞军大队即改组为滇军第11团。唐继尧派第11团进驻滇南，与云南第二卫戍区司令兼蒙自道尹李友勋相互配合，驻守南防。不久，顾品珍倒唐事变发生，唐继尧出走滇南，得到了龙云的热情接待和尽力保护，表达了对唐的一片忠心。本来唐继尧有将龙云带在身边的考虑，但又感到带人太多去香港，不甚方便，云南亦需留下自己的人，以便将来有所动作。因此，唐继尧离开蒙自时，要龙云与李友勋同驻蒙自地区，作为唐继尧将来返回云南的立脚点。

　　这样，龙云就从唐继尧身边的侍从长官（伙飞军大队长）变成了独立指挥一支部队的军事指挥官了。龙云成为独立的军事指挥长官，更有机会显示他的军事指挥才能，并为以后的独立发展创造了很好的条件。

# 五 "二六"政变

## （一）唐继尧二次回滇

唐继尧流落香港时，恰巧孙中山已重返广州，宣布重组广州军政府。一方面，孙中山要扩大广州政府的势力，尽可能多团结一些人；另一方面，唐继尧又企图利用孙中山，寻找新的出路，因而也表示了对孙中山的拥护态度。因此，孙中山特派代表，欢迎唐继尧来广州，希望唐继尧有所醒悟。孙中山说：唐继尧来广州，使唐继尧不仅是云南的唐继尧，而且也成了中国的唐继尧。这是"中华民国之大成功也"。唐继尧则冠冕堂皇地表示，自己之所以毅然离开云南，乃是因为"一、不忍使地方糜烂；二、不屑为权力争夺；三、地方政治使地方人共为之"，表示支持孙中山护法①。

这时，留在云南蒙自的李友勋、龙云等部，在云南发展受到限制，也担心顾品珍对他们不利，乃于1921年秋天，借响应孙中山护法，讨伐陆荣廷桂军的名义进兵广西，唐继尧即委龙云为李友勋旅的前敌司令。这时广西陆荣廷的桂军，受到各方面的攻击和谴责，形势孤立。龙云所部在顺

---

① 《唐会泽莅粤欢迎盛况记》第6、9页，原书铅印，无出版地点及出版时间。

利攻克柳州后，唐继尧又任命龙云为柳州警备司令。李友勋和龙云遂以柳州为基地，积极发展拥护唐继尧的滇军势力，不到半年，队伍即扩大到七八千人。这是一个不小的数字。

龙云在柳州碰上了好运气，成为他日后飞黄腾达的一个重要转折。据龙云本人讲述的一个富有传奇色彩的故事说："我在柳州任警备司令时，弹药不多，粮饷缺乏，正在山穷水尽的时候，忽然有这样一次奇遇，警备司令部驻扎在柳州的一家公馆里，那天多数官兵都放假出去了，两个马夫在院子里刷洗马匹，我没有事，蹲在旁边看他们洗马，忽然看到有一匹马老是用蹄踢土，踢来踢去，露出一块石板来。我叫随行找来几把锄头，挖掉盖在石板上的土，看见是块相当大的方正石板，好像是盖着什么东西似的。我叫警卫把大门关起，和几个人一道用力撬开了那块大石板，发现下面是个很大的瓮，里面装满了一封一封的毫洋，盘出来清点一下大数，足足有 25 万元。这样大的一笔现洋，行军当中人挑马驮很不保险。因此我想了一个主意，把它分散交给全体官兵，每人保管 200 元，同时每人奖给 5 两大烟。这笔款项，就这样顺利地带回了云南。"他继续说："很多事情都是天意呀！"① 这个偶然的事件，对龙云、唐继尧，都帮了很大的忙。

1921 年 6 月至 9 月的 3 个多月中，孙中山领导了讨桂战争，以消灭桂系陆荣廷的势力为目的，并为北伐打下基础。经过 3 个多月的战斗，孙中山平定广西，两广得以统一。孙中山非常高兴，决定以两广为根据地，派兵 3 万，继续出师北伐。12 月，孙中山在广西桂林组建北伐大本营，计划重整护法旗鼓，北向中原，以成戡乱之功，完成护法意愿。但是，孙中山的北伐，在两方面遇到了两大阻力。一方面，粤军总司令陈炯明势力甚

---

① 刘宗岳：《我所知道的龙云》，《云南文史资料选辑》第 6 辑第 148 页。

大，自成粤系，与北洋军阀相勾结，反对孙中山北伐；另一方面，唐继尧从后方拆台，煽动人心地宣传，"所谓北伐，在谋地盘"而已[①]。唐继尧利用滇军士兵在外征战多年，思乡心切的心理状态，鼓动他们拒绝接受孙中山北伐的命令，打回云南老家去。唐继尧使用的手段，一是封官许愿，二是金钱收买。驻广东的滇军师长朱培德被其部下旅长赶走，朱培德来到香港，要唐继尧给他一笔款项，派他到桂林去抓驻粤滇军，拥护唐氏回滇。其时，驻粤滇军的主力已移驻广西桂林，由总指挥杨益谦统率。唐继尧非常满意，当即给朱培德 20 余万元巨款。朱培德到了桂林后，会见了滇军各团团长，每团送给港币 3 万元，促使大家赶走了杨益谦，从而朱培德再度夺得了驻粤滇军总司令的职务。

唐继尧利令智昏，在粤系军阀陈炯明的支持下，指示桂林滇军迅速脱离北伐大本营，开往柳州，和在柳州的李友勋、龙云等部会合集中，唆使他们回滇。为此，唐继尧也来到了柳州，与李友勋、龙云等人密谋，制订了迅雷不及掩耳的突击计划，返滇夺权。但是，唐继尧公开打出的旗号只是"赴各地慰问诸军"[②]。

孙中山得悉唐继尧的阴谋以后，两次去电昆明，慰问滇军总司令顾品珍，要顾派滇军参加北伐事业，以示对唐继尧破坏北伐的谴责。及至唐继尧完全不顾大局，坚持驱逐顾品珍、反戈回滇时，孙中山乃于 1922 年 2 月 23 日发布了"制止令"，谴责唐继尧抗命回滇，破坏北伐的行为，并令滇、黔、桂各省当局"严行制止"。与此同时，朱培德又翻脸通电讨伐唐继尧，宣布与唐脱离一切关系。而杨益谦则投靠了唐继尧。但是，唐继

---

① 《唐继尧致张伯群等电》，档案资料。

② 东南编译社编述：《唐继尧》第 104 页，震亚图书局 1925 年发行。

尧仍顽固不化，执迷不悟，将其在柳州的 4000 多人编为 4 个军，分别以李友勋、田钟谷、胡若愚、杨益谦为一、二、三、四军军长，以龙云为李友勋第一军的前敌司令，冲在最前头。唐继尧亲自率领胡若愚、田钟谷两军，绕道桂滇边境，由剥隘经广南、文山进攻蒙自；李友勋、杨益谦两军由广西柳州经贵州兴义、云南罗平，直取昆明。同时，唐继尧又收买了滇南大土匪吴学显，从内部配合，向顾品珍部发起进攻。

龙云对于唐继尧率部回滇，反击顾品珍一事，态度相当积极。还在事变过程中，给唐继尧一个电报，请示问安，洋溢于表。电报说："此次各代表到柳，辱蒙惠赐多珍，体念下情，无微不至，望风请领，铭感难忘。回滇大计，协老似固执己见，难得赞同。竹君处前接子嘉敬电，宪民宥电，均称：'经营、团长以上秘议两次，与我一致决定，一月内开拔完毕'等语。曾经电呈钧座，未知得荷洞鉴否。但杨此举，是否出于真诚，抑或与我委蛇，其中真相，尚难悬揣。特派蒋复初为代表，偕林、高、毛、李诸君，前往接洽，如果确无变迁，则在外各部队之联络，亦算圆满。前又苦无统筹之人，欲望各路司令商办，实属不易，是不能不望钧座之决行也。昨奉真电，粤军总攻龙州，我军应分兵攻取百色。防敌东窜一事，当时仓猝电复，业已肃清，现龙州仍在战斗之中。云已将真电转达李、杨、胡各司令，不知伊等能体钧座意旨，乘机移动否。近发祃、梗、俭、艳各电，想已达到。余容后详，肃叩勋安。旧部龙云谨呈。"[①] 这个电报既表明了龙云与唐继尧的亲密关系，又表明了龙云支持唐继尧回滇的鲜明态度，为此而做了许多工作。

---

① 《龙云为唐继尧筹措回滇已派人外出联络致唐继尧电》（1921 年 8 月 2 日），《云南档案史料》第 8 期第 42 页，1985 年出版。

在回滇途中，李友勋被广西自治军打死，唐继尧即委龙云为第一军代理军长，龙云从1912年在四川宜宾投入滇军，仅仅10年间便得到唐继尧的不断提拔，至1922年春，在广西进入贵州途中，就成了代军长了。此次龙云护驾回滇，更加兢兢业业。

本来，顾品珍所部兵力超过唐继尧几倍，而且是以逸待劳，因此战争初期，双方激战于宜良大河两岸时，顾品珍部处于优势。然而，顾品珍盲目轻敌，把总司令部设于既无天然屏障又无实力护卫的路南县天生关鹅毛寨，内部又指挥不灵。大土匪吴学显所属黄诚伯部，从后面攻击天生关鹅毛寨顾品珍总司令部时，差不多是如入无人之境，突然出现在总司令部近前。顾品珍措手不及，中弹死去，参谋长亦同时遇难。总司令及参谋长突遭意外，司令部失去指挥能力，唐继尧乃率部轻取昆明。1922年3月，唐继尧回到昆明，重掌云南政权。这就是所谓唐继尧的"二次回滇"。

### （二）滇桂战争

唐继尧二次回滇后，论功行赏，特别垂青于龙云，遂正式委任龙云为第五军军长兼滇中镇守使，驻昆明。这样，龙云因驻扎省城昆明，就在事实上掌握了滇军的实力。唐继尧二次回滇，使龙云由一个不知名的角色，变成了滇军事实上的二号人物。这是唐继尧对龙云护"驾"有功给予的奖赏。这时，龙云虽然权力大增，却仍唯唐继尧马首是瞻，并未使唐继尧感到有尾大不掉的局面。因此，唐对龙仍然是放心的。

二次回滇以后，唐继尧的势力明显地走下坡路了，但他仍然不觉悟，一意蛮干，并与革命为敌。

1924年1月，孙中山在中国共产党人的参与和帮助下，改组了中国国民党，制定了联俄、联共、扶助农工三大政策，准备继续出师北伐。孙中山为了促进唐继尧参加北伐，至少要使唐保持中立，乃于 1924 年 9 月在广州召集的政务军事联合会议上，提议推举唐继尧为副元帅（孙中山是广州国民政府的元帅）。提议获得通过，孙中山电促唐继尧就职，率师北伐，同时任命唐继尧以副元帅兼建国军川滇黔联军总司令，令其主持三省北伐军事。唐继尧再次拒绝就任副元帅职务，却在建国联军问题上大做文章，在昆明召集川、滇、黔、粤、桂、湘、鄂各军的代表会议，宣布成立"建国联军总司令部"于昆明，自称为七省联军总司令，宣布编制"建国联军" 14 个军（其中缺第四军），云南直辖 6 个军，又在云南编"伙飞军" 4 个军，其他各省的建国军皆属总司令指挥。建国联军各军军长是：第一军唐继虞，第二军胡若愚，第三军石青阳，第五军龙云，第六军何海清，第七军刘显潜，第八军周西成，第九军吴醒汉，第十军张汝骥，第十一军李士荣，第十二军吕超，第十三军林支宇，第十四军林俊廷。建国联军伙飞军各军军长是，第一军何海清（兼），第二军李选廷，第三军陈维庚，第四军胡瑛。这些军队，除唐继虞、胡若愚、龙云、张汝骥部人枪稍多以外，其余各军人枪甚少，不过挂个牌子而已。

1924 年底，孙中山北上。粤系军阀陈炯明乘机分三路向广州进攻。唐继尧以为大好时机已到，与粤系陈炯明等相勾结。在日本帝国主义的支持下，合谋出兵两广，推翻广州政府，组织以唐继尧为头子的南方政府。为此，唐继尧一方面派人游说广西的李宗仁、黄绍竑，要求假道广西进入广东，说他志在广东，决不侵占广西的地盘，并许李宗仁、黄绍竑以军长名义（李宗仁为广西第一军军长、黄绍竑为第二军军长）和 400 万两烟土为报酬。另一方面，又派人联络桂林的沈鸿英桂军和驻扎广东的滇军杨希闵部，商定唐部进入广西时，采取一致行动。

李宗仁、黄绍竑、白崇禧恐唐继尧使用"假途灭虢"之计占领广西，乃派上校参谋孙华佛去昆明打探虚实，并请求唐继尧不要派兵由广西前往广州。然而，唐继尧却声称，大军启行在即，不容有变。孙华佛回广西，向李宗仁等报告说："唐继尧设在昆明五华山的副元帅府，布置得富丽堂皇，大厅悬挂着黄色绫缎，俨如皇宫。唐继尧的侍卫皆官封少将，一切全凭唐氏个人的爱恶行事，全无制度可言。"[①] 李宗仁乃将滇军经桂入粤事，报告广州政府，请求援助。广州方面同意请求，派驻粤滇军第二军军长范石生率领一军，来广西协助对付唐继尧。

1925 年 2 月，唐继尧以建国联军"总司令"名义，派出号称 10 万的大军，分两路入侵广西。第二路以龙云为总指挥，率领号称 5 万的人马（实则 3 万多人），从南路进攻，取道百色、靖西向南宁进发，第一路以唐继虞为总指挥，吴学显为副总指挥，率领也号称 5 万的人马（实则约 2.5 万人），从北部进攻，由黔东、湘西进军柳州。这时，李宗仁、黄绍竑全部兵力不过 1.5 万人，而且主力正在湘桂边界、黔桂边界与沈鸿英部接触，不可能全部抽出。广西的形势十分紧张。这里先说以龙云为首的第二路军作战的情况。

龙云所部气势汹汹地向南宁进逼时，南宁守兵只有桂军伍廷飏所部 2000 余人，不敢应战，逐步向宾阳后撤。龙云所部不战而占领南宁，意气风发，以为广西指日可下，遂逐节推进，前锋已抵宾阳附近的八塘、思陇一带。这时，桂军俞作柏与伍廷飏已取得联络，范石生军五六千人已由梧州乘船西上，集中贵县，黄绍竑带领罗浩忠所部 1000 余人也到达贵县。黄绍竑、范石生商议，先集中力量，围歼龙军的前锋，再进攻南宁。黄绍竑部由宾阳之北，范石生军由宾阳之南，分路向龙云进攻。龙云退守高田

① 程思远：《白崇禧传》第 36 页，华艺出版社 1995 年版。

险要，伍廷飏率部跟踪到高田，展开激战，俞作柏部2000余人则绕攻古漏，直捣昆仑关。龙军怕后路被截断，仓皇退却，退守南宁。

唐继虞率军进入桂边时，桂军在柳州方面兵力薄弱。黄绍竑急调南宁方面桂军支援柳州，可是范石生以为先解决龙军，再提兵北上为好，遂在南宁二塘向龙军发起进攻，血战一昼夜，龙军不支，退入南宁城内。范石生、黄绍竑两军向南宁进攻，围城10多天，龙军拼命抵抗，未能取得进展。这时，唐继尧又派胡若愚率后队1万余人，支援南宁守军。胡若愚与龙云两军会合，开门出击，范石生军伤亡甚重，旅长杨萌被打死，黄绍竑军牺牲亦很大。范、黄乃后撤，避实击虚，与龙军周旋，龙军怕孤军深入，不敢离城追击。于是，南宁之役，双方形成对峙局面。

再说以唐继虞为首的第一路军作战的情况。唐继虞、吴学显分率两军进入桂境，柳州防守空虚。吴学显以七八千人围攻柳州，形势紧张。黄绍竑急忙赶至柳州，指挥由南宁方向抽调来的伍廷飏等部，以及原守卫柳州的吕焕炎、李石愚等部，出其不意地向吴军反击。吴部骄傲自大，猝不及防，仓皇应战，不支而溃；桂军马广伍、钟祖培、林竹舫等部乘胜包围伏击，吴部溃不成军，损失惨重，乃转向沙塘、沙浦与唐继虞主力部队会合。

黄绍竑与白崇禧部会合，向沙浦方面追击。滇、桂两军在沙浦地区展开了血战，互有胜负。后来，白崇禧部占领了马头山，黄绍竑又派兵抄袭滇军后路，发炮炸断滇军退路的浮桥，然后发动全线进攻。滇军左右侧均陷入包围之中，正面反攻又未能得逞，军心大乱，死伤3000余人后，纷纷溃退；退至河旁，浮桥已断，被迫下水逃生。战后清理，仅堆积在河里的尸体即达2000余具，缴械被俘的亦有2000余人。此役，唐继虞、吴学显部已折损过半，仅剩残部1万余人，不敢恋战；黄绍竑、白崇禧派兵追击，在庆远、怀远又歼灭滇军数千人。唐、吴仅率残部五六千人，由东兰、凤山、凌云一线退回云南。这一路军，溃败而返。

还在战争进行过程中，1925 年 3 月 12 日，孙中山在北京病逝。消息传到昆明，早先拒绝副元帅职务的唐继尧，却发出通电，声明就职为"继帅"。广州政府谴责唐继尧的卑劣行径，并通电讨伐唐继尧，使唐继尧在政治上处于被动地位，这也影响了滇军在广西的士气。

在南宁方面的龙云所部，本希望柳州方面滇军取胜后，合力东下。但是柳州滇军惨败，龙云的希望落空。而白崇禧为扰乱龙部军心，从滇军俘虏中挑选百余人，由一官长带领，拿着白崇禧的名片，由柳州至南宁见龙云，名片上写着："南宁鏖战多日，损失必多，特送上云南子弟以作补充。"并通报李宗仁，设法断龙云部之后路，消灭龙部，以便范石生能够比较顺利回云南夺权①。龙云军心动摇，加上又染时疫，病死者达千人以上，军心慌乱，龙部被迫由龙州、靖西方面，退回云南。本来，桂军企图在龙云部撤退时，予以全歼，但桂军"俞作柏私心自用，在前进途中赶往龙州抢取滇军存在那里的烟土，破坏了整个追击计划，否则龙云几难有生还之望"。②1925 年的滇军入桂之役，惨败而返。不过，龙云的这支部队，比较起来，保留相对完整。这使龙云在后来滇军内部的角逐中，占有优势地位。

1925 年滇桂战争滇军的失败，是唐继尧走向没落的一个重要转折。但是，他还要进行最后挣扎。1926 年秋，唐继尧担心已经集中权力在手的龙云、胡若愚等人尾大不掉，决定撤销各军番号，加强亲信近卫部队，由他

---

① 《白崇禧回忆录》第 24 页，解放军出版社 1987 年版。
② 程思远：《白崇禧传》第 39 页。

弟弟唐继虞直接指挥，龙云被重新委任为昆明镇守使。龙云的地位仍然显要，但是军长、指挥的职务没有了，这不能不在他的心灵上投下阴影，他对唐继尧排斥异己的怀疑增长了。

### （三）龙云在政变中起了重要作用

这一时期，国内政治形势发生了急剧的变化。以反帝反封建为目的、以反对北洋军阀的统治为主要内容的北伐战争开始了。1926年下半年，北伐军席卷了长江以南的半个中国。在北伐战争的进程中，北伐军（国民革命军）企图争取唐继尧倒向北伐军一边，但是没有成功。相反，随着北伐战争的胜利进展，唐继尧进一步加紧了与北洋直系军阀吴佩孚、孙传芳的勾结，在云南高唱"反共""讨赤"的调子。为此，唐继尧组织了"民治党"，宣传"国家主义"，开办了"民治学院"，加紧了反共活动。

为了配合北伐战争，在中共两广区委的领导下，建立了中共云南地下党组织，由吴澄担任省特支书记。云南地下党面临的迫切任务是配合北伐进军，打开云南的政治局面，帮助建立国民党左派组织，做好统一战线工作，掀起国民革命的新高潮。为此，必须首先推翻唐继尧的军阀统治，以扫除云南革命的最大障碍。1926年底，中共云南省特支组织了"云南政治斗争委员会"，专门研究"倒唐"的部署，策划倒唐工作。特支认为：唐继尧与云南人民之间的矛盾已很尖锐，唐继尧统治集团内部亦已矛盾重重。因此要不失时机，动员舆论，造成声势，充分利用敌人的内部矛盾，分化瓦解，重点做好唐继尧手下四个镇守使的工作。这四个镇守使是：昆明镇守使龙云（原兼第五军军长）、蒙自镇守使胡若愚（原兼第二军军长）、昭通镇守使张汝骥（原兼第十军军长）、大理镇守使李选廷。四镇守使中，龙云是重点对象。这是因为：第一，龙云控制了唐继尧的主要实力，而且驻扎昆明，占据要害地区；第二，龙云为唐继尧所重视和提拔，对唐也很忠诚，但他毕竟不是唐的嫡系，对唐指定其三弟唐继虞为接班人耿耿于怀，对唐排斥异己开始不满。做好龙云的工作，影响很大。

地下党发动党内外同志，每月每人以各种形式写信（匿名或团体名），分别向四镇守使投送，历数唐继尧祸滇的罪行，督促他们和云南人民站在一起，解除人民的痛苦，走孙中山先生的革命道路，不要使人民再遭受涂炭之苦。同时，利用各种关系，由共产党员出面，直接间接地与四镇守使和其他掌权的滇军军人进行联系和工作，例如，共产党员、中共云南省特支委员吴澄，奉李鑫命令，以国民党党员的身份，对龙云进行工作；共产党员张增智与龙云的妻子李培莲有亲戚关系，协助吴澄工作。张增智对李培莲说："女师的老同学吴澄（李培莲也是女师同学），了解的情况比我多，你可以见见她，听听她对时局的意见，吴澄也很想拜访你。"[①] 这样，李培莲和吴澄交谈了几次，李对吴的印象很好。后来，在李培莲的安排下，吴澄和龙云进行了秘密谈判，会谈是比较满意的。吴澄耐心地向龙云分析了当时的形势，指出唐继尧的统治已经处于内外交困的状态，垮台是不可避免的，只是时间问题。如果再跟唐继尧走，必然为云南父老所唾弃，成为历史的罪人，希望龙云当机立断，顺乎潮流，合乎民心，不要坐失良机！吴澄的一番雄辩，打动了龙云。龙云表示要和胡若愚、张汝骥、李选廷商量再定。与此同时，地下党又派周霄与胡若愚联系，黄丽生与张汝骥联系，李子固则同时与龙云、胡若愚、张汝骥都有联系。1927 年 1 月，云南

---

① 张增智：《龙云如何走上反蒋拥共的道路》，《云南现代史料丛刊》第 4 辑第 38 页，1985 年出版。

政治斗争委员会为了发动群众，印发了唐继尧祸滇十大罪状的材料，广为散发。

云南人民反唐斗争高涨，眼看着滇系军阀唐继尧的统治即将崩溃，龙云、胡若愚、张汝骥、李选廷四镇守使为适应环境起见，向唐继尧联名上书，提出改组省政府、靠拢广州国民政府、还政于民等建议。但是，唐继尧认为自己还能控制军队，因而拒绝了这些要求。

恰巧农历新年来到（1927年2月2日，农历新年初一），可是兵饷整年未发，新年来到也只发了半个月伙饷，军中大哗。四镇守使即借此采取行动，2月5日，胡若愚、龙云调兵进省城，并分电张汝骥、李选廷一致行动，进逼昆明。当晚（电发出时已是2月6日，但电文所署日期为2月5日），四镇守使举行"兵谏"，发出微电。电文说："若愚等渥承知遇，擢领师干，职在服从，义当报称，何敢抗词出位，不惜犯颜。顾仰体钧座爱国之衷，俯察滇民被兵之祸，忠佞决难并立，公私不可两全，畏罪不言，疚心更甚，请为钧座缕晰陈之。治军之道，纲纪为先；施政之方，爱民为本。护国以来，吾滇声誉冠于西南，乃岁月几何，遂尔频遭失败，溯其兴替之迹，皆由唐夔赓营私枉上，构陷同胞，驻川驻粤滇军，先后被其破坏，将心解体，大业倾颓，违禁贩烟，贻羞万国。建国之役，厥重尤重，身长兼军，弁髦帅令，途过湘境，贻误戎机，士卒饥诼，将官苦谏，踉跄拔队，致使全军死伤万余，横尸山积，荼民辱命，实厉之阶。"近年来，更潜植私党，淆乱黑白，与陈维庚等二三人，朋比相私，狼狈为奸，为此"伏恳钧座乾纲独断，大义灭亲，劝令唐夔赓即日离去滇境。远佞亲贤，公开政治，安内睦外，易辙改弦"。署名为：蒙自镇守使兼东南边防督办胡若愚、昆明镇守使兼东北边防督办龙云、昭通镇守使张汝骥、大理镇守使兼开广临时善后督办李选廷等①。实际上该通电，提出请发欠饷，惩办贪污，摒除宵小，驱逐唐三（唐继虞即唐蓂赓）及与广州方面合作等项条件。事变当日，龙云的军队接管了城市，在所有公共建筑外面，特别是火车站、各城门及重要街道，站岗放哨，逮捕了通电所指的贪污宵小20多人。唐三（唐继虞）则闻风乘滇越铁路火车，逃往越南。这就是推翻滇系军阀唐继尧统治云南14年的"二六"政变。很明显，如果没有龙云的牵线和参与，"二六"政变不可能这样顺利。

事变发生之际，唐继尧召集其亲信开紧急会议，到会的主要人物有：云南陆军将校队总队附陈维庚、胡瑛、李云谷，步兵训练总监唐继虞、刘国栋，近卫第一旅旅长孟坤（友闻），近卫第四团团长朱旭，翊卫队总队长王洁修等20余人。会上，唐继尧对龙云特别气愤，说龙云是他一手培养提拔起来的，而今天起来反对他，真是丧尽天良。会上提出，只要先将龙云在昆明北校场的部队解决掉，再用政治、军事手段，相机分化瓦解胡若愚、张汝骥、李选廷部是可能的。于是决定，集中兵力，首先解决龙云在北校场的部队。唐继尧命令，各部队在一小时内做好一切准备，听候命令执行。

然而，会议刚一结束，孟坤回到旅部后，马上打电话给唐继尧说："桑梓地方这样打起来不好，我不能接受这个任务。"说完就将电话挂断，急得唐继尧拍案跺脚。因孟坤与龙云早有联络，而唐继尧又以孟坤旅为解决龙云部队的主力，这样，由于孟坤态度的变化，唐继尧的反击遂成泡影②。从唐继尧部署企图以解决龙云部队入手，以粉碎"二六"政变的态势来

① 《胡若愚等联名请婉劝唐继尧促唐继虞引退公开政治的通电》，《云南档案史料》第17期第1～2页，1987年出版。

② 龚自知：《龙云夺取云南政权的经过》，《云南文史资料选辑》第2辑第142页。

看，亦可说明龙云在"二六"政变中所处的重要地位。

当龙云的其余部队进入昆明近郊的安宁，胡若愚的军队到达宜良，张汝骥的军队进到杨林，李选廷的军队到达禄丰时，对昆明的包围已经完成。唐继尧无可奈何，不得已派出他的枢要处长周钟岳和胡瑛等人，向龙、胡等表示可以接受条件，并拿出私蓄发放军饷，但是为时已晚，无济于事。唐继尧见大势已去，被迫交出政权，解散民治党。云南省议会也发出通电，表示赞成四镇守使的主张。

龙云此时却温情脉脉地发出通电称："顷上唐联帅一书，文曰：云于日前随各军将领合词电呈，仰恳乾纲独断，大义灭亲，政治公开，民权解放，远佞任贤，与民更始，期同心于一德，流宏号于无穷。乃蒙虚衷纳谏，屈己从人，立见施行，不为众挠。凡在人民与夫有识之士，听于下风，无不额手称庆。谓钧座此举，光明磊落，毫无权利之私，惟以地方为重。匪特求诸今世，未见其人，即征诸历史，亦颇颇其难。……传曰：'君子之过，如日月之食，小人之过也必文。'以钧座之明而为群小所蔽，此钧座之过，无可讳者。然以云等之迫切陈词，而钧座一旦幡然从谏，如转圜谷，行无瞻顾，此真为日月之食，无害于万古之明，为全滇人士所庆幸，而尤受恩深重者之所报而泣也。"① 显然龙云在此既有解释"二六"政变不得已为之之意，亦有对唐继尧表示怀念之意。

唐继尧倒台了，云南下一步怎么办呢？龙、胡、张、李四镇守使2月22日在昆明东南140余公里的宜良县法明寺举行会议。参加会议的除四镇守使外，还有各方面的代表，共27人。根据会议通过的《云南省务委员会组织人纲》，决定采取合议制，组织云南省务委员会。会议"拥戴"唐

---

① 《龙云发致唐继尧解释二六政治改革为顺应潮流电》，《云南档案史料》第17辑第4～5页。

继尧为有名无实的省务委员会"总裁"。3月5日，在昆明宣布正式成立"云南省务委员会"，以龙云、胡若愚、张汝骥、李选廷四镇守使及5名文职官员马聪、王九龄、周钟岳、王人文、张耀曾等9人为省务委员以及5名候补委员。3月8日，这个委员会开始办公，发射了20发礼炮庆贺，一面写着"中华共和国万岁"标语的旗帜，引人注目地展开了，升起了共和国的旗子，而不是国民党的旗子。这个典礼，由于龙云未出席，使热烈的气氛大为扫兴。因为，一个重要原因是，省务委员会推举了资格较老的胡若愚为主席兼军政厅长，而没有推举龙云为主席。龙云仅为省务委员兼云南陆军讲武学校校长。

新的云南省务委员会发表的"大政方针宣言"，声称"始终与国民政府通力合作""奉行先总理之三民主义而不知其他"等。

"二六"政变以后的一个短暂时期，云南的政治气氛热烈，各种进步团体和左派组织纷纷成立，群众运动也高涨了起来。1927年3月8日，是国际妇女节纪念日，中共云南地下党（这时已成立中共云南省特别委员会，王德三任书记）组织和发动广大男女青年参加纪念活动。在共产党人吴澄、赵琴仙主持下召开了有3000多人参加的纪念会，这是昆明罕见的盛大集会。会后游行，高呼"打倒军阀唐继尧"的口号，并捣毁了唐继尧政府原来的机关报《西南日报》社。延至5月23日，唐继尧终以呕血不治而死去。唐继尧活了44岁，而龙云此时为43岁，比唐继尧只小1岁。

### （四）龙云与国民党

这个时期，云南的国民党组织先后出现了三个。第一个，1927年2月首先建立了以国民党左派王复生为首的国民党云南支部，由于地址设在法政学校内，而被称为"法政党部"或"法政派"。这个组织支持群众进行反帝反封建的斗争。省务委员会的两个最重要的人物胡若愚和龙云，对法政党部的态度是很不同的。胡若愚对法政党部比较友好，龙云的态度则是模棱两可。第二个，是稍后建立的右派国民党云南支部，因党部设于昆明圆通街，人称"圆通党部"或"圆通派"。这个党部与蒋介石叛变革命的行动是合拍的。第三个，则是由龙云的舅子李培天等人建立的国民党云南支部，被称为"舅子党部"或"舅子派"。这个党部的人数最少，却得到龙云的直接支持，并占据了省议会大楼。三个国民党党部的相继出现，说明云南的政治形势又开始向右转了。而这又是与全国的形势变化联系在一起的。

在北伐战争胜利进展，北伐军席卷了大江南北，全国工农运动高涨之际，北伐军总司令蒋介石于1927年4月12日在上海发动了反革命叛变，并在南京建立了蒋介石新军阀统治的国民党政权。白色恐怖向全国各地蔓延，云南也受到了影响。龙云是这时云南各个实力派中，急速地向右转的重要人物之一。

4月11日，即在蒋介石发动"四一二"反革命政变前一日，龙云即依靠昆明的豪绅势力挤走胡若愚，接替胡若愚任云南省务委员会主席。这一天的省务委员会会议决议案，只写下了一行字："胡主席现因公出省，议决：公推龙委员为主席。省务委员会秘书处，四月十一日。"[①]没有作任何进一步的交代，使人感到莫名其妙。

在蒋介石叛变革命以后，龙云迅速地向蒋介石靠拢，并在1927年5月7日以快邮代电致南京政府，表示拥护蒋介石，攻击共产党"奉行苏俄阴谋""供苏俄之牺牲""利用青年，把持农工运动"，扬言"决不能与之

---

① 《云南省务委员会会议记录》"四月十一日决议案"，《云南档案史料》第17期第36页。

共同革命", 甚至说什么"共产党谋叛有据", 表示要与"全国一致肃清跨党分子"[1]。随后, 龙云派兵查封了左派国民党省党部和省农民协会, 并逮捕了共产党人李鑫 (省农协主席)、赵祚传 (中共云南省特委组织部长)、黄丽生 (省工会负责人)、周霄以及国民党左派负责人王复生、杨瑞庵和一些进步学生。这是"二六"政变后, 首次在云南发生的规模较大的逮捕中共党员和革命人士的事件。

由于中共云南省特委的营救, 群众团体的请愿, 大部分被捕者获得了释放。然而, 李鑫、王复生、周霄、黄丽生仍被关押, 直到"六一四"政变, 龙云被囚, 胡若愚才将全部被捕者释放。虽说在这次事件中, 共产党人没有遭到杀害, 最后全部获释, 然而它证明了云南政治形势右转的趋势。

龙云成了云南的显赫人物, 但是他所走的道路是不平坦的, 也不是一帆风顺的, 惊涛骇浪正无情地向他扑来。

---

① 转见《中共云南地方党史大事记》第 20 页, 云南人民出版社 1992 年版。

# 六　三军混战

## （一）"六一四"政变

"二六"政变后，龙云、胡若愚间为了争夺权力，矛盾日益暴露。其时，四镇守使名义上拥有一个"军"的队伍，实际上龙云、胡若愚各有兵两个旅，辖4个团，另有警卫一营；张汝骥亦号称两个旅，兵力却只有3个团；李选廷则只有一个团的兵力。唐继尧原有近卫军4个旅，计8个团，在"二六"政变后为龙云、胡若愚所并编。龙、胡二军旗鼓相当；张汝骥力量稍弱，又未并编唐部，心中不快；李选廷自知力弱，虽想投机，力不从心，甘愿退让，不过其态度倾向胡若愚。结果是，龙、胡相争，张汝骥与胡联合，形成三军对垒的局面。

三军兵力及原唐继尧所部兵力情况如下：

甲、"二六"倒唐时，龙、胡、张兵力编配表：

（一）第二军军长胡若愚

　　第 × 旅旅长欧阳永昌

　　　　团长王相国

　　　　团长杨时源

第 × 旅旅长杨瑞昌

团长郑玉源

团长陈茂槐

第 × 旅旅长徐为珑（编余任普洱道）

（二）第五军军长龙云

第七旅旅长卢汉

十三团团长刘正富

十四团团长高荫槐（兼）

第八旅旅长周人文

十五团团长张凤春

十六团团长薛之际

第九旅旅长陈铎（在南宁被龙云枪决）

（三）第十军军长张汝骥

第 × 旅旅长林秀升

团长马鉴（编余）

团长谢崇文

第 × 旅旅长田钟毅

团长龙秀华

团长孟保初

乙、唐继尧近卫部队兵力概况表：

（一）翊卫军约一团，王洁修统率，初独立，倾向胡若愚

（二）第一旅旅长孟坤（孟友闻）

一团长杨琨（倾向龙云）

二团长袁昌荣（后并入一团）

（三）第二旅旅长李和生

　　　　三团长唐继麟（后降龙云）

　　　　四团长朱旭（倾向龙云）

（四）第三旅旅长杨占元

　　　　五团长欧阳好谦（倾向唐继虞）

　　　　六团长张培金（初属胡若愚，后倾向龙云）

（五）第四旅旅长何世雄

　　　　七团长田现龙（后属胡若愚）

　　　　八团长李和生（后篡何为旅长）

　　蒋介石"四一二"反革命政变，建立了南京政权以后，龙、胡、张各派人向蒋介石政权疏通关系。蒋介石的目的，在于使倒唐后云南的几个实力派人士自相残杀，然后"择优录取"，加以利用。所以，蒋介石在表面上似乎没有偏袒任何一方，而是让他们各自行动，自己则暗中挑动。

　　1927年6月13日深夜、14日凌晨，胡若愚派出一队人马，突然包围了龙云在昆明翠湖边的私人住宅。龙云尚在梦中，突被惊醒，仓皇组织反抗，已不济事。龙云住宅大约250人的卫队，被解除了武装。龙云企图越墙逃走，但是原是唐继尧的亲信，现已投奔胡若愚的王洁修，指挥炮兵，向龙云住宅开炮，连续发射了两颗炮弹。炮弹打得很准，一颗落在龙云住宅的客厅，但未爆炸；一颗落在龙云住宅的花园中，开了花，弹片四飞，溅向周围的墙头和房屋。

　　6月14日，胡若愚即以云南省务委员会主席名义，向全省各地发出通电说："本省前次改革政治，误于龙云作梗，毫不彻底。昨奉国民政府密令，已于6月13日夜将该员职务、武装，一并解除。现在省城秩序业已恢复，诚恐传闻失实，特此电知所有各该地方，一切事宜，务须照常办理，勿为谣言所惑，是为至要。"①又通电各机关，"该反革命军阀龙云，现已解决。"所有各机关照常办事②。被囚的龙云本人，也被迫发表了辞去本兼各职电说："云镇守滇东兼充边防督办数年以来，渐无善状。本年滇政改组，复承各地方父老举充委员，本应一竭驽骀，以报桑梓。无如政治工作，久无进步，加以目疾剧发，益觉难予支持。当此国家多故之秋，自未便以病躯从事，所有本兼各职，谨于本日一概辞去。所属各部队概交由政府管辖指挥，俾得游历海外，藉资调养。"③胡若愚以为大事已定，对龙云所部掉以轻心，遂酿成大祸。

其时，龙云所属部队驻扎昆明北校场的主要有：原第五军第十旅周人文部，卢汉旅的第三团，薛之际的第十三团两个营，此外尚有支持龙云的原佽飞军第三军近卫新一旅孟坤的两个团。但是，事变发生之时，周人文、卢汉、孟坤都没有在北校场，而是回家抽大烟、睡大觉去了。北校场只留下卢汉旅的一名团长高荫槐。胡若愚、张汝骥派兵包围龙云住宅时，又派兵包围了北校场龙云部队驻防地区。高荫槐自知事起突然，毫无准备，只得带领周人文、卢汉、孟坤的部队冲出包围圈，向富民方向撤退。胡若愚、张汝骥侥幸成功，未派兵追击。同时，胡若愚还派兵包围了卢汉、孟坤等人的住宅。

6月14日凌晨，卢汉听到枪声，又见住宅已被包围，知道事情不妙，遂从石墙爬出，藏在朋友家中，两天后化装去禄丰找部队，与住禄丰的刘正富团相会合。孟坤则于当晚缒城而出，在富民找到部队后，与卢汉、高

---

① 《胡若愚于6月13日夜解除龙云职务武装电》，《云南档案史料》第18期第1页，1987年出版。

② 《胡若愚扣押龙云请各机关照常办事的通电》，同上。

③ 《龙云申明辞去本兼各职电》，《云南档案史料》第18期第1页，1987年出版。

荫槐等先后到达元谋。驻扎宜良的近卫第四团团长朱旭，闻昆明发生事变，龙云被囚，乃率部到元谋与卢汉、孟坤等会合。这就是说，"六一四"政变，龙云虽然被囚，但实力并未损失，支持龙云的力量仍然是不可忽视的。

龙云被囚后，因龙部实力尚存，胡若愚、张汝骥不敢杀害他。但又怕龙云武功高强，越狱逃走，所以为他特制了一个大铁笼，内置藤椅一张，把龙云囚在铁笼里，放置在五华山上。龙云在这个铁笼里整整关了一个多月，眼睛受伤，未及时治疗，最后使一只眼完全失明，造成终身烦恼。在这一个多月里，龙云全身生满了虱子，甚至眉毛内都长了虱子，眼睛红肿流血，痛苦不堪。后来，龙云掌权后，对其家属常常提起此事说："你们以为我这个省主席是容易得来的？关在铁笼里一个多月的日子好过？"[①]并且经常为这一段历史的苦难而伤心、流泪。

龙云的妻子李培莲及其家属，在龙云被囚后，逃往法国驻昆明领事馆避难，并请求法驻昆领事卢锡比出面调停。卢锡比乃提出四项条件："（一）龙云自动下野，部队交省府善后；（二）龙云暂移法国总领事馆，6月16日携家属经越南转日考察；（三）同去日本的翻译人员，由省府任命；（四）在日本考察期间，省府酌予补助经费。"[②]这个条件归纳起来就是，龙云下野，放逐出国。尽管调停未获结果，然而却表示出了法国政府对龙云的态度，这一点胡若愚不能不有所考虑。李培莲一直住在领事馆内，并四处活动，费尽心血。后来，龙云得救后，对李培莲十分感激。

胡若愚发动"六一四"政变，囚禁龙云之时，滑稽的是，蒋介石在

---

① 访田汝增记录稿，1985 年 5 月 10 日。
② 见李培天：《龙卢恩仇记》。

龙云被囚的当日，即 6 月 14 日，却发布命令，任命龙云为"国民革命军"第三十八军军长，胡若愚为三十九军军长，张汝骥为独立第八师师长。蒋介石用这个行动，加剧了云南内部各派势力之间的争夺。

胜利者和失败者同时被任命为军长，这在胡若愚心目中打了一个大大的问号：蒋介石到底要干什么？不过，胡若愚并没有看穿蒋介石的用意，而是以胜利者的姿态，在昆明到处发表演说，声称自己忠于"三民主义"，并在 7 月 1 日正式宣布云南"易帜"，使国民党的旗帜第一次在云南升起。胡若愚兴高采烈地宣称：在云南"政治障碍被扫除了"[1]。然而，他没有想到，正当他得意忘形的时候，龙云的部队开始反攻了。

### （二）统治云南的开始

卢汉、孟坤、朱旭等部原来互不相属，实力差不多，地位亦相近，无一人有统一指挥的威望。群龙无首，如何统兵作战？几经商议，决定派朱旭部营长鲁道源潜入昆明，请滇军老将胡瑛来统一指挥。其时，卢汉、孟坤、朱旭等人已与驻滇西的唐继尧残部唐继麟取得妥协，遂移军滇西凤仪、下关等地。

胡瑛受到邀请，毅然从命，以游览昆明西山为名，带随从数人，在鲁道源的掩护下，经禄丰到达滇西，与卢汉等商议反攻昆明事宜。商议后决定，以胡瑛暂代第三十八军军长，孟坤为副军长兼第一师师长，卢汉为前敌总指挥兼第二师师长，朱旭为第三师师长等。序列如下：

（一）第一师师长孟坤

第一旅旅长杨琨

---

[1] 《云南公报》第 94 期第 1 页，1927 年 7 月 13 日。

一团长钟朝纲

二团长李开洪

三团长赵绪人

（人事中途有变化）

（二）第二师师长卢汉

第二旅旅长刘正富

四团长陈钟书

五团长龙雨苍（原十三团）

六团长安恩溥

第三旅旅长高荫槐（兼）

七团长杨立德

八团长李世德（原十四团）

九团长李毓萱

并辖侯镇邦教导一团、杨世芳教导二团（此二团系原十六团改编）

（三）第三师师长朱旭，下辖三个团

团长鲁道源

团长曾恕怀（原第四团）

团长梁星楼

（四）第四师师长张凤春，下辖三个团

团长龚顺璧

团长段焕章

团长陶桢祥

（张凤春原在第十五团，"六一四"政变时隔在宜良，以后归胡若愚部，编师后才归龙云部）。

胡瑛统率三十八军刚编就绪，蒋介石顺水推舟，任命胡瑛为第三十八军军长（却又未明文宣布免去龙云的三十八军军长职务）。胡若愚派欧阳永昌为总指挥，率领五个团到达楚雄，准备袭击三十八军。胡瑛命卢汉第二师为前锋，东下迎战，军部及一、三两师随后跟上。

两军相遇于祥云县清华洞附近时，双方从上午8时激战到下午3时，胡若愚所属林丽山旅被击溃，向昆明方向撤退。卢汉率刘正富旅穷追不舍，将胡部围困在禄丰县城内。张汝骥率李和生旅赶来支援，双方又在禄丰城外激战一小时余，卢汉部生俘张汝骥所率旅长李和生，残部退入禄丰城内死守。卢汉攻城，旬日不下。胡瑛决定以一部继续佯攻禄丰县城，而将主力指向昆明。

当三十八军临近昆明时，云南省议会及昆明士绅吁请胡若愚撤离昆明；与此同时，昆明的工人举行罢工，反对把战火烧到昆明市区来。胡若愚为形势所迫，挟持龙云撤离昆明，向昆明以东杨林方向撤走，而留下参谋长负责城市的安全。在胡若愚离昆前，遣副官将云南省政府印信送交省务委员会周钟岳，并嘱周钟岳以下三事：第一，为尊重省务委员会及地方公意，移师滇东，以免战祸扩大，请三十八军尊重和平，勿事追击；第二，张汝骥被困禄丰，杨瑞昌（胡若愚部第七旅旅长）驻扎蒙自，请勿与为难，我们亦当保志舟（龙云）的安全；第三，俟张、杨两部集中后，略事整顿即行北伐，请后方补充饷械[1]。胡若愚乃率部于7月24日离开昆明。胡瑛则于第二日即7月25日率部进入昆明。周钟岳将省政府印信交给胡瑛，并转达了胡若愚所托的三件事。

---

[1] 周钟岳：《惺庵回顾录三编》，《云南文史资料选辑》第6辑第195～196页。

龙云传

其时，胡若愚已知自己难以控制局势，乃于次日即 7 月 25 日发出通电说："若愚此次移师郊外，静候调停。对我乡邦，自问无愧。"并表示愿任出师北伐之责，要求：（一）关于北伐之部队，禄丰方面，张军长所率之欧、林两旅及临安方面之杨旅，应请各调人设法使其安全到达东防集中；（二）关于北军之军实、饷、械弹，三者均为出兵必需之物，应请各调人保障，以后执政当局务须尽量补充，随时接济。"以上二项，立待解决，方能办到，祈即实行。"① 显然，胡若愚在考虑以退为进的策略了。胡若愚退出昆明后，胡瑛即于次日（7 月 25 日）率部进入昆明，以第三十八军军长名义兼代省务委员会主席职务，暂时维持秩序。

胡若愚挟持龙云到昆明东郊大板桥后，恐三十八军追击，乃决定放走龙云，希望与龙云言归于好。胡、龙两人经协商，乃达成了一个"板桥协议"。板桥协议并未在书面文本上正式签字，实际上是双方口头允诺，其要点稍后龙云在一个电报中，归纳说明如下："（一）为请（龙）云留滇主政，彼（胡）自愿离滇北伐；（二）为请解禄丰张（汝骥）围，嘱张东赴会合；（三）则请保护其在省眷属。云归，即避地引退。嗣以各方敦促，始行勉出，固非胡所得藉约相要。至解禄围一节，赓即令饬照行。惟张不东趋而南窜，固非我所得相强。至彼等在省眷属，迄今毫末无损。刘兴邦亦立即开释。是板桥之约，云已逐一实践。"② 也就是说，龙云回到昆明后，将接胡若愚的省务委员会主席职务，并保证省城的居民和财产安全。胡若愚则在稍事整顿后，即参加北伐，离开云南，但龙云要接济胡部外出的饷弹和兵源补充，并保证胡若愚等在省城的财产安全。而龙

---

① 《胡若愚要求部队安全到达东防集中保障北伐军需电》，《云南档案史料》第 18 期第 3 页。

② 《龙云申述两约内容及执行情形电》，《云南档案史料》第 18 期第 15 页。

云称，该约他已实施。

接着，胡若愚、张汝骥又于 7 月 31 日发表通电，"决计解甲归农，不问世事，将滇政交由龙军长主持"①。以此试探各方面的反应，所谓"解甲归农"，当系门面话而已。

龙云获释后，心有余悸，疲劳不堪，又恐有诈，不敢直接回昆明，乃辗转绕道，乘船到西山高峣，在升庵祠堂暂住。后闻赵钟奇有一支部队驻扎西山脚下，恐生意外，又迁到大观楼王家堆庾园（庾家花园）居住。

胡瑛进入昆明后，获知龙云被释，住大观楼庾园时，即派员往迎龙云返昆，主持省务。龙云推辞不来，其实是对情况不甚明了，怕吃亏上当。胡瑛再次派员，持亲笔信促驾。信说："现大局已定，望吾兄速命驾回省，主持滇政。如吾兄迟迟不来，弟亦不便长期代庖。盖恐使人误解为吾兄与胡、张相争，使弟坐收渔利也。"②与此同时，卢汉、朱旭发出通电，要求各界"特恳军长龙云再出东山，暂维时局"③。龙云得信，又得到卢汉等人的公开支持，遂决定返回昆明，并于 8 月 11 日发出通电说："云此番脱险归来，谬承军民过爱，勉负艰巨。日前专意从事收束军事，滇政自当公诸人民。"④龙云返省，胡瑛将省府信印及三十八军关防一并交给了龙云，龙云于 8 月 13 日宣布就职，并改组了省务委员会，任命胡瑛为省务委员会委员，优礼有加。但是，8 月 16 日，龙云又发出通电，坚辞省务委员会主席一职，表示"适应国民革命之要求，力图民主精神之实现，委员合议

---

① 《胡若愚等声称解甲息争滇政交龙云主持电》，《云南档案史料》第 18 期第 6 页。
② 胡以钦：《胡瑛生平简介》。胡以钦乃胡瑛之长子，此系胡以钦送给作者的复印件。
③ 《卢汉等恳请龙云出山主持军事电》，《云南档案史料》第 18 期第 7 页。
④ 《龙云愿息争收束军事电》，《云南档案史料》第 18 期第 8 页。

制取公开，所冀端其始基民掌进而民享"①。于是省议会于 8 月 22 日通过决议，取消省务委员会主席称谓，而采用"本会主席应由本会委员轮流周转，以免流于独裁专制，致失合议制精神"②。不过，大权事实上已落入龙云手中。龙云统治云南先后达 18 年之久，其统治开始的日期就是 1927 年 8 月 13 日。

龙云掌权后，立即派兵包围了逗留于昆明近郊巫家坝的王洁修部队。经过几个小时的战斗，王在重兵围困之下缴械投降，随即被囚于军械局，几天以后为龙云所枪决。王洁修就是"六一四"政变时，指挥炮兵发炮，炸伤龙云眼睛的军官；"六一四"龙云被囚后，把龙云关进铁笼子，也是王洁修出的主意；而且龙云被囚期间，多次受到王洁修所部的虐待。这一切龙云是忘不了的，他之所以果断地枪决了王洁修，正是这种情绪的反映。

20 世纪 20 年代，龙云手握宝剑照

---

① 《龙云谦辞省务委员会主席一职电》，《云南档案史料》第 18 期第 8 页。
② 《云南省务委员会决议取消主席称谓的代电》，同上第 9 页。

### （三）寥廓山之战

胡若愚暂时退走，龙云成了云南名义上和事实上的头号人物。但是，龙云、胡若愚、张汝骥三支军队的矛盾并未结束，为了争权夺利，龙云的被释放只是三军大规模混战的序幕。

张汝骥首先由禄丰脱围绕道至滇东，与胡若愚部会合。张汝骥、胡若愚两军会合后，开到贵州毕节和四川叙永一带驻扎，与贵州周西成、四川刘文辉联系。向"川、黔军求助，因其与川刘文辉、黔周西成有攻守同盟之约"[①]。被蒋介石委任为国民革命军第二十五军军长兼贵州省政府主席的周西成，想借此向云南方面扩张；川军军长兼四川省政府主席的刘文辉则有统一四川、控制西南、问鼎中原的意图，也希望向云南发展。四川、贵州都支持或者说利用胡若愚、张汝骥，向龙云再度发起进攻。

周西成直接派出五团兵力支援胡、张。黔军于 8 月 18 日占领了滇东北的重要县城宣威，并且自己任命了一名四川人为宣威县县长。随后又在 9 月占领了另外两个县城平彝和师宗，以作为对胡若愚邀请的回答。刘文辉也派了一支部队进入云南，并且带来 1000 箱鸦片，以支援胡、张的经费，这支川军占领了滇北距昆明约 100 公里的县城寻甸（旋即折回四川）。到 1927 年底，胡、张和客军基本上控制了滇东北地区，并且任命了至少十个地方的行政长官[②]。这样，胡、张与龙云之间的混战，在事实上成了川滇黔三省军阀在云南境内的角逐。龙云无可奈何，只得派朱旭、卢汉等部开往滇东北，并包围张汝骥于曲靖城，双方对峙长达 40 天之久。周西成

---

① 《民国昭通县志稿》大事记第 6 页，1937 年版。

② 《云南公报》第 221 期第 3 页，1927 年 12 月 14 日。

龙云传

曾表示，若撤退入滇黔军，须拥彼为滇黔联帅，并付给开拔费 300 万元 ①，遭到龙云的拒绝。

胡若愚、张汝骥与贵州、四川军队的联合，虽然增强了自己的实力，然而却因此而失去云南士绅的支持。据英国驻昆明领事的报告："普通公民的感情是坚决地反对入侵者和他们的'卖国将军'。"② 对于龙云来说，作为云南省各派军事首脑斗争中的获胜者，站在反抗外省军队入侵的前列，是很为有利的事情。因为自从辛亥革命以来，云南滇军多次出省显示自己的威力，却还没有碰到过邻省军队"入侵"云南的事实。在一定意义上，邻省军队进入云南，有利于龙云组织自己的力量，争取云南群众的支持，进行"反侵略"的斗争。

正当昆明城防空虚之际，驻滇西的唐继尧残部，在唐继虞的率领下，唐继麟、欧阳好谦、俞沛三个师，在大理招兵买马，扩编后，向龙云兴师问罪，直捣昆明。唐部前锋已达昆明南顺城街头的烧猪桥，昆明危在旦夕。

其时，龙云所部已编为五个师。第九十八师师长卢汉，由旅长升任；第一〇〇师师长张凤春，由团长升任；第九十七师师长孟坤，由唐继尧近卫一旅改编；第九十九师师长朱旭，由唐继尧近卫旅的一个团改编；第一〇一师师长张冲，是争取唐继尧近卫六团投效而来改编的。当昆明危急之际，龙云打算逃往香港。但是，卢汉、朱旭、张冲几个师长认为不可，共同献计出力，以挽危局，决定从两方面进行工作。

首先，在固守阵地的同时，龙云派省务委员、滇军元老胡瑛前往曲

---

① 《续云南通志长编》第 6 卷，大事 10，绥靖一，云南省志办 1985 年铅印本上册第 70 页。

② 据伦敦国家档案馆档案。转引自［澳］霍尔：《云南的地方派别（1927～1937）》，云南省历史研究所《研究集刊》1984 年第 1 期第 414 页。

靖，解决卢汉包围张汝骥的曲靖之围的问题。其时，张汝骥部在曲靖被围月余，眼看粮尽弹绝，城池难守，于是顺水推舟，派代表与胡瑛在曲靖北门外关帝庙内谈判，达成两项协议："一、按'板桥协议'的决定，胡、张两部在宣威、昭通一带集中后，进行北伐；二、曲靖作为缓冲地带，双方均不驻兵。"[1] 为此，龙云部表示不再为难，并答应给胡、张拨款30万元，子弹10万发。胡、张部于协议成立后，随即离开曲靖，取道东行。但事后龙云只接济8万元，子弹则借口库存没有了，吝而未给。这样，龙部只留张凤春部驻马龙、易隆一带防守，卢汉、孟坤、朱旭等部立即返回昆明，以对付唐军。

其次，龙云请省务委员马聪为代表，向唐继虞求和，作为缓兵之计，暂时使唐军的进攻缓和下来。

然而，当胡瑛与胡、张在曲靖达成协议，缓和了滇东北的威胁后，龙部各军立即向唐军发起反攻，唐军措手不及，被迫撤退。而这时马聪及昆明各界代表还在与唐继虞、欧阳好谦在谈判桌上周旋。唐军撤退，昆明解围，这就是当时昆明人所说的"唐三攻城"事件。唐军退走后，唐继虞宣布下野，离开云南，经缅甸到上海，最后去香港当寓公去了。唐继麟则接受了龙云的改编，并被任命为第七师师长，驻扎滇西。

1927年冬，胡若愚、张汝骥又求援于贵州周西成，拟借黔军之助反击龙云，滇军元老叶荃也向周游说，劝周向外发展。周西成试图扶植毛光翔攫取云南政权，乃决定再次派兵入滇。周西成任命毛光翔为"援滇"总司令，任阮德炳为前敌总指挥，命杨寰澄旅进驻宣威为右路，命犹国材师

---

① 肖本元等：《唐继尧被推翻后滇军内部的三年混战》，《云南文史丛刊》1986年第2期第14页。

进驻泸西为左路，命黄道彬师随阮德炳进驻盘县为中路，三路大军共有兵力26个团。周西成扬言要"驻节西山、饮马滇池"。黔军前锋已抵马龙等地，云南全省为之震动。四川刘文辉也派出两个团进入云南，滇东北再度危急。

龙云顿时紧张起来，乃派与黔军有较深关系的胡瑛统兵东征，请他出任三十八军前敌总司令。胡瑛以马钤为参谋长，命张冲师进击犹国材部于罗平；自己亲率孟坤、卢汉、朱旭、张凤春四个师赴曲靖前线，与黔军主力作战。胡瑛采用后退反包围的战术，主动弃守沾益等地，诱敌深入，断其敌后，分割围歼。最后，将黔军及胡若愚、张汝骥部包围在曲靖城西寥廓山一带。经过几天的激战，三十八军攻上了寥廓山，黔军阮德炳及胡若愚、张汝骥等部退入曲靖城内。三十八军紧紧包围了曲靖城，但久攻不下。胡瑛动用了云南航空队的几架飞机，以50磅重的炸弹轰炸曲靖城垣，同时以工兵及一部分矿工在北门城下，开凿坑道。城内守军弹尽粮绝，加上城垣将破，乃由城东门突围逃走。黔军旅长顾万午突围不及，缴械投降。事后，周西成对顾万午投降云南甚为愤怒，将其全家杀害。

黔军在曲靖失利，突围退却。犹国材部到马街，又被张冲部袭击而溃败。当战斗紧张之际，作为"援滇"军总司令的毛光翔尚在贵州安顺娶亲（讨小老婆），耽误了时机。等到毛光翔赶到前方，中、左两路主力均已溃退，军事失败已成定局，黔军"援滇"遂告失败。

胡瑛打败了胡、张部及黔军，班师回昆，龙云亲率各界人士，郊迎十里，十分隆重。战后，胡瑛亲书"胜峰"二大字，勒石于曲靖城西之寥廓山，并题跋云："民十六年冬，黔周西成兴师寇滇，迤东数十县皆陷。余亲统六师大破于此，山固名胜峰，殆古人有先见欤？"（石碑现存曲靖城西胜峰公园内）这是云南内战史上的"寥廓山之战"。

### （四）报复周西成

南京国民党政府对于云南内部的战乱，不置可否，任其自由发展。在战争紧张之际，蒋介石同时给龙云和胡、张都发电报，表示慰问[①]，不痛不痒地劝告双方和平共处，但是未采取任何实际措施。到1928年初，龙云的力量占了上风，并且表示对蒋介石忠诚，蒋介石这才通过南京国民政府，在1月17日正式任命龙云为云南省政府主席；四天以后，又任命龙云为第十三路军总指挥。龙云的地位显然已经超过了他的对手胡若愚和张汝骥。

但是，与龙云的任命差不多同时，周西成亦被南京政府任命为第九路军总指挥，任务是要他参加"讨逆"（讨伐桂系）。稍后，胡若愚也被任命为四川和西康的裁军委员，名义上与四川陆军总司令有同等的权力。蒋介石在这里搞"平衡"政策，是要这些"鞭长莫及"的地方派，互相牵制，互相火并，以便他能"长治久安"地统治下去。

1928年秋以后，贵州局势发生了新的变化，导致在云南的内战，转化为进入贵州境内的滇黔战争。北伐时为蒋介石委任为暂编第七军军长的李燊（后改为四十三军），深感在外发展受到限制，乃率师返回贵州，这就与统治贵州的周西成发生了尖锐矛盾。李燊派员到南京活动，要求回黔，得到蒋介石的暗中支持，这就激成了1928年秋到1929年夏的李燊、周西成之战。

李燊于1928年10月率部从黔东北进入贵州，先后在酉阳、龙潭、

---

① 《国民政府公报》第60期，1928年1月8日。

秀山、铜仁等地，与周西成部发生激战，互有胜负。李燊求战心切，挑选精壮 2000 余人，亲自率领，向贵阳急进，孤注一掷。周西成派犹国材为指挥，急调贵阳少数留守部队和崇武学校学生，进行堵击。双方在贵定石门坎接触，准备决一雌雄。但战争开始不久，李燊大腿负伤，行动不便，士气受到影响，遂决定放弃进攻贵阳的计划，率领余部 1000 余人向西撤退，经长顺、紫云、贞丰、兴义退入云南，求援于龙云，作复仇之计。

这时，胡若愚部退守昭通，受到刘文辉支持，张汝骥退驻镇雄，受到周西成支持，与龙云对峙。为此，胡、张军与四川刘文辉、贵州周西成签订了一个"三军密约"[①]，共同组成滇、川、黔讨龙军。秘密条约的主要内容是：（一）刘文辉、周西成发兵援滇，三军在滇部队由在云南指挥作战者指挥。（二）各军饷项自行负担，但必要时，胡、张二部当请刘、周给予补助。（三）云南事定，滇省当为刘、周部输送军官和士兵，并将以一定数量的东川铜矿为矿酬送刘、周二部造弹，以示感谢。

1929 年春，桂系李宗仁、白崇禧与蒋介石产生了严重冲突，发展成蒋桂战争。周西成完全倒向桂系一边，希望将来能借助邻省桂系势力来对付李燊和云南的龙云，故派毛光翔到广西，与李、白拉关系，求援助，并达成"黔桂联盟协约"。周西成倒向桂系，并与李、白拉关系一事，为蒋介石所侦知。蒋介石为压制周西成，发布龙云为讨逆军第十路军总指挥，李燊为第十路前敌总指挥，剑拔弩张，陈师黔边。蒋介石向龙云、周西成同时发电，要求龙、周表明对桂系的态度。龙云立即表态讨桂，他在给蒋介石的电报中明确地说"云南虽处于十分贫瘠之中，但它决不会放弃原

---

① 贵州军阀史研究会：《贵州军阀史》第 257 页，贵州人民出版社 1987 年版。

则"[1]。这里所谓的"原则"，就是对南京政府的支持。周西成的复电，则是谴责蒋介石"篡夺了国民党的最高权力，并把它变成了个人的工具"。这样，蒋桂战争就与滇黔战争同时展开。

龙云为报复周西成"援滇"之仇，决定趁机进兵贵州，帮助李燊夺取贵州省政府主席的职务。龙云破釜沉舟，以胡瑛为代理省主席，亲自挂帅出征，派朱旭、张凤春、高荫槐、刘正富及李燊所部，向贵州进军。

周西成知道龙云"来者不善"，也决定亲赴前线指挥，以邓汉祥为贵州省警务处处长，代行省主席职权，委张銮为贵州城防司令，刘其贤为行营参谋长；派毛光翔为左翼总指挥，率犹国材师五个团，由兴义出发，迎击滇军；命黄道彬师三个团为中路，由盘县指向沾益；周西成亲率刘成钧教导师、宋永宪骑兵团向安顺方向出发。

滇军在到达平彝（今富源）后，兵分三路。以李燊两个团、朱旭师、张逢春旅为中路，向盘县、兴义进攻，直指贵阳。张凤春师为右路，向黄草坝进攻。龙云则坐镇平彝指挥。

在交战过程中，黔军毛光翔部被张逢春部牵制在兴仁，未能与黄道彬协同动作，以致中路被朱旭突破，盘县、普安失守，李燊、朱旭部迫近花江河。1929 年 4 月 12 日，周西成由安顺进驻镇宁县安庄坡指挥，命黄道彬扼守花江河，派王天锡率刘成钧师前往增援。王天锡刚到关岭场，黄道彬又失守花江河，败到坝陵桥。周西成一时性急，遂由安庄坡亲赴鸡公背（关岭）。由于右侧空虚，被李燊部包围抄袭，周西成中了两弹负伤，由他的马弁驮起下八楞桥，过打邦河，准备撤走。但李燊部已追近河岸，开枪

---

① 《国民政府公报》第 36 期第 13 页，1929 年 4 月 10 日。

射击，马弁仓皇背负周西成涉水逃走，在急流中两人落水身殁。黔军溃不成军，"自相残杀，尸骸狼藉，共死伤二千余众，器械完全损失"。[①]

周西成既死，李燊、朱旭于 1929 年 5 月 28 日直打进贵阳。蒋介石遂来令通缉周西成，并任命李燊为贵州省政府主席。

滇军虽在贵州方面取得胜利，但是昆明方面却又突然发生变化，胡若愚、张汝骥两部已进逼昆明。龙云为救昆明之急，兼程急赴贵州安顺，飞调朱旭、张凤春两部回师云南。周西成部毛光翔趁机进攻贵阳，李燊势孤，退出贵阳西走，沿途遭到袭击，退入云南时，仅剩官兵数百人。李燊见大势已去，只身走香港，不久病死。1929 年 7 月，毛光翔进入贵阳，蒋介石又明令发表毛光翔为贵州省政府主席、第二十五军军长。蒋介石的方针是，谁打赢了，我就任命谁。

## （五）统一了云南

正当贵州境内滇军节节胜利的时候，1929 年 3 月，龙云所部第三十八军副军长兼第九十七师师长孟坤，突然投奔了胡若愚。孟坤原为唐继尧的亲信，"二六"政变时倒向龙云一边。"六一四"政变后，与胡瑛、卢汉等积极为营救龙云而战斗。在龙云与胡若愚、张汝骥混战的第一阶段，孟坤仍然比较坚决地站在龙云一边。1928 年底，龙云派孟坤以师长名义坐镇昭通，防范胡、张由四川反攻。但是，孟坤不是龙云的嫡系，到滇东北戍守边关，心有不满，怀疑龙云有意疏远。孟坤去昭通前夕，曾请求保商驮运鸦片烟土出川贩卖，却未得到龙云许可。到昭通后，为承领饷弹事又多被挑剔，故孟坤逐渐疏远龙云，心怀怨愤。孟在昭通数月，与胡若愚、张汝

---

① 《军事杂志》第 13 期第 160～161 页。

骥部相邻而处，暗中勾结，故突然率部入川，投奔胡、张。龙云闻讯，深悔所托非人，为之痛哭。眼见昭通危急，龙云另派警卫团长刘玉祥、第一团长杨琨协同镇防。

孟坤投川，胡若愚、张汝骥、孟坤三军联合组成"靖滇军"，推举胡若愚为司令。靖滇军约有 2 万人，声威甚壮。三军联合，进军昭通，龙军不支，刘玉祥被俘身死，杨琨败走，昭通为靖滇军所占领。接着，靖滇军移师南下，直指昆明。

驻守省城的胡瑛像热锅上的蚂蚁，急得乱转。他一方面命令师长卢汉及守城参谋长孙渡等严密布置城防，一面急电龙云迅即回师解围。龙云得电，紧张异常，深恐李燊不放走滇军，乃径赴贵州安顺，召集各师、旅长会议，决定不讲条件，立即返昆，令朱旭昼夜兼程，赶回昆明。朱旭官兵以每天 100 多里的速度急行军，返回昆明，在城西北一带加紧修筑工事。胡若愚、张汝骥、孟坤所部已集结于昆明西北郊大、小陡山一带，准备攻城。

胡瑛分析双方的形势，恐朱旭远归之师，疲劳太甚，难摧强敌，乃用参谋长孙渡的计策，效法曹操写信给韩遂，而有意派人送往马超大营的故技，亲笔写了一信给孟坤，却叫人投往胡若愚、张汝骥处。胡、张二人见信："愚兄与吾弟所商之事已奏效，现时机已至，望吾弟即按原议执行，以竟全功。"[1]胡、张大疑，认为孟坤是假投降，与龙云、胡瑛合谋；又闻，朱旭部已返回昆明，恐遭内外夹击，遂先行撤退；同时传令孟坤断后，占领碧鸡关一带阵地，相机反攻。孟坤不明究竟，将兵移往碧鸡关一带。

---

[1] 肖本元等：《唐继尧被推翻后滇军内部的三年混战》，《云南文史丛刊》1986 年第 2 期第 18 页。

卢汉获悉，胡、张撤退，仅有孟坤部守碧鸡关，乃全师出动，追至山下。孟坤凭险据守，战斗甚烈，伤亡数千人。幸朱旭部赶到，从车家壁侧翼发动进攻，将孟坤的旅长赵人绪击毙。孟坤支撑不住，弃关西撤。胡、张得知孟坤在碧鸡关据守，凭险坚持，卢汉、朱旭部伤亡亦有千人时，方悟中了胡瑛反间计，但已悔之晚矣。

还在碧鸡关战役之前 10 天，即 1929 年 7 月 11 日，当胡若愚、张汝骥、孟坤部进逼昆明时，昆明守军参谋长孙渡恐北郊商山寺的火药库为对方抢占，遂用牛车将存于该寺的大批火药搬运入城，暂放在昆明市内北门街临时火药库。但因保管不善，引起火药爆炸，造成严重后果。据事后的调查，"是日（1929 年 7 月 11 日）午后二时许，霹雳一声，天地变色，震惊全市，惶骇呼号。讯之，则北市之世恩坊火药爆炸，附近地方之人与物，毁损已不知凡几"。"灾区清除之后，督工逐处挖掘，得炸毙覆压之尸体 280 余具，其有被炸分崩残毁不全者，弗与其数。"最后清查结果，"受灾者 3200 余户，人数 12200 余人，内重伤残废 579 人，死亡 320 余人。其有临时过路遇难死亡或尸体残毁无主报认不能查悉者，不与焉"。[①] 昆明城市遭到严重破坏，人民群众死亡惨重，这是军阀混战中给人民带来巨大损失的一个例子。

卢汉率部追击胡、张、孟联军，胡、张、孟节节败退。龙军紧跟不舍，追其渡过金沙江，在华坪、永北一带暂住。龙军因渡江准备需要时间，就停止追击。四川刘文辉收容了胡、张、孟，又拨川属盐源、盐边两县给其驻兵。

---

① 《昆明市七一一赈灾工作始末纪略》，《昆明市七一一赈灾征信录》上册文电第 1～2 页，转引自《昆明市志长编》卷 10 第 79～80 页，昆明市志编纂委员会 1983 年版。

　　龙云为了解决胡、张、孟的势力，一方面笼络凉山彝族土司，并通过凉山彝族土司与盐源木里土司联络。木里土司项此称扎巴迫于龙云的势力，不敢开罪，又怕胡若愚军久驻不走，于己不利，因而答应帮助龙云。在木里土司的鼓动下，出动当地僧俗武装力量进攻胡军，歼灭1000多人，使胡若愚等很难在盐源待下去。另一方面，龙云又派高蕴华指挥两个师，分头绕道，于永仁、丽江两地渡过金沙江北岸，直入川界追击。胡、张、孟驻在川境盐源、盐边，地瘠民贫，交通梗阻，全军给养异常缺乏，濒于绝境，互相埋怨，士气不振。龙军渡江进迫，胡、张、孟无力招架，又往盐源、盐边西北方面撤退，到九所土司地方，前有打冲河挡路，后有龙云追兵，进退失据，走投无路，张汝骥终于被俘（后押至大理被龙云枪决）；孟坤乘筏渡河，筏随急流而下，触滩溺死。只有胡若愚只身过溜索，幸而逃脱，前往上海。

　　三军的三年混战，最终以龙云的胜利而结束。对此三年战乱的性质，龙云时期主持编撰的《续云南通志长编》写道："计是役历时三年，兄弟阋墙，诚属痛心之事。然在当时，势不容已。"[①]"兄弟阋墙"一语，正反映了这一时期龙、胡、张三方进行军阀混战的特征。胜利了的龙云，对未来既充满信心，却又同时满怀忧虑。这一时期，国内战乱频繁，各派军阀你争我夺，得势者既可巩固自己的权力，更可进一步扩大地盘，成为一时风云人物。龙云控制了云南，随着地位的上升，其欲望也逐渐膨胀，对邻省以至中央政权的垂涎，也就是不可避免的了。然而，龙云也有自己的难处，地处边陲，力量有限，要在各派军阀的夹缝中生存和发展，就需要寻找强有力的后台。在当时的各派势力中，蒋介石名义上控制了南京中央政府，

---

　　① 《续云南通志长编》上册第71页。

实力也比较强大，而且对云南又鞭长莫及，因此龙云当时的处境，对蒋介石虽然也不放心，却又除了依靠蒋介石外，别无出路。

　　1929 年底，龙云在实际上统一了云南全省的时候，即派代表龚自知到南京见蒋介石，报功请赏。不久，南京政府发表了云南省政府组织令，委龙云为主席，省政府委员为 13 人，军人即占了 8 人，其余 5 人为民、财、建、教四厅长和省政府秘书长。这是清一色的龙云政府。龙云在省内的地位确定了，奠定了他对云南进行 10 多年统治的基础。

# 七 依靠南京

## （一）龙云的"清共"

1927年"二六"政变以后，胡若愚与龙云的势力，势均力敌，论资格和人望，胡若愚还略占上风。龙云很清楚，自己要在省内站住脚跟，就必须在国内找到一个强有力的势力，作为自己的后台。选择什么样的力量，最初他是模糊的，然而随着事态的发展，逐渐地明朗化了，掌握了南京政权的蒋介石集团是当时的"强者"，因此他逐渐地倒向了蒋介石一边。同时，在省内依靠地主豪绅的支持，以赢得对胡若愚、张汝骥的战争。国外学者在总结龙云对胡、张战争胜利的原因时指出："最主要的原因是他得到了官僚地主的支持。龙云的部队一直在昆明驻防，而昆明是云南政治和经济的中心。在驻防昆明的那些年代里，龙云有很好的机会与有权有势的官绅、地主和商人拉上关系，密切勾结。龙云成功地训练了自己的支持者，而军队在乡村社会中的巨大作用，保证了地主阶级意志的实施，这就有利于提高他的声望。"[①]应该说，这个分析是有道理的。

---

① ［澳］霍尔：《云南的地方派别（1927～1937）》，译文载《研究集刊》1984年第1期第424页。

1927 年"六一四"政变，龙云吃了大亏。稍后，当他被释放，重掌云南政权以后，寻求蒋介石的支持，就是他面临的重要抉择。同年 8 月，蒋介石派其亲信、云南鹤庆人李宗黄作为特使来到昆明，李宗黄带来任命龙云、胡若愚为军长的任命书，并负有调解龙、胡矛盾，拉拢他们，促其联合反共或择优录取的任务。而已处于优势的龙云，却不满于蒋介石表面的平衡政策，中共云南地下组织，利用这种形势，放手发动群众，领导群众开展反对蒋介石背叛革命、驱逐其特使李宗黄的斗争。1927 年 11 月 3 日，昆明成德中学 19 岁的学生、共青团员梁元斌在昆明武庙前向群众进行演讲，揭露李宗黄来滇的罪恶目的，竟然遭到李宗黄指使其勤务兵，在光天化日之下，开枪射击，打伤致死。这一事件更激起了昆明人民的愤怒，中共云南地下组织掀起了大规模的"抗暴驱李"运动，把反对国民党右派的斗争推向高潮。4 日，在省议会会场召开了梁元斌烈士追悼大会，会后抬着烈士的尸体，举行了示威游行，要求龙云政府惩办凶手。8 日，又在南校场召开了"云南农工商学兵联合救滇大会"，参加大会的达万余人，龙云集团的卢汉、朱旭两师部分官兵也参加了大会，大会发出了声讨李宗黄的通电。刚上台不久的龙云，从自己的利益出发考虑，为了笼络民心，稳住自己的阵脚，以应付群众，让李宗黄悄悄溜回南京。而李宗黄临走时所发表的宣言，惶恐地说什么"在全国，共产党业已逐渐消灭，而本省共产党反如旭日东升"[①]。

　　1928 年 1 月，龙云被任命为云南省政府主席，几天以后又兼任了第十三路军总司令。他为了讨得蒋介石的高兴，就在被任命为省主席的同日

----

　　①　参见《新民主主义革命时期中共云南地方党史简编》第 26 页，云南人民出版社 1991 年版。

（1 月 17 日），正式成立了云南的"清共委员会"，打出了反共的旗号，公开扶持右派国民党组织"圆通派"（此时"舅子派"已合并入"圆通派"）。还在 1928 年 1 月 15 日（"清共"委员会成立前两日，腊月二十三日），龙云就已布置大规模地镇压云南地下党了。从此，云南纳入了蒋介石新军阀的轨道，陷入了白色恐怖之中，到 1930 年云南的白色恐怖达到了高潮。

为了给白色恐怖披上合法的外衣，龙云在 1928 年 4、5 月间召开了所谓"内政改革会议"。这个会议是龙云登台后的重要表演。4 月 28 日，会议以"预备"会的形式开始，5 月 21 日至 31 日举行了正式会议。会议吵吵嚷嚷地通过了四项决议，即进行"清党"、财政改革、国库管理和消灭土匪武装。会议把进行"清党"作为四项"改革的先决条件"。这就是说，所谓"内政改革会议"，在本质上是一次"清党"会议，也即拥蒋反共会议。会后，省政府委员、外交事务专员兼云南省"清党"委员会主席张邦翰在给英国驻昆明领事馆送去的一份照会中，竟然说共产主义"是掠夺成性的野兽，其目的是要消灭军队和文明，以便实现其各种各样的强暴、凶恶的计划。……他们是人类的敌人"[1]。这明显地表现了这一时期龙云的政治态度。

1928 年春，龙云政府发动了一次大逮捕，共产党人赵琴仙（女）、陈祖武、罗采三人不幸被捕，遭到严刑拷打，始终不屈，于 3 月 30 日被杀害于昆明。这是国民党第一次在云南公开逮捕和杀害的共产党人，也是大革命失败后，继梁元斌之后牺牲的第二批革命人士。

仅在 1928 年，云南省处决的革命人士即达 400 人之多[2]。这在地处边

---

① 伦敦档案资料，转见《研究集刊》1984 年第 1 期第 442 页。

② ［澳］霍尔著：《云南的地方派别（1927～1937）》所引海关的报告材料，译文见云南历史研究所《研究集刊》1984 年第 1 期第 442 页。

疆的云南，是个很大的数字！

1929年9月中秋节前夕，由于昆明"七一一"火药爆炸事件，给人民带来了巨大的灾难，地下党组织党员和革命人士积极赈灾。然而，云南地方当局竟然出动军警，逮捕了积极赈灾的秦美、马登云、马如卓、甘汝松、龙振华、田定邦、李凤友、李景源八位共产党员和革命群众，随即全部加以杀害。这一年内，在云南各地逮捕和杀害的重要共产党人还有曾任中共云南省临委委员的李鑫、中共云南迤南区委书记杜涛、中共云南省临委组织委员赵祚传等人。

到1930年，捕杀共产党人和革命人士达到了高潮。这一年内被捕的重要共产党人有中共云南省委书记王德三、中共云南省委宣传部长张经辰、共青团云南省委书记李国柱、中共云南省委委员吴澄（女）等，并且根据蒋介石的命令，在1930年12月31日杀害了这批为云南人民做出过重要贡献的革命人士。

经过1930年的大逮捕、大屠杀，中共云南地下省委机关遭到严重破坏，致使云南地下党组织一度中断。直到1935年12月红军长征过云南，云南地下党组织才得以恢复和重建。重建成立的中共云南省临时工委，以李浩然为书记。据记载，1930年中共云南地下省委遭到破坏前，全省有共产党员300余人；而到1935年12月，重建云南地下党时，云南与组织有联系的共产党员仅有六七人。

### （二）"清共"的自我解释

关于云南镇压革命、屠杀共产党人的情况，龙云后来曾向大革命时期在云南参加共产党活动的张增智说过以下的情况，他说："破获共产党机关比较困难，是从共产党内部收买叛徒。这些事由李希尧（李鸿模，当时的警务处长）主办。李希尧报告我说，逮捕王德三已找到一个人，名叫王绍猷，他要价很高：（一）要近万元的滇币，王绍猷说他一人难办，还要收买别的人。（二）要给他高官。我指示李希尧答应给他官做，钱不能超过五千，而且只能先给一半，等捕获了要犯，再给其余一半。就是收买了王绍猷，才逮捕了王德三。李希尧究竟给了多少钱，我记不清了。杀了王德三后，我委任王绍猷做养济院院长。这本是个好差事，可是王绍猷又贪污犯人口粮，我下令枪毙了他。"可见，龙云主要是通过收买叛徒来破坏地下党组织和逮捕共产党员的。逮捕以后采取威胁利诱办法，逼其变节，但是除个别人叛变外，绝大多数共产党人英勇不屈，惨遭杀害。所以，龙云又说："共产党确实人才荟萃，云南共产党有不少大学生，许多仁人志士，巾帼英雄。在偏僻的云南出了这些人才，很可贵。所以我逮捕共产党后，多方劝说让他们改变信仰，但他们始终坚信共产主义，蒋介石三令五申，密令多次，要在 1930 年处决，所以我于 1930 年最末一日才杀了王德三、张经辰、吴澄、李国柱。"这是龙云的自白，应该是可信的①。

在屠杀共产党人的同时，龙云加紧了向蒋介石的靠拢。1928 年 9 月，龙云派周钟岳到南京，观察动静，对蒋介石表示始终拥护之意。周钟岳将实际观察结果，给龙云写信汇报说："现桂方内则拉元老派、太子派、西山会议派，以扶植政治势力，外则统辖粤、桂、鄂、湘，并以白崇禧军进驻平津（白军称常胜军，而大半系杨希闵之余部，实滇军也），以扶植军事势力，其意殊未可测。而蒋则利用北伐勋望，总揽中枢，颇得一般人心，

① 参阅张增智：《龙云如何走上反蒋拥共的道路》，《云南现代史料丛刊》第 4 辑第 45～46 页。

又为各国重视。……故现在双方（指蒋介石与桂系）布置，旗鼓相当，针锋相对，毫不回护也。吾滇处此，以国家大计论，则当拥蒋；以地方利害论，则当联桂。故弟意仍宜双方兼顾，不宜忽略。而内部则宜积极整顿政治，精练军队。……尤宜切实联络在外滇军，消除敌意，使内外一致，互相提携，此尤安内治外之要策也。桂军之勃兴，即在内外互助。朱益之（培德）在京相晤极洽，已回赣，约弟往游庐山，将来拟到赣一行，稍与联络，以打消客军回滇之意。此外，弟到京后，有一事极感慨，即中央政府，吾滇无一人任重要职务，得以列席会议。故对于滇事，无论大小，必须转托何敬之（应钦）、王伯群、李仲公诸人代为转陈，滇省致成为黔之附庸，地位一落千丈。……甚望吾滇常有重要之人，参加中央政府也。"[1]龙云对周钟岳的意见颇为重视，即派其甥子李培天为驻京办事处处长，经多方活动，得任中央蒙藏委员会委员，专责与南京政府联络。同时，派人与广西联络，表示西南邻省，唇齿相依，互相支持，求得相对稳定。但是，稍后蒋桂矛盾尖锐化后，龙云衡量得失，最后终于倒向了蒋介石一边。此外，龙云还委派前驻粤滇军将领杨益谦、廖行超为参谋长，并任用在外滇军人员杨如轩为宪兵司令等。

1929 年 2 月，龙云又派卢汉到南京见蒋介石，表示一切服从。稍后，南京蒋介石政府和唐生智、张发奎、白崇禧、阎锡山、冯玉祥打内战时，龙云所部政工人员，在云南各地张贴大幅标语，把反蒋人士统统叫做"逆""贼""军阀""刽子手"，以示对蒋介石比较坚决的支持。蒋介石为了笼络龙云，曾把龙云的大儿子龙绳武收为"义子"[2]，带到浙江溪口去认

---

① 《周钟岳致龙云、胡瑛等函》（1928 年 9 月 28 日于南京），云南档案馆藏。

② 龙绳武说："外边人揣测说我曾经认蒋委员长为义父，那是瞎说。"见《龙绳武先生访问纪录》第 41 页。此事待考。

亲。后来，蒋介石用武力解决龙云时，龙云曾发牢骚说："蒋介石把恩人当仇人，把仇人当恩人。"

龙云依靠蒋介石是特定历史条件下的必然趋势。对龙云来说，这在当时是比较稳当的出路；对蒋介石来说，鞭长莫及，只得先羁縻利用，再待机行动。龙云控制了云南，很希望在力所能及的条件下，为家乡人民做点事，并不完全听命于蒋介石，往往要根据自己的利益行事。因此，龙云依靠蒋介石是有条件的。随着时间的推移，龙云与蒋介石之间的矛盾迟早要表面化。正如龙绳武说："我老太爷和蒋先生谈不上什么私人交情，他们两人只有利害上的交情。"这时"老太爷认为蒋是一个已经形成气候的领导人物，所以支持他"[①]。

### （三）滇军进攻广西失利

1929 年，蒋介石新军阀各派系之间不断发生战乱。桂系李宗仁、黄绍竑、白崇禧与张发奎联合反对蒋介石，出兵广东，攻打广州，与陈济棠、陈铭枢、朱绍良等部队作战，失败后退守广西。在广西的战争互有胜负，但梧州为陈济棠军队占领，玉林为吕焕炎占领（吕原属桂系后投蒋，任命为广西绥靖督办）。李宗仁、黄绍竑、白崇禧、张发奎仅保有桂平、平乐、柳州、南宁等地，继续反蒋。到 1930 年夏天，冯玉祥、阎锡山参加反蒋，中原大战爆发。蒋介石全力对付冯、阎，双方战斗于河南、山东，武汉空虚。李宗仁等决定集中全部兵力，出兵湖南，直捣武汉。

蒋介石洞悉桂系的行动，一方面命令陈济棠的军队占领南宁、柳州公路线，进军宾阳，截阻南宁方面的部队北进。另一方面派龙云为讨逆军第

---

① 《龙绳武先生访问纪录》第 87 页。

龙云传

十路军总指挥，命令龙云出兵广西，抄袭桂军的后路。蒋介石发给龙云开拔费港币 100 万元，调出部队军饷每月发给法币 30 万元，广东省政府主席陈铭枢每月补助广毫 10 万元。蒋介石许愿龙云，在攻占南宁之后，委派卢汉为广西省政府主席。①

当时的云南，连年内战，民不聊生，财政困难，滇币贬值，通货膨胀，政府搜刮无术，只有大开烟禁，公开种烟贩毒，抽鸦片烟税美其名曰"寓禁于征"，由禁烟局抽收烟亩罚金及贩运出省的出口罚金。龙云以烟税充军饷，尚难维持，在得到蒋介石出兵广西的命令后，一则可以解决财政困难；二则在内战中扩编的军队，无法裁汰，可借此进行裁并；三则在攻占广西之后，可以扩展地盘，旧梦重圆；四则可以积蓄烟税，向法国购买武器，扩充自己实力；五则以为广西军队几乎全部进入湖南，广西各地没有兵力防守，可以唾手而得。于是，龙云于 1930 年 5 月任命卢汉为前敌总指挥，朱旭为副总指挥，率领卢汉（兼）、朱旭、张冲三个师的兵力约 2 万人，由滇、桂边境的富宁进入广西，先后占领百色、平马等地，直趋南宁。

滇军从昆明开拔之时，抓兵讨马，秩序很乱，学生被拉走者有数百人；并沿途保护广东烟帮，抽收烟税，送至广东之钦州。仅在龙州、钦州两地收地保费即达越币 30 余万元，以充军饷。各师亦自行收购鸦片，运广西贩卖。在南宁围城，军饷不济时，亦曾以鸦片折价发给各师，抵充伙食费用。当时官兵抽鸦片的很多，有"三杆枪"之称，即步枪、烟枪、云南水烟筒。

桂军在南宁仅有韦云淞所指挥的不同系统的营、团，约 300 人，担任

---

① 胡俊：《近二十年来云南地方军队概述》，《云南文史资料选辑》第 6 辑第 6 页。

守备。闻滇军将到，加紧修筑城防工事。滇军自入广西后，并未受到桂军的阻击。滇军到达南宁近郊，于 7 月 16 日开始攻城，但攻势不强，实际上只是围城而已。一方面，滇军无攻城的特殊设备，虽有山炮数门，因远道出征，带来弹药不多，所以轰击甚少；另一方面，滑稽的是，滇军围城，每师各派部队，平均分担，好像合伙生意。因此，各存保全实力之私心，你攻我停，围攻三月有余，而未能占领南宁。

8 月下旬，桂军黄旭初率一小部队入城支援，但恐不能冲破滇军包围，遂派人在城外一带宣传，黄旭初日内即由柳州率领大队人马回来，扫荡滇军，解围南宁。滇军闻讯，信以为真。自动把东南北三面的围攻部队，向西集中，使黄旭初仅带百余人枪的队伍竟能安全进入南宁城内。

南宁城被滇军围困 3 个多月，攻击虽不多，损失也不大，但城内粮食没有了，只好拿黑豆充饥，坚守不降。到 10 月 13 日，守城军吃完最后一袋黑豆，宣誓出击。其誓词很简单，就是冲出去，找东西吃。誓词大意说，现在城内，凡是可食的东西都没有了，今晚的粮食是在浪边村筹集，大家冲得出去就生，若冲不出去，即不战死亦必饿死。这个简单的誓词，颇有针对性，因而有很大的鼓动性。因此，后来南宁解围后，黄旭初对白崇禧说："十月十日，城内的米已吃完了，只剩下一些黑豆，情况十分紧张，恰巧这个时候，健公（指白崇禧）给我的电报到了，说：'援军定十二日由葛墟进出邕宾路四塘。'大家高兴之余，于是用黑豆饭来度双十节。"后来广西一度以双十节为"黑豆节"[1]。

恰巧这时，形势发生变化，两广联合，酝酿共同反蒋，在广州成立中央政府。李宗仁、白崇禧等从湖南撤兵回广西，与粤军陈济棠串通。守宾

---

① 程思远：《白崇禧传》第 147 页。

阳之粤军，放开大路，让白崇禧所率桂军长驱直返南宁，与守城部队会合。滇军腹背受敌，乃撤围退走，与李宗仁部战于南宁、武鸣间之高峰隘；滇军再撤至平马，途中遭到白崇禧部追击，到平马又遇张发奎部堵击。在平马激战三天，滇军团长苏缙阵亡，损失惨重。滇军最后退至罗里集中，然后回滇。

此次滇军入桂，败北回滇，损失兵力在一半以上。滇军出去时有15个团，回来后却只剩下6个团了（当然其中有一部分是在罗里整编时压缩的）。此次军事扩张的失利，对龙云是一个很大的刺激。

龙云在自认为羽毛丰满后所发动的滇桂战争，使自己事实上卷入了全国的军阀混战之中。作为独据云南的龙云，是否有像南北其他军阀那种扩张势力、逐鹿中原的野心呢？龙云自己未曾明白表示过，也缺乏必要的文字记载，可是从龙云所处的社会的和阶级的地位来考察，从他独掌云南省政大权后的状况来分析，是不难看出一些眉目来的。然而，他没有想到的是，在此次滇桂战争中，滇军失败如此惨重。

龙云对此不能不进行若干反思。眼看着国内比自己力量强大的各派军阀，一个一个地被蒋介石吃掉，龙云不得不暗自思忖，厄运可能有一天也会落到自己的头上。不过，他又庆幸云南地处边疆，蒋介石忙于处理和应付内地的事务，对自己还是鞭长莫及的，至少目前还是如此，现在唯一的办法就是治理好云南。他深感云南人力财力不足，省外盟友不多，信息不灵，在这种情况下，问鼎中原，谈何容易。因此在以后的年代，他把主要精力放到了整理、建设和控制云南的内部问题上，建设他想象中的"新云南"[①]。治理云南，积蓄力量；立足云南，以待时机。龙云采取了这样的方

---

① 龙云在1929年《云南省政府委员会改组就职宣言》中明确说，要建设一个"新云南"。参见《云南行政纪实》第一册。

针，是他得以在云南较长时期立足的重要原因。

### （四）两次未遂的"倒龙"政变

滇军入桂失败回来，扩张地盘，掠夺财富的目的未能达到，反而损兵折将，怨气冲天。龙云为稳定军心，于1930年11月7日发表声明说："第十路军为中央政府所命名，它是国家的军队，而不是任何私人的武装。现在的远征是在中央政府领导下进行的，既不是为了云南的利益，更不是为了任何个人。"[1]然而，一纸空文，压抑不了冲天的怨气。各师要求补充损失的兵士和给养，龙云则借兵员减少而要进行"废师改旅"。龙云"废师改旅"的整军方案，其要点规定，旅为承上转下机关，龙云对旅、团分令，团对龙、旅分呈。这就是说，龙云要直接指挥团的行动。于是，几个师长忍不住了，由怨转而为怒，进而爆发了倒龙政变。

1931年3月10日，卢汉、朱旭、张凤春、张冲四名师长，集中宜良，举行"倒龙"会议。四师长会议后，给龙云送交了一封语气和缓、态度强硬的信件，事实上是一封"最后通牒书"。信件要求"清君侧"，驱逐龙云的谋士、参谋长孙渡、民政厅厅长张维翰、禁烟局局长马为麟。为此，四师长将孙渡、马为麟绑往宜良，决定将孙渡放逐上海，把马为麟押交法院审讯；张维翰则捷足先溜，到南京投靠蒋介石去了。

事变来得如此突然，龙云一时不知所措，决定离开昆明。此时昆明处在不安之中，物价飞涨。省城约有80名官员和知名人士集会，决定派出代表会见龙云。但是，龙云拒绝接见他们。会议又派出代表8人去宜良，与四师长会晤，共同劝阻龙云不要离开昆明。然而，龙云依然坚持己

---

[1] 《美国领事馆报》，转引自《研究集刊》1984年第1期第444页。

见，在 3 月 12 日乘飞机离开了昆明。他在登机前发表了一个简短的通告说，他是回昭通去扫墓。这次事件与 1927 年四镇守使发动倒唐的"二六"政变非常相似。龙云意识到，如果他留在昆明，他将像 1927 年的唐继尧一样，成为手下将军们的傀儡。实际上，龙云并未飞回昭通，而只是飞到了距昆明 100 多公里的寻甸县羊街机场，以观察事态的发展。龙云所恃的是，他依然控制着军权。

龙云离开昆明，反而使四师长不安起来。他们在第二天，即 3 月 13 日，发表了一个开玩笑式的电报，把攻击的矛头从龙云转向了唐继尧，指责唐继尧的势力和代理人唐继麟、张维翰、孙渡、马为麟、郭玉銮（负责军事事务办事处）、袁昌荣（负责军备局）、屠开宗（最高法院审判长）、张祖荫（昆明市长）等人"在重要职位上，秘密地阴谋进行复辟"[①]。

龙云离昆前，给蒋介石发了一个电报，请求离昆。蒋介石通过龙云在南京的代表李培天，命令龙云返昆；同时命令四师长接受龙云的改革方案[②]。龙云的行动得到了南京政府的支持，四师长无可奈何地返回昆明，并派卢汉、张冲、高荫槐三人飞往羊街，请龙云回昆明。滑稽的是，卢汉一见龙云，立即下跪痛哭，其余人员亦相机下跪[③]，把倒龙的责任推给张凤春。卢汉自认错误，龙云心里满足了，同意稍事休息后返回昆明。

3 月 17 日，龙云返回了昆明。出乎意料，龙云受到了隆重的欢迎。龙云获得了胜利，"三一〇"未遂政变寿终正寝。不久，龙云宣布四师长以下犯上，是图谋不轨的不法行为，扣押了卢汉、朱旭、张凤春、张冲，撤销了他们的师长职务，实行废师改旅。以第九十八师改为第三旅，委龙雨

---

①《现代支那之记录》第 390～392 页，1931 年 8 月 30 日。

②《大公报》1931 年 8 月 23 日。

③ 胡俊：《近二十年来云南地方军队概述》，《云南文史资料选辑》第 6 辑第 32 页。

苍为旅长。第九十九师改为第五旅，委鲁道源为旅长。第一百师改为第七旅，委龚顺璧为旅长。第一〇一师改为第九旅，张冲降为旅长。新编第七师（唐继麟师）被撤销。卢汉、朱旭、张冲旋即被释放，卢汉、朱旭、张冲恢复了政府职务，卢汉被委以云南全省督练处长，朱旭委为民政厅长（不久去世），张冲任盐运使兼旅长。张凤春仍然反对改编，说："入桂三个师败归后，兵员残缺，可缩编为旅，我的师兵员不缺，不应缩编。"此论激怒了龙云，当即打了张两个耳光，并将其送入军人监狱关押，直到抗日战争初期才释放，未几张即病死。龙云对于处置他的将军们给南京政府发了一个电报汇报说："四个师长运用他们的权力，逮捕了省的代表，联合发表了他们的电报。这是严重违反军队纪律的。可以看到，第七师的队伍正在彻底改组，我撤职并逮捕了张凤春，解除了卢汉、朱旭和张冲的师长职务，把张冲降为第九旅旅长。每一个师在同一天解散并重新改组为旅。将领们的职务已经安排，内部的团结已经增强，全省气氛是安定的和正常的。"① 在这个"闹剧式的滑稽政变"② 中，龙云取得了胜利。

"三一〇"事变刚刚结束，仅仅过了两个月，又发生了一次倒龙事件。1931 年 5 月，第三旅旅长龙雨苍、第六团团长张继良，因不满龙云的作风，发动了未遂的倒龙政变。先是龙雨苍、张继良约同第九团团长冯云、第七旅旅长龚顺璧，准备发表通电，驱逐龙云，拥护卢汉为云南省主席。给龚顺璧的信由副官主任包侯卿送交，龚亦复信同意，约期举事；给冯云的信则由军械主任苏品铨送交。冯云接信后未复信，即将原信送鲁道源。鲁道源看后，转送龙云，政变尚未发动，消息即已走漏。龙云大怒，撤去

---

① 《中央日报》1931 年 4 月 13 日。
② 《研究集刊》1984 年第 1 期第 445 页。

张继良第六团团长职务，派卢汉会同参谋长杨益谦往通海第三旅安定军心。委卫士大队长严家训为第六团团长，第六团中校团附卢瀜泉为卫士大队长。事息之后，龙雨苍给张继良滇币 5 万元，嘱其出走上海。而张继良到开远后，存侥幸心理，认为暂避一时风头，即时过境迁；不久，又乘滇越铁路货车返回昆明，匿居小街子。后为宪兵司令曾恕怀捕交龙云，以谋叛罪枪杀。

　　在两次倒龙事变中，龙云都幸运地获得了胜利。两次倒龙事件说明，滇军矛盾甚多。龙云巧妙地利用了这两次事变，对滇军进行了改编和整顿，使滇军更忠诚于自己，从而为龙云统治云南奠下了可靠的基础。此后，龙云在云南的统治地位再未受到挑战，直到 1945 年 10 月 3 日蒋介石指使杜聿明在昆明发动政变为止。

# 八 建设云南

## （一）整编军队

1931 年，对于龙云统治云南，建立自己的独立体系来说是一个关键的年代。在这一年以前，龙云经过三年混战，不仅粉碎了省内反对自己的各个军事派别的力量，统一了云南；而且也镇压了革命势力，搞垮了中共云南地下省委，从而赢得了蒋介石的支持。到这一年，龙云又连续粉碎了两次倒龙政变，这就进一步稳定了自己的统治。

龙云在云南站稳了脚跟。为了建设"新云南"，强化统治权，从 1931 年起，龙云从军事、政治、经济、文化教育等方面实行了一系列的整顿和改革。这些改革，收到了相当的效果，使地处边疆的云南，成了民国时期国民党统治区一个引人注目的省区。

首先，从整编军队入手。

龙云通过 1931 年到 1936 年的整军建军和充实武器，使滇军素质得到提高，战斗力增强，武器装备也比较先进，从而进一步巩固了自己的统治。整军建军是龙云控制云南命脉所系的中心环节，其他行政措施，如财政、经济、民政、文教等，都是围绕这一中心环节而展开的。

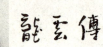

在军队的编制和人事的调整上，龙云吸取了四师长联合兵变的教训，实行"废师为旅"，剥夺了四师长的兵权。各师所属中下级带兵官，都经过一番整顿淘汰，团、营长任免都由龙云直接裁定。各级军事干部，都要在组织上对他表示绝对服从，在行动上对他表现忠勇可靠。为此，他很注意培养和训练军事人才。所谓培养军事人才，一方面是提高军事技术，另一方面则是培养对龙云的忠诚。

还在1928年，龙云就成立了军官团，收容编余军官，以那博夫为军官团团长，训练干部。1929年，成立军官候补生队，后改为军事队，以卢濬泉任队长，招收各中等学校学生，兼收部分女生，仿黄埔军官学校规范，训练新型干部。以后出任滇军师、团长的陇耀、瞿琢、保如光、张秉昌、李佐、桂协华、王士高等，都是这时培养的。还曾成立军士大队，以布秉武为大队长，龙绳武为大队附，收容军官候补生队学生。1930年，为各部队补充新的基干人员，成立教导团，龙云兼任团长，先后由唐继麟、高荫槐任副团长，收集合格人员，施以学、术两科教练，并进行以统一意

龙云在检阅部队

志、统一行动为内容的精神教育，训练合格，再为分配任用。教导团设有经理班，训练军需人员，实行军需独立，使带兵官不能管钱。此类教导团，办过三期，训练下级军官约 4000 人。1935 年，成立中央陆军军官学校第五分校，龙云任校长，唐继麟任主任，培养滇军骨干。还有云南陆军讲武堂第十九期，原为唐继尧所招，龙云接管后，也由龙云所控制。

1930 年，龙秉灵、龙泽汇约请中央军校第八期同学景阳、李长雄、严中英、杨剑秋等 18 人，到教导团任职，后分派滇军服务。同时，经常抽调滇军各级军官，到中央军事专科学校、陆军大学和各种短期训练班受训，毕业后回云南工作，仍然忠于龙云。

此外，龙云还办过四期补充大队，每期四个大队，共整编 16 个步兵团。在整补时期，试行军需独立，各部队军需人员，由绥靖公署经理处直接调派，紧缩了经费开支。

到 1936 年，滇军共编成了六个步兵旅（每旅各辖两个步兵团），两个直属大队，六个直属团，四个独立营，一个航空处，约 3.6 万人。此外，各县常备队统编为 21 个保安营，又有近万人。其序列如下。

六个步兵旅是：

第一旅旅长刘正富

  第一团团长袁存恩  第二团团长邱秉常

第二旅旅长安恩溥

  第三团团长郭建臣  第四团团长万保邦

第三旅旅长龙云（兼）  副旅长杨宏光

  第五团团长肖本元  第六团团长严家训

第五旅旅长鲁道源

  第九团团长冯云  第十团团长陈钟书

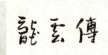

龙云传

第七旅旅长龚顺璧

第十三团团长龙翔　　第十四团团长马继武

第九旅旅长张冲

第十七团团长王开宇　第十八团团长王炳璋

此外还有：

近卫第一团团长卢濬泉

近卫第二团团长石松龄

炮兵团团长　　　　　杨文宗

机关枪团团长　　　　张邦藩

工兵团团长　　　　　陶汝汉

交通大队大队长　　　龙秉灵

护卫大队大队长　　　龙绳祖

航空处处长　　　　　张汝汉

以及河口、个旧、腾龙、华永四个独立营

部队士兵来源，厉行征兵制。凡农民及龄壮丁，都受到比较严格的挑选，合格的强迫应征入伍，次等的编入各县常备队。所派征兵委员，大多对农民唬吓勒索，苛扰不堪。农民逃避兵役，被科以酷刑。龙云的二儿子龙绳祖负责的护卫大队（又称"护卫混成独立营"），专门挑选身高体壮的丽江兵和少数民族的圭山兵，施以机动训练和优先装备，直接拱卫龙云的人身安全和五华山（五华山是昆明市内制高点，当时的云南省政府所在地）。

滇军在军事上，无论人事、编制、教育训练、征调补充，都由龙云完全自主，所有武器装备和军需饷项，也全由云南方面自给。滇军名义上受蒋介石中央的认可，实际上是一支纯地方的带有割据性的部队。经过整顿和改编以后，滇军的风气有所改变，"三杆枪"的特点已不多见了。

有了相当数量的军队，还须有充实先进的武器装备。龙云整顿财政，紧缩开支，统制外汇，大烟抽税，增加财政收入，为购置大批军火提供了财源。龙云曾先后向法商马湘洋行和龙东公司购办大批军火，主要是法国、比利时、捷克制造的步兵用轻武器，如七九步枪、轻重机关枪、八二迫击炮、六〇小炮、高射机枪等，可够 40 个团的装备。

经过精良训练，又有较好武器装备的滇军，大有"人强马壮"之势，比起蒋介石的中央军还略胜一筹。所以，全国抗日战争开始以后，滇军出兵抗战，路过湖南，杜聿明亲眼看到滇军的阵营，大为感慨地说，滇军

蒋介石到昆明接见滇军师以上军官。前排从左至右为：宋希濂、卢汉、关麟征、龙云、蒋介石、商震、罗卓英、霍揆彰、周至柔

"拥有法式军火装备，军容之盛，中央军为之逊色"。[①]龙云在抗战初期发表谈话也说："六十军一枪一弹，都来自云南人民，以全省人力物力贡献国家。"[②]这些话确乎反映了当时的客观事实。

　　这里我们还要提及云南空军。云南空军于1922年由唐继尧首创，成立了云南航空处，设立云南航空学校，训练航空人才。龙云主持云南省政后，强化了对云南航空学校第二期学员的训练（第一期已于1926年7月毕业），以后又曾招收第三、四期飞行及机械学员各50名进行学习。到1936年云南已有飞机10多架，组织了航空队，并参加了多次军事行动[③]。尽管云南航空队的力量是很有限的，但在20世纪二三十年代仍然是引人注目的，并为中国的空军培养了一部分人才。1937年全国抗日战争爆发以后，龙云为顾全大局，支持全民抗战，乃决定将云南航空队并入南京中央的航空委员会，独立的云南航空队乃告一段落。

抗战初期龙云在昆明拓东运动场留影

① 杜聿明：《蒋介石解决龙云的经过》，《文史资料选辑》第5辑。
② 龙云：《抗战前后我的几点回忆》，《文史资料选辑》第17辑。
③ 张汝汉：《云南航空始末（1922～1937）》，《云南文史资料选辑》第1辑。

### （二）清理财政

云南财政在历史上基本上是入不敷出的。清末有四川、湖北、湖南等省的协饷，使云南财政勉强维持。进入民国以后，在民国初年的几年，虽然协饷停止，但省内比较安定，一切比较从简，量入为出，收支大体上是平衡的。护国战争以后，战乱频仍，唐继尧对外扩张，多次用兵，支出骤增，军用浩繁，以致通货膨胀，物价高昂，币制贬值。到1927年"二六"倒唐为止，唐继尧滥发了不兑现的富滇老票5000余万元，币值跌落到每10元只抵国币1元。唐继尧倒台后，又是三年混战，以致工商萧条，经济衰退，土匪蜂起，财政系统紊乱，税收锐减，军费艰窘。各部军事头目，大都采用"到州吃州，到县吃县"的就地筹粮筹饷的办法，人民负担奇重，士兵形同饿殍，军政费用积欠在半年以上。以1927年为例，这年收入旧滇币579万元，支出达1898万元[①]。龙云上台后，又不断滥发富滇老票。据富滇银行报告，1929年8月省政府积欠富滇银行4162.228万元。计先后滥发的富滇老票，共为9200余万元。

龙云虽然在内战中取得了胜利，夺得了云南的统治权，但在财政上却感到非常困难。他曾向蒋介石上书说："滇省为贫瘠之区，向系受协省份，连年用兵，迄无宁日，经济落后，财政困难，但为仰体时艰，力图自给，减轻中央补助，为国分忧。"[②] 南京政府，自顾不暇，只好顺水推舟，允许云南自辟财路。为此，龙云成立了整理财政金融委员会，进行整顿和改革。

---

① 《民国元年至38年云南财政收支统计表》，《云南省志·财政志》第451页，云南人民出版社1994年版。

② 赵振銮：《龙云与蒋介石的合与分之我见》，云南省历史研究所《研究集刊》1983年2期第45页。

龙云传

1928 年，龙云委派其亲信、原第五军军法处处长陆崇仁为代理财政厅长。陆崇仁在第一次财政厅长任内，因税收机关多为军人把持，贪污盗窃，挪移积压，收入不多。即使如此，云南军需局也要派员在财政厅坐逼军饷，收一文提一文。田赋杂派，又先由县级开支，然后上缴，为数有限，造成省库空虚，债主临门，如坐针毡，以致连一般行政费用也无法应付。富滇银行因财政厅借款过多，不愿再借。陆崇仁毫无办法，只得辞职。龙云另派其机要秘书朱景暄接任财政厅长，应付两月，仍然一筹莫展，也垮了台。朱景暄不甘失败，向与龙云关系亲密、身任九十八师师长的卢汉建议：云南税收既用以调剂军人经费，征收机关大半掌握在军人手中，长此下去，财政无办法，军饷无办法，政府势必垮台，出生入死打得的"天下"，不能轻易放弃。为了维持军队，你必须亲自出马兼任财政厅长，以你的声威，才能把征收权收得回来，军政各费才有办法。卢汉以军人不懂财政为由，不愿兼任。朱景暄多次游说，自称不要名义，愿实际上在内部代卢汉办事，只要卢汉负厅长的名义就行了。经卢汉再三考虑，觉得此事既关系到自身军队的存亡，又关系到已经取得的"天下"的安危，遂同意兼职。

1929 年底，龙云即派卢汉以九十八师师长身份，兼任财政厅长。卢汉到任后，从革新财政厅内部机构入手，更换科长、主任和秘书，成立"设计委员会"作为咨询机构，并决定收回征收权，将烟酒、厘金等税一律招商投标承办，即所谓"财政商业化"，这是一个很大胆的措施。卢汉上台的第一炮是接收烟酒事务局，派副师长袁昌荣、李崧兼任局长、副局长，然后通电全省征收机关，烟酒、厘金等税改为招商投标承办，应一律交给中标人承办，如敢故违，即以军法从事！命令一出，许多军人慑于卢汉的威势，只得敢怒而不敢言地移交了，没有人敢于违抗。所谓招商设标，即把全省征收机关，委给商人办理，由商人投标，标额最高的即为中标，对中标者限期交保证金，迟则取消中标资格。卢汉执行这一办法比较严峻，数月之内，税收大增，不仅发清积欠，收入还有剩余，财政趋于稳定。而且，就在1929年，龙云提出整顿财政十年计划，征收权、征收机关统一于财政厅，财政与金融分开，征收纸币改为征收半开，税额不变，税收却增加了四倍。为此，卢汉提议为公务员增加薪津一倍半，并获通过，于1930年7月起正式实行。各级公务人员，皆大欢喜[①]。

与此同时，在龙云主持下，召集全省整理财政、金融会议，搜集各方建议，成立审查委员会。审查结果，以为前此金融混乱之主要原因，乃在政府财用不足，全恃银行发行纸币以资挹注，因财政而影响金融。又因币值低落，财用愈感不足。复由金融影响财政，而蒙其害。为此，研究决定了整理方案：（一）旧银行纸币，既无力维持使恢复固有价格，即应确定纸币与银币之比率，为纸币5元，折合银币1元，以后不使暴涨暴跌。（二）政府收入，以银币为本位。如用旧银行纸币交纳，照比率折收，则财政收入即可增加5倍，不致再感不足，再向银行借垫。（三）银行基金，既已全数无存，政府收入，骤加5倍，除必要支出外，剩余之数，即拨还银行欠款。一面另筹特捐，购银鼓铸，充实银行准备基金，维持发行费用，使不致再影响财政。因此制定办法十条，从1929年11月起实施，到第二年7月大体就绪。经这次改革，使云南财政状况大为改观[②]。

1930年夏，卢汉带兵入广西，辞去财政厅长职务，以陈维庚继任。陈因办事不力，而且认为，财政厅长好比一个屠户，只负杀猪（搜括）的罪

---

①　孙东明：《龙云统治云南时期的财政》，《云南文史资料选辑》第5辑。

②　《续云南通志长编》第7卷，上册第77页。

名，没有吃肉的权利，既无大利可图，又难得龙云的信任，任职三月，便托词父丧辞职。1930年9月，龙云再度任用陆崇仁为财政厅长。时过境迁，时来运转，由于税收权已从军人手中收回，卢汉以枪杆为后盾，突破了这一难关，加上已制定了一套整理方案，陆崇仁欣逢时会，一跃而成为"理财能手"，从1930年9月任财政厅长，到1944年交卸，共达14年之久，从未间断。由于陆"善于揣度龙云的意图，事事曲意逢迎。凡龙的军饷、军械或其他需要，无不尽量满足，因而深得龙的欢心，成为言听计从的宠信"[1]，并成为龙云统治云南时期任职最久的一大"红人"。

陆崇仁复任厅长后，以取消苛捐杂税为名，实行删繁就简，另立新税。将全省百货厘金、商税取消；对旧有各税，切实清理改革，除盐税外，只保留烟酒税、特种消费税、田赋、屠宰税、印花税、契税、特种营业税7种，明令废除沿袭清朝遗留的厘金苛税64种；而将征收矛头转向官营、专卖、银行各项事业，将财政、企业、金融合而为一。提出"以财政扶持金融，发展生产；以金融充裕财政，支持生产；以生产巩固财政，充实金融"的主张，得到龙云的支持。1930年至1932年，所有烟酒牲畜厘金，一律招商包办，烟商、市侩、流氓、劣绅、闲散军官、卸职官僚都争先恐后，大力承包。即使承包标额增高，承包者又转嫁于民，自己总是有利可图的。

除税收由招商承包外，同时决定整理金融。确定滇铸半开（伍角）银币为本位，老滇票以五抵一比例作为税款收缴。一转手间，就把原来财政税收增加了五倍，加上禁烟收入的大量激增，每年盈余本位币几百万元，到香港购买银条回滇，出造币厂鼓铸半开硬币（含银量很少）1600万元，

---

① 李珪：《云南地方官僚资本简史》第38页，云南民族出版社1991年版。

作为发行新滇票的兑现保证金。1932年改组成立富滇新银行，先后委李培炎、缪嘉铭（云台）做行长，发行兑现的新滇票，逐年收毁了老滇票5270余万元，币值逐渐趋于稳定；还有老滇票4000万元在市面，作为辅币流通。这样，富滇新银行较好地执行了自己的使命，"统一货币制度，建立稳固的银储备，以使纸币获得民众的最大信任"。于是，"云南之金融基础得以奠定"。①

龙云通过富滇新银行办理云锡出口的跟单押汇，实行统制外汇。其实外汇统制，主要针对云南的两种主要出口物资：大锡和鸦片。据估计，云南统制外汇收入，每年在1000万元左右，使云南从1933年起成了出超省份。据统计，1935年云南入口货值国币900余万元，出口货值2020余万元，出超1120万元。这个数字虽然不完全，但大体上说明了问题。

禁烟罚款是云南的主要财政收入。禁烟罚款叫做"寓禁于征"，有禁种、禁运、禁吸等禁令。名为"禁种"，实际是责成各县县长勒令农民种烟，每年按照比例，递增种烟田亩。各县官绅为了分肥，上行下效，强迫农民种植大烟。据官方统计，在1935年，全省鸦片种植面积为90多万亩，而实际上可能达到了200万亩。当时，外国来云南的旅游者们写道：在滇中偏东的宜良，有着"广袤的精耕良田，其中大半盛开着罂粟花"。在昆明—开远—个旧铁路沿线两旁也种植了鸦片②。而在"从昆明到大理之间的那些坝子，大约有一半用来种大烟"。③仅1935年一年云南输出的鸦片总值就在国币2000万元以上。为了"禁运"，云南成立了"特货统运处"。实际上这一机构的主要任务并非禁运，而是对外独家垄断出口，对内则强

---

① 《续云南通志长编》第7卷，上册第77页。

② 费希尔：《1894～1940年的中国之行》，1941年天津版，第203页。

③ 斯诺：《北京之行》第58页。

迫收购，不准私运。特货统运处乃是云南历史上最肮脏的名称之一，也是云南官场中的一大肥缺。统运处由财政厅长陆崇仁任董事长，董事长以下的董事、监事以至一般职员，都参加分赃，许多人成了暴发户。据一位当过两年"特货统运处"监事的人员回忆，他第一年分得赃款旧滇币9000元，第二年分得赃款3万多元，合起来买得昆明市区一所大平房。其他人员，可想而知①。

这样，在20世纪30年代，盐税、锡税、禁烟罚款成了云南财政的三大支柱。

清丈耕地，改田赋为耕地税，又使云南增加了一大笔财政收入。据1935年材料，昆明等33县，原有田地面积236.6万多亩，清丈后增为588.9万多亩；昆明等48县，原有田赋税额80万余元（新滇币），清丈后增为125万余元。全省田亩税款，则由130多万元增至280多万元，增加一倍以上。甚至财政厅发出的田亩执照1800多万张也收入了执照费新滇币1000万元左右。

1933年以后，烟酒牲屠，一律改为委办，征收机关，星罗棋布，全省100多个税局长，千余名会计、稽核、办事员所属薪金，都加在人民头上。

1931年以后，由于税收增加，又未用兵，收支相抵，开始有了节余。据财政厅登在《云南概览》一书的材料记载，1935年国家和地方两项岁入总数国币987.8119万元，岁出总数为国币1134.5862万元。其中，岁出军费750万元，占总数的66％强。余为行政费，其中交通费102万余元，教育费91万余元，实业费10万余元，建设费3.7万余元。不敷之数，既没有增税，也没有发行公债，通货亦未膨胀，而是由"禁烟项下抵补"。

---

① 孙东明：《龙云统治云南时期的财政》，《云南文史资料选辑》第5辑第33页。

"禁烟项下"的收入，没有公开。加上"禁烟项下"的收入，此时云南的岁入是略有节余的。

又据省财政厅《财政月报》公布的数字，1936 年国家和地方两款的岁入总额为 2800 余万元（禁烟罚款在内，教育经费专款收入及公路总局附加捐税收入在外），岁出总额为 2300 余万元，出入相抵，结余新滇币 500 余万元。岁出中，军务费达 1400 余万元，占 63％。

由于财政连年略有节余，所以龙云才可能拨出专款先后达 5000 万元，购买了足够装备 40 个团的军火武器。

云南的经济情况确有改善，然而负责经办人的横征暴敛、贪污中饱则是常有的现象。陆崇仁在当了几年财政厅长后，在昆明西郊的西山高峣（滇池边）修建的豪华别墅，与龙云的舅子李培天的别墅相对，门庭相望。当时有人作了一副对联，嵌上陆、李二人的名号，贴在他们的门上，文曰："不培天良，卖官鬻爵颜胡厚"（李培天，字子厚）；"罔崇仁政，横征暴敛心何安？"（陆崇仁，字子安）。还在李家门头上写着："斯谓厚矣"四字横批，又在陆家门头上的横批上写着"于汝安乎"四字。这一副对联及门头的几个字，反映了人民群众对卖官鬻爵、横征暴敛的仇视，揭露了在云南财政好转背后隐藏的深刻矛盾①。

### （三）经济建设

云南是一个自然经济占优势的农业省区，省内的绝大部分居民是农民，居住在农村，以经营农业为主。云南省政府对农村的统治，习惯于依靠农村经济部门的税收来维持。20 世纪 30 年代早期，最明显的税收形式

---

① 孙东明:《龙云统治云南时期的财政》,《云南文史资料选辑》第 5 辑第 10 页。

是"禁烟罚款",这实际上是变相鼓励农民种植鸦片。由于云南的地理条件,"云土"(云南的鸦片)享有"盛名",并"驰名全国",是"中国质量最高的鸦片",能与印度的鸦片相媲美①。鸦片的种植及其贸易,尽管不够体面,常常遭到谴责,却是最容易的生财之道,能迅速增加财富,成为省政府财政的支柱,对云南经济有着深远的影响。

龙云统治云南时期,云南种烟面积,据云南"禁烟局的统计是 160 万余亩,唯据我们推测最少 150 万亩,多可到 200 万亩"。②有的记载,云南"全省几乎是一片广大的鸦片田。据北部、南部、东部和西部的报道说,有三分之二的土地都种着鸦片"。③年产烟土达 5000 万两到 7000 万~8000万两之多。有人讽刺说,中国是以农立国,云南是以烟立省。据云南省金融研究所材料,1928 年省财政烟税收入为 695 万元,1929 年为 2403 万元,1930 年达 5100 万元。这三年,烟税即占全省总税入的 41%、60%、55%④。收入之高,令人瞩目。

对于工业经济的发展,在 1931 年以前,从唐继尧统治到龙云统治云南的初期,实际上是无所作为的。1927 年"二六"政变时,四镇守使倒唐的最初纲领中也提出了发展工业经济的呼吁,然而随后的几年,由于战乱频繁,财政恶化,这个呼吁没有能够转化为行动。1931 年,龙云轻而易举地粉碎两次政变后,云南的政治经济形势比过去十年都稳定得多,财政情况也有了好转,这样,整顿和改革云南的经济,发展工矿业的要求才提到了日程上。

---

① 《里昂考察团对 1895～1897 年中国贸易的探讨》,第 2 卷第 131 页。

② 《鸦片与鸦片问题之研究》,《云南旅平学会会刊》第 7 期,1930 年版。

③ 《中国近代农业史资料(1912～1927)》第 2 辑第 629 页。

④ 《云南近代史》第 194 页,云南人民出版社 1993 年版。

　　为此，龙云在省政府建设厅之外于 1934 年设立云南省经济委员会，作为管理云南经济企业的机构，任用缪嘉铭为主任委员。经济委员会又建立了大量的子公司，缪嘉铭又成了这些公司的董事长，并且还是富滇新银行的行长。缪嘉铭是 30 年代龙云统治云南时期复苏云南经济的关键人物。他早年留学美国，学习了国外的先进科学技术和管理企业的一些有效办法，获得了矿业工程师的头衔。缪嘉铭的第一个绝招是对个旧大锡的生产和经营，进行冒险而又有成效的改革。所以，蒋介石的私人秘书陈布雷在 1935 年访问云南时，曾这样说："缪嘉铭在思想和言辞上都是出类拔萃的" [1]。

　　大锡的生产和经营，在云南的经济和出口贸易中占有特殊的地位。据估计，从 1929 至 1937 年，在经过蒙自海关出口的商品中，大锡平均占总额的 86％，而云南省有三个海关，蒙自关是其中最重要的一个。大锡是云南出口商品中比较稳定的部分，在云南出口商品的总额中，大锡从 1924 年的 80％上升到 1936 年的 93％；大锡的出口额，1927 年为 1400 万元（国币），到 1937 年达 2900 万元。

　　缪嘉铭在 1929 年担任省实业厅长时，就曾主办精炼云南大锡（云锡）出口。由于过去个旧炼锡技术不高，成色低杂，运往香港卖给广商回炉提炼，故云锡售价吃亏很大。于是缪聘用英国在新加坡的炼锡专家亚赤的克到个旧精炼，在锡务公司之外另行组设官商合办的个旧炼锡公司，缪自任总经理，卢汉、张邦翰、吴琨为经理。这个公司把出口云锡成色提高到了 99％以上。因而从 1931 年起，云锡就不再卖给广商，而直接运销伦敦市场了。这样既大大提高了个旧炼锡的技术水平，也大大地增加了云南的

---

① 《陈布雷回忆录》，1962 年香港版第 81 页。

收入。据蒙自海关《中外贸易年刊》统计，1935 年云锡出口货值为国币
1863 万余元，这是一笔很大的公私两利的收入。

据 1933 年到 1938 年五年间的统计，云南炼锡公司冶炼精锡月产量
从 62 吨上升到 203 吨，共盈利国币 200 万元，平均每年盈余 40 万元[①]。

缪嘉铭通过经济委员会，掌握了云南的经济企业。经济委员会的任务
规定为："促进本省的经济建设，改善群众生活，防止经济萧条"。[②] 缪嘉铭
又通过富滇新银行，掌握了云南的通货发行。经济委员会与富滇新银行相
依为用，企业投资也就有了保障。正如缪嘉铭所说："在云南，各类企业的
发展，大多是富滇银行和经济委员会合作的结果。"他还采用"跟单外汇"
的方法，实施外汇管理。使法国人也承认他"善于利用云南内外环境指挥
外汇市场，及调和有关的各种利益，表示钦佩"[③]。

起初，经济委员会的建立是为了促进棉纺、针织、水泥、水力发电和
小型工程的建设。自然，促进个旧锡业的发展也不例外。

发展棉纺织业，在农村鼓励农民种植棉花、茶叶等经济作物，是抵制
种植鸦片的好办法。为此，经济委员会在 1936 年成立了云南纺织厂，并
于 1937 年 8 月在昆明正式开工。这个厂集资国币 120 万元，装有 5200 枚
纱锭和 60 部织布机。纺织厂的开工生产，为农民提供了取代种植鸦片的
农作物——棉花的机会，也在一定程度上抵制了进口的棉纱和棉布。

1936 年 5 月，蒋介石南京政府实行法币政策，云南停止铸造半开银
币，把原来的造币厂改为电气炼铜厂，归经济委员会管理，用电解法提炼
精铜，成色达到 99.9%。此外还建立了昆明电力厂，蒸汽机发电 1520 千

---

① 《云南个旧锡业调查》，转见李珪《云南地方官僚资本简史》第 84 页。

② 转见《缪云台回忆录》第 68 页，中国文史出版社 1991 年版。

③ 《缪云台先生生平》，《云南文史丛刊》1988 年第 4 期第 74 页。

瓦，以及云南金属工具公司等。

经委会设立了马料河水利工程处，在那里挖了一条河，把滇池的水引到小新村，于此设抽水机，把水抽进马料河。两部抽水机每分钟可抽水2500加仑，灌溉了昆明、呈贡间的农田5万多亩，只酌收水费，并不追求利润。

1936年，经委会兴办了开蒙垦殖局。开蒙垦殖局拥有2100万国币的资本，就开远、蒙自两县所属的蒙坝、庄坝、草坝三地，兴修水利，排涝除旱，开垦的总面积为37.5万亩。但是，比较成功地开发的地区只有蒙自的草坝，面积约8万亩。后来，当1939年发现此地适于养蚕时，云南蚕业新村公司就在草坝租用了2万亩土地，此外还设有昆明地区农田水利工程处、宾祥水利监督署、弥禄水利监督署等，这三项工程共灌溉近20万亩土地。云南经济委员会对四个水利工程投资大约为3800万元国币，几乎占其总投资规划的10%。

除经委会外，省财政厅也办了东川矿业公司、钨锑股份公司、一平浪制盐场等24项，在采运钨砂原料出口和制盐专卖方面，收到了一定的效果。

云南省经济委员会所属企业达39个[①]。它的经济复兴计划，对云南的经济情况和财政收入产生了较好的影响。据统计，地方企业收入在1936年只占全省总预算的3%，到1937年就上升到35%了。结果，工业收入逐渐代替了鸦片收入，云南的财政基础逐渐改变，这对于云南经济以后的发展，无疑有着重要的意义；也是云南能够在一个较长时期保持相对独立，或者说保持地方割据的重要条件。

在这里，我们还要提到龙云对云南石林旅游风景区的开发，也是颇有

---

① 《续云南通志长编》上册第77～78页。

成效的。1931年初，六区公路（即呈贡至罗平公路）路基大部修成。龙云亲往宜良、路南、陆良视察，顺路观看陆良啊油堡后的南盘江大叠水，计划建设发电站。龙云乘坐凉轿到宜良小渡口，从呈罗公路进入山区，由唐家湾起经七里村、碧姆塘、岁卜所，长17里公路。沿途崇山峻岭，险岩陡壁，但公路纵坡不大，弯道合理，龙云甚为满意，晚宿乐尔村。该村村民是彝族，村中父老请也是彝族的龙云留住一宿，龙云于是同意。次日龙云询问："此地有无游览地区？"群众即带领他先游"芝云洞"，风景一般。次游"石林"，龙云见石生如林，高耸碧空，千姿百态，为世所少有，非常高兴，当即面谕县长王肇云、建设局长杨立道及地方士绅，将公路修入石林，并修建住房、凉亭和林中道路，以供人游览，经费由田赋收入开支。再一日，龙云前往陆良，晚驻天生关，适逢云南省第六区公路主任吕廷相前来汇报工作，龙又面饬吕将公路修入石林。吕廷相随即前往踏勘，决定将进入石林之公路线修成支线，由小阱分道入石林，长2公里多，并绘制草图报告省建设厅；另又派人具体测量。吕廷相的报告经建设厅审核后，令路南县征工修建。

龙云回到昆明后，召开省务会议时，介绍石林风光之奇美，要建设厅设计，认真修建这一风景区。建设厅遂邀请设计、艺术、摄影专家，由厅长张邦翰率领到石林现场搞规划设计。在进入石林大门口的大屏石上，龙云题"石林"二字，由周钟岳书。张邦翰又题书"天下第一奇观"。

张邦翰回昆后，在省务会议上报告设计规划：先建房屋3间，作游人休息之用；在"石林"中的高地处，建六方亭一个，取名"望峰"，将人行小道修通；在五棵树村前和"小石林"各建六方亭一座，增添景点。教育厅长龚自知听了介绍，即到宜良、路南视察教育，并游石林，题书"磊落万古"。石林作为云南的一大名胜风景区，遂逐渐传开。

抗日战争全面爆发后，云南变为抗日大后方，中央及东部地区许多企业单位以及西南联大等迁至昆明及云南各地。国内知名人士、文人墨客、专家学者云集昆明，大凡拜访过龙云的，龙即建议他们游览石林，观赏胜景。经广为宣传后，国际友人也不断前来游览，石林逐渐名播海外，成为世界名胜风景区之一。1942 年，因抗日战争需要，铺填曲（靖）路（美邑）公路为碎石路面，同时将石林支线 2 公里余列入计划，不久完工。由这里可见，今天驰名世界的云南石林风景名胜区，在龙云统治云南时期已着手开发，并为后来的开发打下了一个良好的基础[①]。

### （四）教育与民政方面的改革

云南的文化教育非常落后。龙云统治云南时期，对教育的重视是不够的，不过比起他的前任来是有进步的。

首先，龙云于 1928 年 12 月批准云南教育经费实行独立。云南教育经费，1927 年由财政厅年支老滇票 30 余万元（实值国币 3 万余元），积欠甚多，请领困难。1928 年底教育经费独立后，财政厅将年收老滇票 36 万余元的卷烟特捐划归教育厅接管，作为省教育经费的独立专款。36 万元的老滇票，勉强够当时省教育的经常开支，临时用费则有困难。不过，教育经费独立后，费用可以自行灵活支配。教育厅同教育界，成立了教育经费管理处和教育经费稽核委员会，负责进行专门管理。由于整顿税收，剔除中饱关系，截至 1929 年 6 月，实收老滇票 81 万余元，比起旧时特捐收数，半年中就增加了老滇票 40 余万元。后来，又进一步提高捐税率，就在这一年，将卷烟特捐划归教育厅管理，收入专作教育经费，税率从售价的 20% 提高

---

① 施士福：《龙云与石林风景区开发》，《云南方志》1990 年第 4 期第 57 页。

到 25%，收数逐年增加，到 1935 年实收国币 96 万余元。这对于教育事业的发展有一定作用。但是，到 1941 年，由于抗日战争紧张进行，以及云南与国民党中央的矛盾加深，经费奇缺，教育经费独立的专款又被取消。

其次，为适应战争的形势，龙云要求对中等以上学校学生实施军训，作为讲武堂的后备队。龙云发给各学校若干旧式枪支，由学校物色军事教员，进行军事训练。1933 年国民党中央派员来昆成立国民军训处，同教育厅合署办公。该处除负责军训外，并实行军事管理，分派军事教官驻在各校，监视师生的思想行动。龙云主要是要对学生实行军训，而国民党中央却趁机加进了另外的内容。

再次，加强对学生进行精神教育。这个精神教育的内容，既不是三民主义，也不是共产主义，而是云南爱国主义的光荣历史传统。龙云认为，1915 年至 1916 年间从云南开始的反对袁世凯复辟帝制的护国战争，是云南人民的骄傲，是云南历史的光荣，所以责成教育厅实施护国起义的精神教育，并在每年 12 月 25 日护国首义日举行纪念活动。

最后，在 1935 年将盈余的教育经费，在昆明市大西门外筹建一个比较集中的学校区，组设委员会，监察工款工程，先后新建了农、工、中、师四个校舍。龙云为了培养上层人物的子弟，通过省教育厅长龚自知，在今云南民族学院的校址办了一所私立学校，名为"南菁学校"。校长人选，由龙云直接聘用，经费也由龙云负责筹拨。抗日战争期间，龙云又指定在昆明北城外商山，另建了新的校舍，把礼堂叫做"志公堂"（龙云，字志舟，"志公堂"实际上是以龙云的字命名的）[1]。

---

① 今天云南民族学院的校址，是原南菁学校的遗址。一些知名人士倡议重建南菁学校，目前昆明第三十中学又名南菁学校。

此外，为了加强统治，巩固地盘，龙云比较重视县级基层政权的建设，这是他统治云南的基础。为了建设县级基层政权，县长的人选是一个重要问题，为此在1935年开办了县长训练班，选拔人员受训，目的在于养成所谓"非常时期"的县长，毕业后分别委用。

为了便于统治和管理，龙云把全省划为1个市（昆明）、112个县、15个设治局和两个对汛督办区（河口及麻栗坡）。此外，在滇川交界的金沙江边，设江防营；对腾冲、龙陵边区和思茅、普洱边区的少数民族地区，特设了两个殖边督办。在各民族聚居区，分别就腾永、华永、广富、镇彝、思普、阿墩等处设置独立营，派兵驻防。全省户口，据1932年调查统计，为133万余户，1179万余人。这个数字，比实际数字略为偏低，因为群众怕抽丁、夫役等负担，瞒报人口、少报人口的情况是存在的。

全省各县（除边疆少数民族地区外），按照区乡自治组织，编为保甲团防。又依各县的大小和防务的繁简，在保甲团防的基础上，编为甲、乙、丙、丁四种常备队，甲种队兵额150名，乙种队100名，丙种队80名，丁种队40名。常备队士兵来源仿照陆军征兵制度，由年在20岁至24岁的壮丁抽选入队，训练6个月退伍。

为了督练团防，特设全省团务督练处，以附省城的13县为它的直属区，把其余的县划分为10个区，每区设一分处，负责督练。常备队各级军官，于昆明吸收中、下级军官训练养成。

龙云编练各县常备队之目的，在于培养正规军的后备力量，也曾把全省常备队编为21个保安营。到1935年累计，全省现役和退役队兵员在4万名以上。

龙云对云南建设所作出的成绩，得到了国民党中央政府的肯定。1935年5月10日，蒋介石在其夫人及一大批随从人员的跟随下来到昆明，除

布置"反共"军事外，主要是具体考察云南的情况，做拉拢龙云的工作。然而，蒋介石夫妇意外地发现当时的昆明，社会秩序良好，整齐清洁，与全国各大中城市相比，是很突出的。蒋介石的夫人宋美龄写道："昆明城的街道十分干净整洁，建筑物都是同一色彩，和我们在其他地方见到的那些杂乱的建筑物相比，使人感到更舒服。"[①]龙云当政时期，对昆明市的街道，确乎进行了一些改造，扩建了街道，用水泥装潢商店门面。宋美龄甚至感叹："昆明街头的行人已分为左、右两边行走，并以最有秩序的方法往

1935 年 5 月，蒋介石视察云南时，与龙云等合影

---

① 费希尔:《1894 ～ 1940 年的中国之行》，第 205 页。

返。"① 这样的事，在今天简直是毫不足为奇的，而在 20 世纪 30 年代的旧中国，却还是非常引人注目的。

蒋介石对云南充满希望，对云南省经济委员会在缪嘉铭领导下所作出的成绩，非常有兴趣。蒋介石高兴地说，因为云南"矿藏丰富"，"全省气候良好"，"如果我们要建设工业，应当从云南入手"。为此，当时的《大公报》甚至把云南描绘成"自然资源的大宝库"，"是有着光明前途的省份之一"②。

尤其使蒋介石注意的是，"云南省政府全体成员的团结一致，是四川无法相比的"。③ 这是蒋介石的秘书陈布雷跟随蒋介石视察云南的记录，也是蒋介石的结论。蒋介石对此，既感到高兴，也感到不安。

蒋介石在昆明期间，与龙云进行了多次密谈。龙云常常因烟瘾大发，困倦异常，强打精神，故作姿态。龙云的副官主任杨苇航见景生情，机智灵活，察觉龙云的面色不佳，赶忙端上一杯浓茶给龙云，悄悄将烟泡子放进茶内，才得以使龙云吞下后，精神复振，继续与蒋密谈。

视察云南后，蒋介石表示要提高龙云的地位，叫行政院长宋子文来，当面交代，以后要尽力补助滇军费用，以金钱地位拉拢龙云。蒋介石在昆明时，对各界讲话，盛赞龙云主滇的"政绩"，夸奖滇军"训练有素""组织严密"。蒋临行时送龙云特别费国币 14 万元，并暗允龙云组织"滇黔绥靖公署"。

蒋介石视察云南，主要目的是要笼络龙云，要龙云为追堵红军出力。当然，蒋介石的目的绝不止于此，他还要亲自考察龙云的态度，了解云

---

① 《蒋夫人言论汇编》，1956 年台北版，第 24～25 页。

② 《大公报》1936 年 5 月 15 日、6 月 9 日。

③ 《陈布雷回忆录》第 81 页。

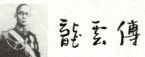

南的情况，看看解决云南问题（夺取云南军政大权）的时机是否成熟。因此，蒋与龙都在逢场作戏，当面相互吹捧，背后互相提防。然而，蒋介石在视察中，却意外地发现，当时的云南不仅经济情况有了明显的好转，而且社会状况也比较安全。云南不是贵州，云南的龙云也不是贵州的王家烈可比的，因此只得暂时把云南问题搁置起来。

### （五）平定匪患

民国年间，云南地广人稀，山多田少，交通不便，人民贫困，加之连年军事混战，政局动荡不安，随着社会秩序混乱和经济情况恶化，溃兵与匪患相结合，甚为猖獗。龙云为巩固其统治，在消除敌对的军事力量的同时，需要整顿社会治安，消除匪患。虽然在那个时代，匪患终未断绝，然而在龙云统治时期，却有张冲在滇西，万保邦在滇东，龙雨苍在滇南，取得了"三次见功效的剿匪之役"[①]。

首先我们介绍张冲滇西剿匪情况。龙云在战胜胡若愚、张汝骥后，即派师长张冲前往大理，解决唐继虞盘踞迤西的所谓"国民革命军北伐后援军"问题，并剿办迤西的土匪。其时，迤西土匪以张占彪（张结巴）为最强大，有众1500人、长短枪900余支，活动于大理、邓川、洱源、鹤庆、剑川、兰坪、云龙、永平、宾川一带，以马耳山、点苍山、鸡足山为隐蔽回旋之所。该部虽以"劫富济贫"相号召，而奸淫掠掳之事，却到处可闻。张冲到下关后，先与张结巴结拜为兄弟，取得其信任。然后采取了军事镇压与政治瓦解相结合的方针，特别是利用政治攻势，仅在半年内，即将张结巴的1000余人全部消灭或瓦解。为此，张冲曾发布了三个文告：

---

① 曾瑞鹅：《云南土匪》，见《近代中国土匪实录》下册第435页，群众出版社1992年版。

《告滇西官绅父老书》《告匪众家属书》《告匪众书》。主要是劝告匪众，不要再执迷不悟，回头是岸。凡改恶从善者，一律既往不咎。并规定，凡单身脱离匪部回来的奖银圆半开（相当于 5 角）30 元，带枪回来的奖 60 元，一人带两枪回来的奖 90 元，有子弹的每袋加 10 元，人到就发。而且告诫各地官绅父老，体谅匪众，只要他们回来就欢迎，如果对脱离匪部归来之人，苛索歧视，将重惩不贷。还希望家属多做工作，劝告他们的亲人回来，不会连累他们[①]。三个文告，广泛印发，分头宣传，影响深远。不到半年，张结巴匪众千余人纷纷逃散，返回家园。张结巴部有团长四人，即有三人投诚，只剩下张结巴带领少数人，东躲西藏。

张结巴最后逃到洱源县牛街乡打铜村杨葆元家躲藏。杨葆元是张结巴的干亲家，又是结拜弟兄，但慑于张冲的威力，向张冲密告了张结巴的行踪。1929 年 12 月 19 日中午，张冲派兵包围了杨葆元家，准备活捉张结巴，然而张结巴持枪拒捕，遂被当场击毙；同时被击毙的还有何裕泰（张占彪的二哥张占鹏）。这样，横行滇西数年的匪患被抑制，张结巴部被消灭。滇西人民为了纪念这一行动，曾在大理城内竖立了一个"德政纪念碑"，以纪念龙云、张冲剿匪的功绩。此碑在今大理一中校园内。

其次我们介绍龙雨苍滇南剿匪情况。其时，旅长龙雨苍率部驻文山、临安（建水）等地，龙云即命其所部剿灭滇南土匪。滇南匪众甚多，建水有吴学显、杨友堂、禹发启、周兴国，开远有杨松林，个旧有李绍宗，石屏有李自洪，江川有蒋世英等，各自盘踞地盘，设卡收税。在这些土匪中，因吴学显曾被唐继尧招抚，势力最大，有匪众千余人，各种步枪数百

---

① 赵振銮：《关于解决西军及消灭张结巴情况》（1991 年 4 月 26 日），未刊稿。作者说，他当时是中学生，曾参加宣传三个文告，印象很深。可惜赵振銮先生为作者提供了这份材料不久，即去世。

发。为此，龙雨苍决定"擒贼先擒王"，以七分政治三分军事的方法，先解决吴学显部。为此，龙雨苍决定，先招抚吴学显的拜把兄弟蒋世英，要蒋改过自新，立功赎罪，设法诱杀吴学显。蒋世英接受招抚，乃于1932年初在石屏县的三家寨设宴招待吴学显前来共商大事。吴学显因与蒋世英常有来往，不疑有诈，只带少数随从前来。蒋与龙雨苍部数十人暗中隐蔽，当蒋与吴饮酒欢谈中，蒋以打翻酒杯为号，隐蔽人员立即冲出，拔出十响枪，对吴一阵扫射，吴学显当场死亡。吴部亦被剿缴、瓦解。龙云据报，认为蒋世英确有悔改，乃委蒋为江宁地区游击大队长，归龙雨苍指挥，协助龙旅继续在迤南剿灭其他匪部[①]。

　　龙雨苍宣布，准许土匪缴械投诚，领取良民证做良民，并以建水为中心，进行清查保甲户口，实行来往人要报，连保连坐等，从而促使匪部就范投诚。周兴国首先遣散匪众，以黄金1500两向龙雨苍报效，缴械投诚。随后，李绍宗等匪部也相继报效投诚。这样，整个迤南匪部，多数已就范投诚，未就范的，亦已悉数逃匿[②]。到1933年底，滇南匪患基本平定。为纪念滇军龙雨苍第三旅剿匪功绩，地方乡绅乃集资在建水县城西北角，建盖烈士祠一座，凡在剿匪中阵亡官兵（200余人），均立烈士牌位供于祠堂内，又为旅长龙雨苍铸造半身铜像一座，留为纪念。

　　再次我们介绍万保邦滇东剿匪情况。龙云在1931年制服了两次"倒龙"政变之后，逮捕了师长张凤春。张凤春与土匪有联系，他被逮捕，大小军阀官僚引以为戒，与土匪断绝来往。土匪失去支持，正是剿办土匪的一个重要条件。旅长万保邦奉龙云之命剿办滇东土匪，万即利用这个有利

　　① 胡以钦：《龙云主持云南时期的滇军》，《云南文史丛刊》1993年第2期第86页；李树民等：《滇军第三旅肃清滇南匪患记略》，《昆明文史资料选辑》第16辑第138页。

　　② 《近代中国土匪实录》下卷第436页。

时机，率部开赴迤东剿匪，迤东匪众闻讯躲入匪穴。万保邦采取攻破匪巢、跟踪追击的办法进行剿办，救出被捆入匪巢的民众 100 余人，并击毙匪众多人。各县土匪，四散逃匿，滇东北交通干线的匪患遂平，这一地带获得了相当一段时间的安静。

在龙云统治云南时间，比较重视整顿社会秩序，"遇匪则剿，故匪患渐平，民得安居"。[①] 龙云在全省内获得相对安定的社会环境，对于从事经济、文化建设，巩固自己的统治，与蒋介石中央政权抗衡，是很有必要的。

### （六）龙云集团的形成

龙云统治云南时期，逐步形成了以龙云、卢汉为首的"龙、卢、安、陇"四大家族，有人又称为"龙、卢、陆、安、陇"五大家族，或称为"龙、卢、陆、安、陇、禄"六大家族。总之，这四大姓、五大姓或六大姓，都是彝族的上层（黑彝），而且成为龙云统治云南时期的军政上层集团，掌握着云南的军事、政治和经济大权。

这个集团的主要人物有龙云（任云南省政府主席、滇黔绥靖公署主任达 18 年之久）、卢汉（云南省政府主席、云南绥靖公署主任）、卢永祥（卢玉书，龙云的表兄，河口督办、云南省政府警察处长）、卢邦基（卢汉的七弟，曾任寻甸县长）、陆亚夫（滇越铁路军警总局长、军法处长）、禄国藩（边防督办、宪兵司令、普洱道尹）、龙志钧（禄国藩的女婿、任云南水利局长）、龙秉灵（滇黔绥靖公署交通大队长、政训处副处长）、安恩溥（曾任六十军军长、立法委员、省民政厅长）、安纯三（安恩溥胞弟，师长、昭通地区专员）、龙绳武（龙云的大儿子，师长，自称"少帅"），

---

① 江南:《龙云传》第 85 页，香港星辰出版社 1987 年版。

龙绳祖（龙云的二儿子，师长）、龙绳曾（龙云三儿子，团长）、卢濬泉（卢汉叔父，兵团司令）、陇生文（安恩溥的表弟，师长）、陇耀（师长）、龙泽汇（卢汉的妻弟，任九十三军、十三军军长）、龙雨苍（龙泽汇之兄，旅长）、龙奎垣（龙云的侄子，师长）、龙沛霖（陇体要妹夫，宪兵团长）、陆崇仁（任云南财政厅长多年，兼任银行董事长）、卢国良（卢汉大儿子，兴文银行行长，昆华医院院长）、陇体要（任国民党云南省党部书记长、云南省建设厅长）等等。

这个集团的形成是自然而然的。他们在官场中，只要知道某人是彝族，不管原来相识与否，就自动地互相支持，互相援引。在1927年间，陆亚夫、卢永祥、禄国藩、安恩溥等聚会，曾经讲到组织彝族团体的事，大意是说：

龙云在其官邸

130

彝族是庄蹻以前来自楚国的竹王之裔。相传楚国有女浴于沅水，见一竹筒浮于水上，有五音之声，泅携上岸，剖而视之，系一男孩，遂立志终身不嫁，抚养此孩。到了孩子成人，力大无穷，率众略得苗人先据有之黔地（贵州），进而占领领地（云南），称竹王，臣服于周。其后代与中原信使往还，至汉不绝。相传班固、班昭、班超等，皆竹王裔又回中原之后人。今滇东北苗人尚有暗语称彝人为老汉人，意即后来侵略我们的是汉人，先来侵略我们的是彝人。彝人自称"溜曳"。后来一般人和汉人称彝人为爨人，原以彝人习用鼎炊为食，象征其称呼。到了晋朝时爨人之首为爨王。夷人之称，系历代王朝歧视的称谓。但后来彝人之懂汉字者强为解释，大人背弓为夷，是尚武，于是也就安于夷人自称。

相传，彝文是与仓颉同时之佉卢所造。仓颉造字直书右行，流行于黄河流域。佉卢造字直书左行，流传于长江流域，单字很多，比汉文难学，但以司祭祀比穆巫师等为世袭专业者必学，黑彝尚学。所以，到清代道光、咸丰、同治时期，业祭祀、业巫师之彝人，都凭彝书（佉卢扎数）等书为彝族服务。黑彝中之上层，也尚有通大彝书的。彝书多系抄录本，未见印刷本。书分三类，一是历史，二是礼仪，三是超荐、祭鬼。清末时，后一类书时有所见，前二类书已不多见。历数"建子"，阴历十月初一过年，每年节日，多同于周政，婚丧冠祭，近于周俗。婚嫁纳采、纳聘、亲迎的仪式，多似礼仪所载。人死点主，彝语"匹乃"用竹片书主装入小竹筒（意即竹王由竹筒中来，竹王之裔死后应归回竹筒中去），用棉羊毛塞口角装入内有包茅的小竹篓，同代的由左至右依次装为一篓，供于房后祠内台板上。台板分两台，每台供五代，第一代居中，下四代左昭右穆地安放，下台五代届满时，举行大祭，名为"补待"。大祭用牲，依阶级"苴穆"（管理荐之首）用"吕那"（全黑的牛）；"曳苴"（管理依次于苴穆）

用"吕那来补邹"（花头黑牛）；一般用羊，头数有差等，起码两只。大祭后将第一台前五代之竹篓送置于深山大箐人迹不到之悬崖绝壁上，将下一台后五代中升为上一台，下一台又安放新五代①。

通过这次聚会谈话，他们认为，彝族有自己悠久的历史，有自己的文化，不能妄自菲薄，不必外求。竹王是他们的始祖，佉卢是他们的先师，崇始祖，尊先师，是他们的传统。彝人家堂屋正中供祖先，右角高处设有佉卢位，过节一同献食奠酒致敬。于是，就计划组织"竹王会""佉卢学会"。"竹王会""佉卢学会"因意见分歧最后未能组织成功，但是彝族上层统治集团统治云南以后，确曾为试图组织自己独立的团体，作了某些努力。

当然，龙云对云南的统治不仅仅是靠这个彝族上层统治集团，他还大量使用汉族和其他民族的有识之士。特别应当提到，龙云比较善于用人，也比较尊重知识分子。龙云手下有一批汉族或其他民族的知识分子，如缪嘉铭、龚自知、赵澄甫以及周钟岳（白族）等，是他所依靠的"智囊"，这些人在政治上、经济上、文化上起着重要的决策作用。即使在军事上，也有一批非彝族的高级将领，如高荫槐、孙渡、鲁道源、曾泽生等，起着重要作用。不过同时我们也要承认，云南这个有形无形的彝族上层统治集团的存在及其活动，对龙云统治云南18年之久的历史，无疑是起了一定作用的。在中国西南各省的军事头目中，龙云统治的时间最长，省内相当稳定，后来还和蒋介石中央政权作了较长时间的斗争，除了其他因素外，这个集团的存在不能不是一个重要的原因。这也是自近代以来云南历史发展的一个重要特点。

---

① 参见安恩溥：《我所了解的龙云统治集团中部分彝族上层人物的活动情况》。《云南文史资料选辑》第11辑第185～191页。

# 九　追堵红军

## （一）商议怎样对付红军

1934 年 10 月到 1936 年 10 月，中国工农红军举行了闻名世界的二万五千里长征。红军长征的两大主力——中央红军和红二方面军，先后路过云南。龙云奉蒋介石之命，调集滇军，"追剿"红军。然而，蒋介石有蒋介石的鬼胎，龙云有龙云的打算，两个人明合暗斗，反而为北上红军帮了忙。

这里，我们先谈中央红军（红一方面军）路过云南的情况，以及蒋介石和龙云的表演。

1934 年 10 月，由于党内"左"倾机会主义路线的干扰，中央红军第五次反"围剿"失败了，被迫离开江西中央革命根据地，实行战略转移，开始了万里长征的艰苦历程。

还在 1934 年 12 月，中央红军突破湘江向贵州前进时，蒋介石担心中央红军会与在湘鄂川黔革命根据地的贺龙会师，乃命其"追剿"总司令薛岳率主力经武冈、芷江入黔，同时命令川、湘、滇、黔、桂各军派兵，或堵截，或尾追，以防阻红军的会合。

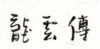

　　蒋介石派"中央军"嫡系部队入黔，是心怀叵测的，企图乘追堵红军的机会，掌握西南政局。蒋介石在红军进入黔边时，对其秘书陈布雷说："川、滇、黔三省各自为政，共军入黔，我们就可以跟进去，比我们专为图黔而用兵还好。川、滇为自救也不能不欢迎我们去，更无从借口阻止我们去，此乃政治上最好的机会。今后只要我们军事、政治、人事、经济调配适宜，必可造成统一局面。"薛岳率兵入黔，正是这一阴谋的体现。

　　1934 年底，薛岳率部尾追红军进入黔东时，贵州省政府主席兼第二十五军军长王家烈特意从贵阳赶赴重安江欢迎。可是薛岳竟避而不见，混在他的部队内，暗暗通过"欢迎"行列，故意不打招呼，以示冷落。王等薛久无消息，始向部队询问，乃知薛早已过去了。王知薛有意冷落他、捉弄他，心中很不高兴。及见薛部一直开往贵阳，并不向黔北跟踪尾追红军，王更感出乎意料。当黔北的红军已向云南西征，王家烈本人也进驻遵义县城以后，仍不见薛部有离开贵阳的迹象，他才恍然大悟，原来薛部的径入贵阳，并非偶然。薛部因长途行军，拖得太久，士兵落伍者甚多，一到贵阳就大补缺额。由于薛部粮饷比贵州部队优厚，以致王部士兵纷纷逃到薛部。

　　王家烈心中甚为不满，曾对滇军第三纵队指挥官孙渡表示："'中央军'对待贵州人，比帝国主义对待殖民地还不如。帝国主义虽然凶恶，但非在不得已时，不会板起面孔，露出凶恶的面貌，而'中央军'则随时耷拉着脸皮对人，好像不如此就不足以表示他的威严一样。真是欺人太甚！我们贵州人今天实在有亡省的沉痛感觉！如果不得已时，我只有向云南跑的一条路。到那时候，恳云南暂划几个县给我作安身之所。"王家烈请孙渡将此情转达龙云。孙渡则言不由衷地表示："滇黔本是一家，休戚相关。如果需要帮忙的时候，云南当会尽力而为，请放心好了。"

不出所料，到 1935 年 3 月 24 日蒋介石突飞贵阳，30 日即明令免去王家烈的贵州省主席职务，派吴忠信接替；不过蒋介石还假惺惺地发布王家烈为"二路军追剿总指挥"。但是，蒋介石却又大耍阴谋，用内外夹攻的手法，一面进一步扼制军饷，分文不给王家烈；一面又收买王的部下，逼其下台。王家烈无可奈何，只得于 4 月底辞去军职，要求出国游历，蒋介石欣然同意接受辞呈并说："辜负你了啊！在国内各地看看就得了。"次日，蒋即在报上公布，任命王家烈为军事参议院中将参议。这样，黔系地方势力就被蒋介石的中央势力所"吃掉"。王家烈被迫于 5 月 3 日，乘坐张学良的飞机，飞往汉口。

贵州被蒋介石"吃掉"了，云南怎么办？这是云南当权者所不能不考虑的问题。当 1934 年底，蒋介石电令云南省政府主席兼"讨逆"军第十路总指挥龙云出兵防堵时，龙云为研究对策，曾召开了好几次会议，出席的有云南省政府的部分委员、第十路总部的部分处长和其他有关人员。

会议中，有人认为红军不会到云南，其理由是云南地处边隅，无回旋余地，容易被消灭，并举出石达开当年为什么不到云南，广西红军为什么不在广西而要远赴江西，以为例证，因此主张一动不如一静，以保境安民为好。这种主张，以省政府委员马聪及总部军务处长陶汝滨为代表。

总部经理处长孔繁耀说，万一红军进入云南，则地方"秩序必大遭破坏"，"公私必大受损失"，为策万全计，与其拒之于境内，不如拒之于境外，并且也合"中央"意图。

昆明军分校主任唐继麟说，红军善于化整为零，若分成多股纵队正面向云南前进，殊不易防堵；应分令各县迅速构筑碉堡，早作坚壁清野之计，将一切重要物资运存于附近坚固的城市或碉堡中，由各县常备队守备。这样，红军到达，必无所获，自易退散。

另一些人对红军情况毫无所知，异想天开地认为，红军只有少数力量，在大军跟踪紧迫，各省军队到处堵截的情况下，"实无幸存之理"。

　　省政府委员兼第十路总指挥部参谋长孙渡认为，"蒋介石这次追堵共军，实有一箭双雕之野心，不仅想消灭共军，而且还想乘便消灭地方武装。因此，我们只好遵照蒋的命令出兵，使他以后无所借口。如果共军进入云南，则中央军必跟踪而来，那就会使云南政局有发生变化的可能。因此，我们防堵共军，还是以出兵贵州为上策。在共军未进入云南以前，应尽最大努力去防堵，总以不使共军进入云南为最好。但我们兵力不敷分配，处处设防则处处薄弱，集中一点则两侧空虚，防堵任务诸不易达成。因此，不能不有共军入境时的打算。若共军已进入云南，为免除以后一切麻烦起见，只有追而不堵，将共军尽快赶走出境为最好。"

　　龙云对孙渡的意见是欣赏的，因此任命他为第十路指挥行营主任，负指挥全责。然而，龙云的考虑似乎更加深沉，他希望抓住蒋介石命令出军的机会，浑水摸鱼，在贵州大捞一把。所以，在滇军出师前夕，龙云特别邀请孙渡和几名旅长刘正富、安恩溥、鲁道源、龚顺璧等人在他家中晚餐。龙云秘密嘱咐几位旅长，到贵州后，须乘便解决王家烈部，吞并贵州。孙渡说，如王部与我军驻地相近时，则容易想办法解决；若相距太远，驻地分散，则不易做到；如与之公开发生冲突，则解决其一部或将他逐出贵州，还有一定把握。各旅长深感事关重大，皆缄默不言。龙云最后表示："我所说的是一个大体方针。你们到贵州后可按情况相机办理。"龙云意欲吞并贵州的梦做得十分美妙。可惜的是，蒋介石嫡系军队薛岳部抢先进入贵阳，龙云的美梦破灭了①。

---

　　① 孙渡：《滇军入黔防堵红军长征亲历记》，《文史资料选辑》第 62 辑。

### （二）红军长征第一次过云南

中央红军在遵义会议以后，分左、中、右三路北上，拟往川南一带。这时，敌情是严重的。蒋介石为了围歼红军于四川、云南、贵州三省交界地区，纠集、拼凑了7个纵队，150多个团，40余万兵力，从四面八方向红军合围。中共中央放弃了原定在四川、贵州边界建立根据地的计划，移师北上。1935年1月底，红军一渡赤水，进入川南。四川军阀害怕中央红军与红四方面军会合，因而倾全力阻击中央红军，在长江沿线部署了12个旅的兵力，封锁长江。面对着这种情况，中共中央决定暂缓渡江，折向云南东北部的扎西（今威信）和镇雄。2月8日，中央纵队进驻扎西。2月9日，张闻天主持召开了中央政治局会议，即"扎西会议"。

扎西会议传达了《总结粉碎五次"围剿"战争中经验教训决议大纲》，会后由中央军委发布了《关于各军团缩编的命令》。扎西会议是遵义会议后党中央召集的又一次重要会议。这次会议继续总结了五次反"围剿"战争的经验教训，进一步批判了"左"倾路线；根据当时的军事形势，决定在川滇黔三省边境地区进行运动战；会议还决定对中央红军进行整编。扎西会议在军事、政治、组织上为遵义战役和四渡赤水战役的胜利准备了条件。

中央红军在扎西住了三天，纪律严明，买卖公平，态度和蔼，深得各族群众的拥护。在红军的教育和动员下，几天之内，扎西地区的人民，加入红军的达3000余人。

龙云对于红军的态度，是立足于从预防到防剿的一个"防"字上的，这正体现了地方实力派自守畛域的特征。龙云多次发布"思患预防""严密防堵"的命令,表示"本省虽欲出兵,亦只有防堵而已"的愿望①。

其时,龙云已派孙渡率领滇军集中于滇黔边境的宣威,随即向贵州的威宁、毕节前进。2月初,当红军折向云南扎西、镇雄之际,滇军即转向镇雄,与红军发生小的接触。红军回师东进,滇军又开入了贵州的毕节、大定、黔西一带布防。蒋介石为了统一指挥,也鼓励滇军为其卖命,乃发表龙云为第二路军总司令,薛岳为前敌总指挥兼贵阳绥靖主任,负责对付中央红军。与此同时,蒋介石发布何键为第一路军总司令,刘建绪为前敌总指挥,负责对付贺龙、萧克的红二、六军团;以朱绍良为第三路军总司令,杨虎城为副总司令兼前敌总指挥,负责对付徐向前的红四方面军及徐海东的红二十五军。

龙云的第二路军,下辖七个纵队。中央军的吴奇伟部编为第一纵队,周浑元部编为第二纵队,滇军孙渡部编为第三纵队,黔军王家烈部编为第四纵队,湘军李云杰部编为第五纵队,川军郭勋祺部编为第六纵队,湘军李韫珩部编为第七纵队。而实际上,龙云能够指挥的仅是孙渡的第三纵队。不过由于不了解全面情况,就是第三纵队,龙云也很难指挥。

孙渡的第三纵队共辖有滇军第一、二、三、五、七、九等六个旅,两个新兵团和两个独立营,共有官兵2.4万人左右。其主要军官是:第一旅旅长刘正富,第二旅旅长安恩溥,第三旅旅长龙雨苍(病故,未补缺),第五旅旅长鲁道源,第七旅旅长龚顺璧,第九旅旅长张冲(因兼任云南盐运使,未随队出发)。

红军扎西整编后,分析形势,敌军主力已布置于川南一线,唯黔北王家烈部是薄弱一环。红军乃出敌不意,回师东进,首先击破黔军王家烈在

---

① 《龙云致蒋介石电》,《云南民国日报》民国二十四年(1935年)1月7日。

习水的前线部队，进逼娄山关。

娄山关是娄山山脉最高峰，黔北的门户，是兵家必争之地。王家烈一面急电蒋介石求援，一面以四个团的兵力，妄图凭险据守娄山关。红军以一部正面牵制敌人，另一部迂回板桥，直捣敌军板桥指挥部。红军英勇善战，勇猛攻击，一举攻占了娄山关，全歼守敌四个团。接着于 2 月 28 日，再次攻克遵义，全歼城内守敌。

吴奇伟第一纵队奉蒋介石之命，急调两个师的兵力增援遵义。红军与敌军在遵义城外红花岗、老鸦山一线展开了激战。经过一天战斗，吴奇伟几乎全军覆没，他本人只带少数残兵渡过乌江，就下令斩断乌江浮桥的保险索，把跟在他屁股后面突围而逃的 1800 多名官兵和大批辎重甩在乌江北岸，成了红军的俘虏和战利品。

这次遵义战役，红军运用了灵活机动的战略战术，三天之内，猛攻娄山关，再夺遵义城，激战红花岗，共歼灭敌军 20 个团，取得了红军长征以来的第一个大胜利。遵义大捷，使云贵川三省地方军人大为震惊。滇军说红军是"曲线运动，难以捉摸"；川军说红军是"太极图形，神出鬼没"；黔军认为红军是"磨盘战术，出奇制胜"；蒋介石则连声哀叹，认为遵义战役是"国军追击以来的奇耻大辱"！

遵义战败后，蒋介石坐立不安。几天以后，即于 1935 年 3 月 2 日，蒋介石飞往重庆，就近指挥"追剿"的军事行动。其时，日本帝国主义入侵华北，华北的形势日益紧张。有人建议，对华北局势应作适当处置。蒋介石却说："拿什么处置？抽部队去？你看抽什么部队到华北去和日本顶？共军把我们的人力物力财力都消耗了，拿什么打日本？"这些话表明蒋介石仍在贯彻他那一套"攘外必先安内"的货色，实际上就是对外投降，对内镇压。

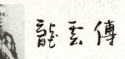

　　蒋介石调兵再度向遵义地区进逼，红军又突然北进，三渡赤水，再入川南。蒋介石估计，贵州西北地瘠民贫，大军行动，不仅米粮困难，就是柴草也不易得，红军徘徊于此地，可能是大方针未定。这一段多系横断山脉，山势陡峻，大部队无法机动，只得化整为零，在乌江以北打游击。因而，决定严密封锁，再度乞灵于碉堡政策，命令薛岳等"追剿"部队，采取在江西修碉堡围攻的办法，步步向赤水包围。到3月下旬，各地来电宣称，碉堡大体完成，乌江南岸各渡口，乌江北大定、黔西、金沙、仁怀、遵义、桐梓沿线都已初步形成碉堡线。蒋介石满以为这是"消灭共军的可靠法宝"。

　　1935年3月24日，蒋介石扬言要亲自"督师"，偕宋美龄及一大批顾问，由重庆飞抵贵阳。蒋到贵阳后扬言："共军已是强弩之末，现今被迫逃入黔境，寻求渡江地点未定，前遭堵截，后受追击，浩浩长江俨如天堑，环山碉堡星罗棋布。"因此，红军似已无回天之力。

　　然而，事实决非蒋介石所能预料。红军毅然调头南下，四渡赤水，除留红九军团在乌江北岸牵制敌人以外，其余主力迅速南渡乌江，佯攻贵阳。

　　4月5日前后，在贵阳东南数十里地区，不断有红军的活动。蒋介石惊恐万状，贵阳地区人心惶惶。蒋介石一面调遣湖南军队在东线防堵，一面急令在滇黔边境毕节附近的滇军主力部队孙渡纵队，立即赶赴贵阳"保驾"。这时，蒋军在贵阳仅有四个团的兵力，大部在外围担任守备，贵阳守城兵力甚为薄弱。

　　4月5日夜，贵阳城外风闻有红军游击队活动，蒋介石又问黔灵山、东山、螺丝山、照壁山、图云关、大小关等处的工事及城防守备兵力强度，特别关心清镇飞机场的情况，彻夜不安。当夜，蒋介石坐立不宁，又拉肚子，宋美龄也伤风发烧，可想其紧张程度。蒋介石甚至打算乘轿从贵阳逃走。

滇军孙渡纵队自开入滇黔边境一带驻防后，由于红军的行动变化迅速，飘忽无常，蒋介石对滇军的指挥和调动也日益频繁，他曾令滇军向打鼓新场急进，中途又令仍回原防，继则一直在川黔边境的古蔺、大定之间穿梭般来往。滇军时而由贵州北渡赤水河开往四川，时而又由四川南渡赤水河返回贵州，时而又在赤水河南北跨川黔两省地区布防。滇军在滇川黔三省往返跋涉，拖去拖来，将近两月之久，疲于奔命，却始终未见到一个红军。

4月7日，孙渡纵队先头部队急行军三四天，走了400多里路，赶到贵阳，并守卫了清镇飞机场。蒋介石闻孙渡赶到贵阳才安了心，并立即召见，喜笑颜开，嘉奖滇军动作迅速，作战勇敢；随后又召见先后抵达贵阳的滇军第二旅旅长安恩溥、第七旅旅长龚顺璧、第五旅旅长鲁道源等，并发给滇军第三纵队2万元，到贵阳的各旅各1万元，以示犒赏。滇军获得了"勤王之师""救驾部队"的"雅号"。贵阳安定后，滇军又奉蒋介石之命，向龙里方向追击，途中曾遇红军，双方作战竟日。蒋介石为此打电报给龙云，说什么滇军忠勇善战，乃龙平日训练之功。

然而，蒋介石没有想到的是，滇军主力调出疲于奔命之时，为红军西进云南敞开了一条大道。4月10日以后，红军越过湘黔公路，向西疾进，直插云南。正像国民党追击部队的师长万耀煌自白那样："共军转个弯，我们腿跑断。"

4月中旬，红军向云南急进，很快突破了黔军犹国材在盘江八属的防地，渡过北盘江。蒋介石亲自督师，放走了红军，于是又紧张了起来，在贵阳急电龙云，命将云南仅有的一些军队布置于滇黔边黄泥河以东防堵，下令薛岳等部从后追击。

薛岳部队进入云南前，曾派出代表去昆明与龙云打通关节。据传，龙云对薛岳表示欢迎，并希望薛岳于部队到达昆明附近时，由其本人先到昆明商讨一切。当薛岳部先头部队接近昆明时，龙云即派人向薛岳提出不许部队进入昆明。薛岳知道，龙云不是王家烈，只好带少数随从进入昆明，与龙云商洽。龙云对薛岳表面上欢迎甚为热烈。薛岳在昆明住了两天，备受丰盛的招待，并与龙云结为拜把弟兄，龙为大哥，两人从此称兄道弟。尽管称兄道弟，龙云却仍然不许"中央军"进入昆明。

4月下旬，红军分三路进入云南。一路经沾益、宣威、会泽，于5月上旬从东川的树桔渡过了金沙江。另一路经富源、曲靖、马龙、寻甸、禄劝向皎平渡前进。第三路经富源、曲靖、马龙、嵩明、直逼昆明，然后经昆明西北，转向富民、禄劝、武定、元谋，向龙街渡前进。

红军突然进入云南，使敌人措手不及，因此红军进入云南后，虽然前有"堵截"，后有"追剿"，但基本上没有接触，只在平彝（今富源）白龙山与滇军李崧独立团有过遭遇。李崧独立团一触即溃，未构成明显的威胁。

中央红军一军团进到昆明近郊的大板桥附近，佯作进攻昆明的姿态。龙云除电令孙渡纵队急速返昆外，又急令省内各地驻军和民团回守昆明。其时，蒋介石还存在幻想，加紧部署大渡河会战，曾电令各军："大渡河是太平军石达开覆灭之地，今共军入此彝汉杂处，一线中通，江河阻隔，地形险峻，给养困难的绝地，必步石达开覆辙，希各军、师长，鼓励所属，建立殊勋。"龙云在云南省务会上也附和说："红军必同石达开一样，到大渡河而败亡。"蒋介石还特电龙云说："残匪渡江，已成强弩之末，一网打尽，在此时矣。"然而，他们没有想到，龙云调集各地民团和驻军集中昆明时，又为红军夺取金沙江渡口减少了阻力。红军向昆明虚晃一枪之后，即转向西北，向元谋龙街渡口前进。由于龙街渡口江面宽阔，敌机低飞骚扰，渡江难度较大，红军乃沿江而下，来到皎平渡过江。

由于红军实行了机动灵活的战略战术，摆脱了敌人的围追堵截，调动了尾追的敌人，取得了西上的有利条件，因此中共中央作出了迅速渡过金沙江的决定。4月30日，红军总部进驻云南寻甸县柯渡丹桂村。毛泽东、周恩来、朱德等在这里对抢渡金沙江作了具体部署，然后大军直奔禄劝县皎平渡。这个渡口敌人防守薄弱。红军先头部队干部团五连，在一昼夜中，急行军280里，于5月2日晚赶到皎平渡口。他们在群众的帮助下，找到了6只小船，30几名船工。就是这几只小船和30多名船工，使天险金沙江变成了红军北上的通途。经过九天九夜的艰苦奋战，中央红军3万多人（除红九军团外），都从这里顺利渡过了金沙江。这样，中央红军跳出了几十万敌人的围追堵截，取得了战略转移的决定性的胜利。红九军团则经过平彝、宣威、会泽，也于5月6日从会泽的树桔渡顺利渡过了金沙江。

红军在云南过境时，龙云严令各县，誓死守土，与县城共存亡。一等县至少要抵抗24小时，二等县至少要抵抗12小时，以等待援军。禄劝、武定、会泽、寻甸、宣威、富民以及稍后的楚雄、宾川、彝良等县县长，率团队顽抗，被红军击毙县长数人；还有因作战"不力"，为龙云处死的县长数人；团队伤亡数以千计。

然而，这在一定程度上，又是做给蒋介石看的。当薛岳部队以"追剿"为名进入云南境内时，张冲曾向龙云建议，要借鉴贵州事变，谨防变成王家烈第二。"眼下咱们的军队不是先防红军，而应当先防薛岳，我看红军不过是借路路过而已，对我们没有致命威胁。若我们要与红军大动干戈硬拼，两败俱伤时渔人得利，岂不正中老蒋的下怀。你既是总司令，就

龙云传

有权下令薛岳去追击红军，咱们也得做追击红军的姿态。我认为，你把这任务交给我来干，我自会见机行事。"[1]龙云接受了张冲的建议，让他率领近卫第一、二两团兵力，尾在红军之后，保持一定距离，追而不打，或按兵不动，做做样子。红军主力渡金沙江用九天九夜时间，张冲也按兵不动九天九夜，红军得以安全渡江。

当时，红军将领路过云南时，还以不同方式，给云南地方实力派人士龙云，以及孙渡、安恩溥、鲁道源等人写信，"晓以抗日救国大义，揭露蒋介石消极抗日，积极反共，排斥异己伎俩，从国家民族以至地方利益分析利弊，积极建议他们不要与红军为敌。同时，过境红军还认真宣传贯彻党的民族政策，与少数民族上层进行接触，争取他们支持中国共产党和工农红军，进行抗日救国。"[2]应该承认，这些都曾经产生了积极的影响。

5月12日，蒋介石得知红军已全部渡过金沙江，甚为懊丧，乃率少数随行人员，飞往昆明，在五华山龙云布置的房子里住了20多天。蒋在昆明，亲自调集10余万兵力，策划"围剿"红军的大渡河会战，并两次乘飞机到前线上空，利用信袋向各部队指挥官投下"手令"，指示机宜，表示他亲临前线督战和官兵同甘共苦的样子。然而，红军却毅然兵分两路，分别从安顺场和泸定桥渡过了大渡河，使蒋介石大渡河会战的计划像肥皂泡一样很快就破灭了。

蒋到昆明的另一重要目的，就是企图拉拢和收买龙云。蒋介石的"中央军"当时只能控制贵州，不能深入控制云南。龙云断然拒绝薛岳部进

---

① 参见拙著《张冲传》第117页，四川民族出版社1993年版。又，张冲大女儿张大简回忆，一次张冲与张大简在北京看望老红军赵荣，张冲曾说："他们长征过云南时，是我们把他们送过去的。"1992年11月29日张大简给作者的信。

② 《新民主主义革命时期中共云南地方党史简编》第58页。

入昆明，就是抗拒"中央军"侵占其地盘的反应。蒋介石决定用金钱和地位来收买龙云，为此，蒋到云南前，由财政部长宋子文送去特支费 100 万元，除贵阳开支一部分外，全部带到昆明。凡龙云要求蒋介石的各项费用，蒋都从宽批发，以示关怀信任。蒋对昆明各界人士讲话，总是当众表扬云南军队训练有素，团队组织严密，肯定龙云统治云南的政绩。蒋在昆明与龙云多次密谈，蒋表示"中央"要提高龙云在滇黔方面的权力，并应允龙云可以组织"滇黔绥靖公署"，统率两省军政；希望龙云在滇黔方面作为中央的"支柱"。龙云为报答蒋的关怀，特组织昆明群众举行火炬游行，"欢迎"蒋的来到。蒋在昆 20 余天，即将离昆时，龙云以黄金制的大牌子，上刊"蒋委员长莅滇纪念"字样献给蒋，同时送给蒋的随行人员每人一块。蒋则将还剩下的特支费现洋 14 万元，全部留给了龙云。

### （三）龙云献图

这时，中央红军三、五军团和中央机关等部，正经滇中向皎平渡方向疾进。这支红军沿着滇黔公路行至曲靖三岔附近时，有了一个意外的收获。

那是 1935 年 4 月 27 日，曲靖地区风和日暖，万里晴空。红军沿着公路前进，突然从昆明方向飞来了三架侦察机，盘旋一阵又飞走了。红军估计会出现新的情况，并做了必要的准备。一会儿，从昆明方向开来了两部汽车，速度甚快，当汽车似乎发现有埋伏而想往回逃走时，红军开了枪，截住了两辆汽车。一个军官模样的人从车上跳了下来，强作镇静地质问："你们是哪部分的？我们有紧急任务，别开玩笑了！"红军战士回答："谁和你开玩笑，你当俘虏了，缴枪不杀！"这个军官顿时脸色发白，瘫在地上。经过审讯，这个军官是薛岳的副官，是薛岳派往龙云处索取云南军用地图的。龙云除了送给薛岳十万分之一和五万分之一的云南军用地图外，

龙云传

还送了云南特产宣威火腿、普洱茶、云南白药以及其他一些贵重药物，这些东西全成了红军的战利品。红军战士们说，三国时刘备入川，有张崧献图，这次红军由川入滇，又有"龙云献图"，真是无巧不成书了。

军用地图红军当然是很需要的，就是云南白药等贵重药材，也是红军所急需的。这些白药，直到后来红军过草地、爬雪山时，还继续发挥作用，挽救了一些红军战士的生命①。

为什么龙云送给薛岳的地图和物资，能够顺利地落入红军之手，至今仍然是一个谜。据龙云的亲信部将张冲（后投奔延安成为共产党员）的儿子乌谷回忆说，50年代初，父亲（张冲）陪龙云观看一个苏联艺术团在北京表演，乌谷亦跟随在后。艺术团表演开始前，龙云与张冲交谈中，龙云曾对张冲说，1935年红军在曲靖截获地图、白药等物资，是因为我（龙云）通过关系，预先告诉了他们（红军）这个消息的②。然而，龙云到底通过什么具体渠道，与红军联系上的，仍不得而知。有人因此对此事表示怀疑。乌谷却说，他听得很明白，龙云确是这样说的，而且他相信，当时的龙云也是这样做的。

最近，读到马子华的著作，他引用龙云亲口告诉他的故事，从另一个侧面证实这件事情的可靠程度。马子华回忆说过了很多年，龙云告诉我下面一段旧事：

"有一天黄昏时候（晚上9点以后就要关城），突然有一个人来到公馆门口，向守门人说：我要见龙主席，有紧急军情报告。副官看他来得蹊跷，

---

① 魏国禄：《随周副主席长征》，见《红军长征过云南》第92～93页，云南民族出版社1986年版。

② 力文：《龙云为红军献图》，《云南政协报》1991年11月4日。最近，乌谷表示，他将写一文，再次说明这个问题。

既是军情又不敢不报告。我听后就问：是怎么一个人？什么打扮？副官说：戴着篾斗笠，穿着蓝布对襟衣裳，穿着一条青布短裤，脚上穿着双麻耳草鞋，看去好像乡下人的样子，说云南迤东的口腔。我想一下，就叫副官喊这人进来，但是先摸摸身上有没有武器。隔了一阵，副官把这人带进来了。我一看，是个年约 30 来岁的小个子青年，清瘦短小，虽然脸色不正，但眼光有神。一见面，他向我鞠躬行礼。我问：你从哪里来？他答：从威宁。哪个派你来的？他不答应，向左右看看。

"我知道其意，叫旁边的人走开，这小伙子使劲把棉衣的夹里子撕开，取出一封牛皮纸封着的信。我拆信一看，原来是老朋友、红军的指挥官罗炳辉的信。信上说：这次红军长征，目的是北上抗日，并不想攻城夺寨，占据城池，骚扰地方人民。现在路过云南，也无意来到昆明，叫我尽管放心，希望我的军队不要截堵打战，让红军经过一些州县渡过江去，希望我拖住蒋军的后腿，不要让他们尾追红军，……信还写了诸如'甚为感谢''后会有期'等字句。我看了此信，非常放心和高兴，就对来人说：你回去报告你们的罗司令官，我一定照办，不回信了，免得查出来不好。然后我问他：你吃饭没有？他说吃过了。我叫太太拿出 500 块钱给了他，他接着就走了。随即，我又把他喊回来说：万一碰着盘查的，你说就是昭通来的，见龙主席，你不信去问好了，他们就会放走你的。那人鞠个躬就走了。

"这人走后，我又写了一封密信派人骑马送给孙渡，再次嘱咐他不准与红军交锋，尾追送客就行了，不必截堵。同时，我准备一卡车药品交给他，叫他相机送给红军。"①

---

① 马子华：《一个幕僚眼中的云南王龙云》第 47～48 页，云南美术出版社 1994 年版。这个回忆，似有夸张之处，但其基本情节应是可能的。

龙云传

据押送货物的押运员赵汝成回忆，当年他 18 岁，1935 年 4 月 26 日接到单位通知，要他次日早到昆明巡津街都兰酒店，找"中央军"薛岳部队李副官报到，接受任务。4 月 27 日，天气晴朗，早上 7 点半钟，他们带着两辆车由护国路汽车管理营业部出发，一辆是处长杨大义平常专用的小包车，驾驶员杨鹏章准备给李副官乘坐的；一辆是雪佛兰牌卡车，驾驶员钱载，助手李福，押运员赵汝成。他们到都兰饭店找到了赵副官。他是外省人，虽穿军服，却未戴领章、胸章，他们不知道他是什么官阶。他叫他们从他的住房里搬来几捆用玻璃纸密封的圆筒，搬上卡车。之后，他坐上小车，领着卡车到金碧路曲焕章大药房，由早已等候在那里的搬运人员往上车上装几十箱"百宝丹"（云南白药）。约 9 时许，小车在前，卡车在后，由昆明城往滇东公路驶去。李副官交代，此行目的地是沾益。中饭后继续行车，卡车在前，小车在后。一路平静，不久，汽车爬坡，又下坡驶入一条狭长的路段。突然，在驶出弯道口处，公路道心横挡着两棵被砍倒的大树干，他们赶紧停下车来。一瞬间，响起了清脆的枪声。片刻之后，枪声停止，两旁传来很多脚步声。在他们面前出现了许多戴五星帽的红军战士。红军战士对他们几个工人和蔼地说："我们是工农红军，不要害怕，不会伤害你们的。"李副官则双手被捆着，被几位红军战士押走了。他们几人受到红军的热情接待，次日红军发给他们每人 5 元大洋做旅费，放他们回家了。这就是"献图"的过程，不过当时他们并不知道密封圆筒中装了什么，后来才听说是军用地图[①]。

那么，龙云通过什么渠道，转告红军送地图的呢？张渔村回忆，龙

---

① 赵汝成口述，赵汝能整理：《关于"龙云南地图"的回忆》，《风雨当年——昆明市政协文史资料集粹》上册第 56～64 页，云南美术出版社 1997 年版。

云是通过曾任滇黔绥靖公署查缉大队长张永年，派人去曲靖与红军取得联系，通报送图的消息的。①

2010 年秋，《光明日报》退休记者张小第先生专程来昆明调查龙云"献图"一事。他在与我交谈中，认为龙云"献图"的"中央军"薛岳部的李副官很可能是中共地下党员卢志英，他是中共特科的成员之一，打入薛岳部的重要人物。有可能是他把"献图"的消息通知红军的。而且卢志英出现在红军部队的先头，"任务是带领红军走出少数民族民团聚居的复杂地区"。当然，这个问题尚待进一步证实。他为此给我留下了一份未刊打印稿，供进一步研究参考。②

红军长征过程中，伤病员留下不少。中共云南地下党组织——中共云南临时工作委员会于 1935 年 11 月重建和恢复，这样被破坏四年多的中共云南地下党组织终于重新建立，此后中共云南地下党组织再未遭到破坏。当时，蒋介石给龙云下令，要龙云查捕共产党员和失散的红军，但龙云对此并未采取认真的行动。

### （四）红军长征第二次过云南

接着，红二、红六军团路过云南，龙云奉蒋介石之命，又加紧了追击。

1935 年 11 月，战斗在湘鄂川黔边的红二、红六军团退出根据地，实行战略转移。红二、红六军团后来改编为红二方面军。1936 年 1 月，红

---

① 张渔村是水电十四冶离休干部，原边纵二支队营教导员。张永年是张渔村的叔祖父。此消息乃张永年晚年回忆，告诉其侄儿张德昌，由张德昌转告张渔村的。笔者 1999 年 8 月 12 日，在云南省政协大会议室访问张渔村的记录。

② 张小第：《龙云献图的谜底和徐帅谈话的深处——寻找遗落在党史军史长征路上的悬疑》，未刊打印稿。

二、红六军团转移到乌江以西的黔西、大定、毕节地区，建立根据地，组织抗日人民武装，并建立了临时政权机构——川滇黔省革命委员会，号召各界人士"与红军携手，共同打倒日本帝国主义"。但是，蒋介石又急忙调集各路大军进行防堵追击，命顾祝同以军事委员会委员长行营主任名义，来贵阳坐镇指挥，并命第一纵队指挥官樊崧甫、第二纵队指挥官万耀煌、第四纵队指挥官李觉等率兵入黔；同时，蒋又任命龙云为"滇黔绥靖公署"主任，派孙渡带第三纵队，配合"中央军"堵截红军。

这时的龙云，一方面对"中央军"不放心，唯恐其借机吃掉云南；另一方面对红军亦不放心，所以又追随蒋介石，派兵防堵追击红军，以此取得蒋介石的欢喜，其目的则是企图借此表明自己能独立地对付红军和共产党，"中央军"没有必要进入云南。

红二、红六军团在毕节地区活动时，蒋介石调集了川滇黔军及"中央军"共六个纵队，向红军合围起来。不过，各派地方军各有心计。龙云既怕中央军，又怕红军，所以把孙渡纵队的兵力全部放在昭通、威宁地区防堵红军，企图逼迫红军走四川。四川军阀杨森等则害怕红军北渡金沙江，与红四方面军会合，共图四川，慌忙调集数十个团的兵力赶到川南和沿江地区布防。"中央军"在蒋介石亲信顾祝同的直接指挥下企图利用川、滇严密防堵的形势，以重兵从东南两个方面将红二、红六军团压迫在金沙江以南、以东地区，加以歼灭。

红二、红六军团鉴于形势严重，向西行进，有孙渡纵队在昭通、威宁地区防堵；向西北走，有川军重兵沿金沙江设防；向东南走，有国民党"中央军"的追击；停留下来，又有可能让敌军合围。为此，红二、红六军团决定采取回旋打圈子的战术，来对付前堵后追的敌人，遂向西北方向云南彝良县奎香地区转进，利用乌蒙山，与敌人周旋，尽力将围追的敌军向北面调动，以敞开南面或东面的通路，再乘虚摆脱敌人，南进滇东地区。从此，红二、红六军团开始了长征途中最艰险曲折的乌蒙山回旋战。

　　1936年2月19日，红军进抵野马川，转入滇东。3月5日；进入乌蒙山区，在乌蒙山区来往回旋，机动灵活，把敌人拖得疲乏不堪。在此期间，红军领导人萧克等给滇军孙渡等去函，建议双方缔结抗日停战协定。孙渡将信件转报龙云，龙云没有任何表示，而是要求孙渡继续尾追红军。红军急速地从昭通、威宁间，穿过孙渡纵队的防线，于3月22日，进抵宣威来宾铺地区，国民党"中央军"被甩在乌蒙山区，无法追上红军。龙云急令在东川方向堵击红军的滇军刘正富旅，迅速折回宣威防堵。3月23日，红军与滇军刘正富旅在宣威来宾铺、虎头山一带发生战斗，双方激战竟日。红军多次击溃滇军的进攻，歼敌近千名，缴获轻、重机枪和步枪共400余支。接着，滇军孙渡纵队和国民党"中央军"郭汝栋纵队赶到宣威，在敌人不断增兵的情况下，红军主动撤出了战斗，结束了历时20余天、转战千里的乌蒙山回旋战[①]。

　　宣威虎头山战役结束后，红二、红六军团转移到贵州盘县，决定北渡金沙江，与红四方面军共同北上，会合中央红军，迎接全国抗日民族解放运动的新高潮。3月底，红军离开盘县，进入云南，开始了以抢渡金沙江为目标的战略转移。红军经富源、寻甸等地，向昆明附近的富民方向前进，途经寻甸县六甲地区时，与孙渡纵队发生遭遇战，粉碎敌人十余次的冲锋，歼敌400余人，为深入云南腹地创造了条件。

　　云南形势对于龙云来说是严峻的。这时，蒋介石又插手了，他邀请

---

　　① 虎头山战役是红二、红六军团离开湘鄂川根据地打的大仗之一，也是过金沙江前最大的一次战斗。参见《红二、六军团长征过云南》第76页，云南人民出版社1986年版。

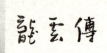

龙云由昆明同乘飞机往滇西方向视察，观察军队行动情形。龙云坐在飞机上，好一阵没有动静，怀疑飞机已飞出云南，有成为王家烈第二的危险，顿时心情紧张，惶恐异常。后见蒋介石所写给孙渡的"手令"，由飞机空投，才知飞机仍在滇境，大大地松了口气。

4月5日，蒋介石任命龙云为"滇黔剿共军总司令"，电令入滇各军（包括"中央军"和地方军）归龙云指挥，以示对龙云的信任。

4月11日，红军前卫攻占了距昆明40余里的富民后，乘敌回守昆明之际，横渡普渡河，分两批向滇西挺进，先后经过牟定、姚安、盐丰、宾川以及楚雄、南华、祥云等地，于4月24日进入滇西重镇丽江城。第二天，红军赶到石鼓。石鼓是金沙江上游的重要渡口，这一带水流深急，江面宽阔，地势险要。红军在石鼓至巨甸100多里长的江面上，分别在五个渡口抢渡过江。渡江后，红军翻越大雪山，于4月30日到达中甸，稍作休整后于5月5日离开中甸北上。同年7月2日，到达甘孜，与红四方面军会合。在甘孜，红二、红六军团改编为红二方面军。红二、红四方面军会合后，共同北上，于同年10月在会宁地区与红一方面军胜利会师。

红军长征过云南，在祖国西南边疆播下了革命火种，为云南人民的革命斗争写下了光辉的新篇章，也给龙云在云南的统治注进了新的因素。

滇军孙渡纵队尾追红军至丽江，红军已由石鼓渡过金沙江，孙渡纵队遂自动停止跟随。加上国内政治形势的变化，两广军人以北上抗日为名，出兵湖南，蒋介石来不及解决云南龙云的问题，遂将其"中央军"各部调离云南，另作安排。经过一场虚惊之后，龙云大有"食可安席，寝可安枕，云南依然是我家天下"的感慨了。

龙云派兵参加追堵红军，其感情是相当复杂的。作为一个精明的有作为的政治家，龙云对蒋介石确乎有一个认识过程，然而，历史已经展现了这样的情景，从龙云和蒋介石打交道的最初时候起，就是有所戒备的。尽管在 1927 年大革命失败以后，龙云当时所处的地位迫使他依靠了蒋介石，并且希望蒋介石在治理国家方面能够有所作为。应该说，在十年内战时期发生的一些重大政治军事事件的关键时刻，龙云基本上是站在蒋介石一边的。但是，龙云并未因此把自己的立脚点和全部赌注押到蒋介石身上，他是放在建设自己的"新云南"之上的。因此，尽管龙云与蒋介石称兄道弟，表面上亲亲热热，这并不能说明两人之间的关系是亲密无间的。龙云是地方实力派，不是蒋介石的嫡系，随时都要提防被蒋介石"收拾"，这是很明显的。从军事实力方面讲，龙云绝不是掌握了中央军事指挥大权的蒋介石的对手，一旦蒋介石"收拾"了内地所有的大小军阀和地方实力派以后，肯定会将其魔爪伸向西南边陲的云南的，被"收拾"的厄运同样会落到龙云的头上。因此，可以说，龙云和蒋介石矛盾的暗流，在他们交往之初就已经存在，不过没有表露出来罢了。

龙、蒋矛盾的暗流开始表露，或者说开始使人有所察觉，就是起于红军长征过云南前后。蒋介石企图趁红军长征过云南的机会，将中央军开进云南，以便在适当时候挤垮或收拾掉龙云，吃掉地方实力派所控制的云南。龙云对此并非毫无察觉，无动于衷。这就是他毅然答应出兵追堵红军，却又坚决反对中央军进入昆明的根本原因。我们从历史的角度考察，可以认为，龙云出兵追堵红军，与其说是对蒋介石的支持，毋宁说是对蒋介石中央势力插手云南的防御；与其说是对蒋介石中央的拥护，毋宁说是对云南地方的"维护"。

尽管蒋介石的阴谋这一次未能得逞，后来却又借抗日之机，把中央军大批开入云南。蒋介石大军压境，造成控制云南之势，龙、蒋的矛盾就必然从暗地转向公开，从缓和走向激化，不过这是后话了。

龙云传

而龙云在与红军的直接接触中，无疑也受到了启发和教育。他在当时与《申报》记者、中共地下党员陈赓雅的交谈中，曾直言不讳地说："红军两次过云南，认真执行三大纪律八项注意，硬是秋毫无犯。红军勒着肚皮横冲直撞十几省，莫说在中国，就在世界上哪有这样强的军队啊！"[1] 这对龙云后来的转变是有意义的。

### （五）"六一事变"与"西安事变"

红军长征经过云南后，蒋介石还来不及解决云南问题，新的事变就发生了。因此，龙云虽然对蒋介石有一点警惕，然而这一时期，在重大问题上仍然是站在蒋介石一边的。

1936 年 6 月 1 日发生了"两广事变"（又称"六一事变"）。这一天，国民党广东军人陈济棠和广西军人李宗仁、白崇禧，利用西南政务委员会和西南执行部名义，以北上抗日为名，向南京政府呈文，又通电全国，组织西南联军，并出兵企图争夺南京国民党政权。

呈文的口气是冠冕堂皇的："今日已属生死关头，惟抵抗足以图存，除全国一致奋起与敌作殊死战外，则民族别无出路。"然而，通电则明确提出了反蒋的目标，声言："非反蒋不能抗日，非反蒋不能救亡。"随后，由陈济棠、李宗仁领衔，发出"支电"（6 月 4 日），表示要誓率所部"为国家雪频年屈辱之耻，为民族争一线生存之机"[2]！

"两广事变"发生后，蒋介石急电龙云说"两广逆迹显著，其军队行动密而且速"，要求将"追剿"红军进入云南的"中央军"全部东调，以应付两广出兵。龙云当然求之不得，顺水推舟，完全同意，并对"两广事

---

① 陈赓雅：《周恩来指点龙云出虎口》，《人民政协报》1986 年 8 月 12 日。
② 莫济杰、陈福霖主编：《新桂系史》第 1 卷第 336 页，广西人民出版社 1991 年版。

变"公开进行谴责，表示支持蒋介石采取行动。龙云的省政府主管的《云南日报》发表社论，题目是《两粤异动，陈师湘南》，表示公开拥蒋，并警告在外滇系各部势力，不得妄图依附两广，颠覆滇省政权。龙云还不断电告有关方面，声称："桂粤不度德量力，认国难为对人之机会，实不啻中日人以华制华之政策。稍具良心，决不附和。"①

龙云还为蒋介石出谋献策说："两粤对中央表面虽唱高调，实际则非常疑惧，惟恐地盘不保。"因此，对于"两粤各项要求，若中央稍予坚持，不必遽允，则终当就范"②。蒋介石摸清了龙云的态度，遂下令龙云，不准将云南烟土运广西销售，以减少广西烟税收入，造成广西军饷困难。当然，"两广事变"失败的主要原因，是陈济棠的部下为蒋介石收买，背叛了他，然而云南的禁运烟土，影响亦甚大。因滇、黔禁运鸦片入桂，广西鸦片烟收入每月由1000万元突然减为400万元，这是两广所不能不考虑的问题。如单纯用军事办法去解决，当时两广兵力在20万人左右；而蒋介石能抽调来对付两广的兵力也不过20万人。蒋介石不一定能操胜券，所以龙云的支持，作用还是不小的。

由于陈济棠的部下叛变，陈济棠于7月18日离广州去香港，被迫下台。延至9月，李宗仁、白崇禧与蒋介石妥协，"两广事变"遂告结束。

还在"两广事变"前夕，龙云已风闻李宗仁要求组织"桂黔绥靖公署"，非常紧张，唯恐失去贵州，自己的"滇黔绥靖公署"主任就当不成了。龙云连续数电蒋介石侍从室主任陈布雷，询问情况。电报说："近闻桂方要求兼领黔地，委座将有允意，未知确否？"并解释说："查清历史、地

---

① 《六一事变中之龙云》，《云南档案史料》第7期。

② 《六一事变中之龙云》，《云南档案史料》第7期。

理、政治、经济关系情形，兄亦所知。近年以来，故值政局摇动，人事变迁，而黔终未为反动所归并者，因滇本此意旨，从旁维持耳。""滇、黔名虽两省，实如一体。"希望陈布雷向蒋介石"婉言陈述，当此人心浮动之际，应请委座衡量利害，多加考虑"。陈布雷很快复电龙云，进行安慰说："他方虽有此要求，但委座对公，相知日深，信任甚笃。传闻之言，请勿过虑。"① 蒋介石也向广西代表明确表示："黔省我已答应龙云组织'滇黔绥靖公署'了，不能为讨好李宗仁、白崇禧，得罪龙云，李、白不要把龙云看差了，龙并不比李、白差。"龙云得信，心头落实了，因此在"两广事变"中表示坚决支持蒋介石。

1936 年 12 月 12 日，又发生了"西安事变"。由于日本帝国主义不断扩大对华侵略，蒋介石实行不抵抗政策，继续进行内战，这就引起了以张学良为首的东北军、以杨虎城为首的西北军的严重不满。在中国共产党抗日民族统一战线政策及人民抗日运动的影响下，张学良、杨虎城要求蒋介石联共抗日。蒋不仅拒绝了张、杨的要求，而且来到西安督战，继续进攻红军，杀害抗日青年，张、杨激愤，遂于 12 月 12 日在西安附近的临潼华清池扣留了蒋介石，逼蒋停止内战，联共抗日，史称"西安事变"或"双十二事变"。

"西安事变"爆发，全国风云突变。国民党政府中以军政部长何应钦为首的亲日派，操纵南京政府，下令讨伐张、杨，进攻西安，扩大内战，还要派飞机轰炸西安，置蒋介石于死地，并电召赴欧养病的亲日派头子汪精卫立即回国，企图乘机夺取蒋介石的权力，建立亲日政权。以"讨逆军总司令"自命的何应钦，已准备组织新政府，由林森留任国民政府主席，

---

① 《龙云与陈布雷来往文电》，《云南档案史料》第 7 期第 51～52 页。

汪精卫回国主持国民党党务，何应钦本人接替蒋介石军事委员会委员长。何应钦派其弟何辑五联络刘湘、龙云，拟推举为中央政治会议委员和国府委员，与冯玉祥、阎锡山、李宗仁、白崇禧合作，适当调整各部、院、会人选。

在事变发生的当日，何应钦即致电龙云，请"对所属地方，严密防范，维护大局"。龙云于12月14日通电全国，指责张学良"狂悖至此，危害国本，罪不容诛，自当尽法惩治，用伸国纪"。表示了坚决拥护蒋介石的态度。第二天，龙云又致电南京政府，主张"应竭举国全力，集中部队，速向西安猛进压迫，以伸国法，营救委座"。还表示："靖暴戡乱，营救介公，刻不容缓。"① 但是，龙云并没有采取什么明确的行动，因而给"西安事变"发动者之一的杨虎城留下了"龙云表示支持西安事变"的印象②。

中国共产党从民族利益出发，主张在有利于抗日的前提下和平解决这一事件，经过中共中央派周恩来等同志耐心工作，并同蒋介石进行谈判，迫使蒋介石接受了抗日救亡的方针。12月25日，蒋介石被释放，由张学良陪同飞往南京。"西安事变"的和平解决，粉碎了日本侵略者和国民党亲日派扩大中国内战的阴谋，为抗日民族统一战线的建立创造了条件。

龙云对于中共中央和平解决西安事变的方针，甚表感激。因为，当时龙云认为，要抗日必赖蒋介石统一领导，否则各自为政，力量削弱，难以制胜。释放蒋介石，他心里是高兴的；对蒋介石发表过的"我之安内，就是为了准备抗战，要从外交、国防、军事、内政各方面作充分准备，否则

---

① 《云南龙云与各方对西安事变的态度》，《西安事变档案史料选编》第257页，档案出版社1986年版。

② 程思远：《政海秘辛》第94页，北方文艺出版社1991年版。

轻举妄动，只有自取灭亡"等欺人之谈，甚为相信，对蒋存在许多幻想。

蒋介石被释放前，龙云曾致电张学良，要求释放蒋介石，以"为国家保一线生机，为环境留相当余地"。当 12 月 25 日，获悉蒋介石被释放时，龙云立即致电，表示祝贺，并决定派高荫槐、裴存藩及其大儿子龙绳武为代表，到南京慰问蒋介石，表示对蒋效忠。蒋介石也极为感动，并复电龙云说："高、裴二君及世兄来京，实不敢远劳跋涉，届时自当接晤。"①

"西安事变"和平解决了，龙云对蒋介石始终忠诚之心有了进一步表白；同时龙云对中国共产党顾全大局，主张实行抗日民族统一战线的政策，亦深表佩服。龙云在民族矛盾上升的关键时刻，政治态度开始有了新的变化。

---

① 顾金龙：《西安事变与龙云》，《云南文史丛刊》1988 年第 4 期第 41 页。

# 十　抗日出师

## （一）云南的抗日救亡运动

日本帝国主义侵略中国是蓄谋已久的。早在 1931 年"九一八"事变，日本帝国主义即突然炮击沈阳，同时出兵吉林、黑龙江，很快侵占了我国东北，进一步加紧了侵略我国的步伐。1932 年"一·二八"事变，日本帝国主义向上海发动进攻，遭遇中国军民的抵抗，阴谋未能得逞。1932 年 3 月，日本帝国主义竟然在我国东北炮制了伪"满洲国"；接着，又向华北地区发动了进攻。中华民族处在民族危亡的严重关头。

中国共产党号召全国各民族各阶层人民，武装抗日，以挽救祖国的命运。1935 年底，中央红军长征到达陕北，中共中央号召"建立广泛的民族革命统一战线"，实行全民族总动员，彻底战胜日本帝国主义。1936 年 12 月，在中国共产党的努力下，"西安事变"和平解决，促成了抗日民族统一战线的建立。

还在 1931 年"九一八"事变爆发不久，云南各族人民就掀起了抗日救亡运动。9 月 28 日，昆明全市"闭市一天，志哀国耻"。各中、小学校学生上街游行，"沿途高呼口号，全省民众团结起来！打倒日本帝国主义！实行

159

抗战时期的龙云

对日经济封锁！一致誓死抗日！全省民众武装起来：对日宣战！……声震天地，不绝于耳"。[1]10月3日，又在教导团大操场内召开有3万人参加的抗日大会，会后游行，并一度冲击了日本驻昆明领事馆[2]。接着，各校学生和工人、农民先后组织抗日救国会、青年义勇军等，以为"政府后盾"[3]。

1932年上海"一·二八"事变爆发后，云南各界掀起了支援上海第十九路军的抗日热潮，纷纷捐款捐物，并组织"援沪敢死队""抗日铁血锄奸团"等，以实际行动支援抗日斗争。

红军长征过云南，宣讲工农革命道理，宣传北上抗日，使云南闭塞的农村茅塞顿开，播下了红色的革命种子。红军长征过程中，先后恢复了中共云南临时工作委员会、中共昆明支部，后合并为中共云南省特别委员会，加强了党对抗日民主运动的领导。

中共云南地下组织恢复后，积极开展活动，推动抗日救亡运动。1935年在北平"一二·九运动"鼓舞下，云南成立了全省性的学生爱国运动会，并发表了抗日的《宣言》和《告民众书》，号召团结起来，共

---

① 《云南民国日报》1931年9月30日4版。
② 转引自《昆明市志长编》卷10第288～289页，昆明市志编纂委员会1983年版。
③ 《义声报》1931年11月13日3版。

同抗日，最后胜利是属于我们的。爱国会向云南省政府请愿，提出六项要求："一、请求政府保护中华民国行政领土之完整；二、请求政府取缔华北伪组织；三、请求政府公开外交；四、请求政府开放舆论铲除汉奸；五、请求政府保护爱国运动并许可成立救国会；六、请求政府精诚团结一致对外。"①1936年底，又成立了"云南省各界抗日救国联合会""云南学生救国联合会"等组织，出版了《救亡》《火山》《南方》等抗日救亡刊物，广泛宣传抗日救亡和抗日民族统一战线，深受群众欢迎。在救亡歌咏团体的推动下，大唱救亡歌曲，《义勇军进行曲》《救国军歌》《救亡进行曲》等歌曲广泛流行，激发了云南各族人民的爱国热情。

1937年7月7日，日本帝国主义制造了"七七事变"，发动了全面对华侵略战争。7月8日，中共中央发布《中国共产党为日军进攻卢沟桥通电》，号召全国同胞和军队团结起来，进行全民抗战。7月15日，中共中央将《中共中央为公布国共合作宣言》交给国民党中央，这个宣言以团结抗日，实行民主政治为主旨。中国共产党的这些政策和主张，不仅得到了全国人民的拥护，也得到了包括龙云在内的国民党爱国将领和一切进步人士的拥护。在中国共产党的领导下，掀起了全民抗战的热潮。8月13日，日本帝国主义又向上海发动大规模进攻。在华北和上海两地区的中国军民，奋起抗击日本帝国主义的侵略。

就在民族矛盾尖锐化的时刻，龙云与蒋介石的关系及彼此的矛盾有了新的发展。龙云是作为地方集团的代表而上台的，他所关心的自然是自己的领地和势力范围。在自己的势力范围之内，不允许旁人插足。即使是蒋介石的中央势力，对龙云只能遥控，而不能直接指挥。为了维护

---

① 《昆明市志长编》卷10 第482～484页。

自己的政权，他懂得枪杆子的重要，不遗余力地扩充滇军的实力和武装，从外国购进大批新式武器，开办教导团，成立军官学校，训练培养军事干部，还对各县普遍建立的"保卫队"进行训练。龙云对中外古今的政治斗争经验，潜心研究，请人讲授。通过云南的几次政变，他深知"民心"的重要，因而在省内采取了一些开明措施，对地方上有影响的知识分子和元老们比较尊重，如对周钟岳（在蔡锷、唐继尧统治云南时曾任秘书长、省长等职的云南白族知识分子），龙云就礼贤下士，优礼有加。这一切，龙云说是为了"保境安民"。在蒋介石独裁政府看来，龙云的作为形同"独立王国"。不过，由于蒋介石忙于国民党新军阀内部的混战，暂时无暇顾及云南边陲，只好听之任之，不得已时还要尽量笼络龙云，给云南一点好处。

抗日战争全面爆发，打破了龙、蒋关系中表面平静的局面，龙、蒋之间的矛盾逐渐发展，而且日益尖锐化和表面化。这是因为，在民族矛盾上升为主要矛盾的情况下，中国共产党高举抗日救亡的大旗，得到了全国一切进步人士的支持；蒋介石在全国人民的巨大压力下，不得不接受了共产党的抗日主张。然而，蒋介石对抗战所持的态度并不积极，因而导致抗战初期大批国土的沦丧。作为抗日后方的云南，一方面是蒋介石中央军和国民党大批特务的涌入；另一方面是许多爱国人士的云集，汇集在中国共产党抗日民族统一战线的大旗下，掀起了波澜壮阔的抗日民主运动。云南成了民主势力和反动势力激烈斗争的场所。

在举国上下一致抗日气氛的感染下，龙云的爱国主义精神萌发了，深为中国共产党的抗口主张所感动。他逐渐认识到，跟着蒋介石继续消极抗日，积极反共，是没有出路的，也会失去云南的民心。况且，蒋介石军队的大批进驻和国民党特务的麇集，显然对龙云的统治地位是一个现实威胁。这些现实因素促成了龙云在政治上的某些积极的变化。为了给自己留有余地，在蒋介石国民党和共产党之间取得平衡地位，龙云需要打开通向共产党的秘密渠道。而这个时期，中国共产党根据抗日民族统一战线的方针，充分利用龙、蒋之间的矛盾，通过多种渠道，对龙云进行了不懈的统战工作，这对龙云的转变起了积极的促进作用。

"七七事变"后，云南抗日救亡运动有了进一步的发展，成立了公开的"云南抗敌后援会""民众歌咏团""云南青年抗日先锋队""中华民族解放先锋队云南地方部队"等，大力推动抗日救亡运动。接着，北方的若干大学纷纷迁往云南，成立了"西南联合大学"，大批爱国师生和爱国人士齐集昆明，使云南的抗日救亡运动更加蓬勃发展。《云南日报》本来是云南省政府的机关报，在中国共产党的影响下，不断刊登"新华社"的消息，转载《新华日报》的文章，甚至还刊登毛泽东的著作《论新阶段》等。《新华日报》《群众周刊》《民主周刊》等报刊，也在云南公开发行。在抗日战争中，昆明逐渐地成了大后方的民主堡垒。

### （二）中共对龙云的工作

"卢沟桥事变"以后，蒋介石在中国共产党的督促和全国各界舆论的压力下，于7月17日在庐山发表谈话，宣布对日抗战；并决定召开"国防会议"，要各省军政长官参加，商议出兵抗日问题。

还在召开"国防会议"前夕的8月2日，龙云即致电蒋介石表示，"时局至此，非集我全民力量，作长期抗战之计，无以救危亡"。他要求云南组成建制部队，亲自率领，开赴前线，"一则发誓为国牺牲之愿，一则以报钧座德恩于万一"。蒋介石对此进行表彰，说龙云，"忠贞谋国，至深赞佩"。<sup>①</sup> 这表明龙云已下决心进行抗战。

8月8日，龙云奉命乘欧亚航空公司客机离开昆明，飞往南京，出席"国防会议"。当晚飞机在成都停留，受到川省军政界人士的热烈欢迎。9日晨，飞机由成都飞往西安，停留加油，国民党陕西省政府主席、西安行营主任蒋鼎文以及行营副主任何柱国等到机场迎接，并在机场休息室早餐。

蒋鼎文对龙云说："有老友在此，欲想见否？"

龙问："谁？"

蒋说："中共有几位负责人要到南京，在此等候飞机，可否搭你的专机一齐去，你方便不方便？"

龙又问："是哪几位？"

蒋答："朱德、周恩来、叶剑英。"

龙欣然说："周是第一次见面，朱和叶都是我的先后同学，当然欢迎，我们一起去好了。"

这样，龙云与朱德、周恩来、叶剑英在餐厅见面，甚感高兴<sup>②</sup>。

飞机到达南京，陆军部长何应钦等人到机场迎接，把龙云接到南京北极阁宋子文的家里居住。周恩来等另外安排招待所住宿。南京北极阁，地临台城、玄武湖，风景优美，很适宜于居住。

龙云当了近10年的省主席，却还未去过南京。此时国难当头，毅然赴京，颇引起各方面的注意。他到南京后，即对新闻记者发表谈话："此次为本人初次来京，……年来中央迭次召开各项重大会议，因远在边省，职务羁身，未获来京参加。现在国难异常严重，已属最后关头，故奉召遄程

---

① 《龙云恳组建制部队亲率开赴前线电》（1937年8月2日）、《蒋介石复电》（8月4日），见《滇军抗战密电集》，《云南档案史料丛编》第1～2页，云南省档案馆1995年版。

② 龙云：《抗战前后我的几点回忆》。

前来。""本人除竭诚拥护既定国策，接受命令外，别无何种意见贡献。事已至此，现应少说废话，多负责任。身为地方行政负责者，当尽以地方所有之人力财力，贡献国家，牺牲一切，奋斗到底，俾期挽救危亡。"①龙云的公开谈话，已充分表明了他对抗战的基本态度。

8月11日，蒋介石由庐山回到南京。当晚请龙云晚餐，陪同的有汪精卫、冯玉祥、丁惟汾等人。蒋介石对龙云表现出很热情的样子，龙云很关心上海的抗战，向蒋介石进言，希望当机立断，坚决抗战。

12日下午，川滇旅京同乡会联合欢宴，邀请龙云出席。龙云慷慨陈词：为争取民族生存计，准备抗战到底。表示："不流血，不牺牲，绝不能求得民族的自由平等。""滇省军队早经整理就绪，随时皆可为国家而效命也。""云南为国家贡献能力无机会，护国而后，今其时矣！"唯一要求于中央者，则希望"滇黔铁路之早日完成"。在随后的记者招待会上又说，日寇武器虽优，"而胜败之归宿，仍系于精神之力量"。此话颇有见地。

8月15日上午，云南在原南京中央陆军炮兵学校的同学，派出代表，会见龙云，请缨抗日。代表及其左右高级随员龚自知（原云南省政府委员兼教育厅长）、裴存藩（国民党云南省党部负责人）、陈公宪、陈玉科、李希尧（龙云的副官长）等共进午餐。席间，龙云仔细询问云南在炮兵学校同学的学习、生活情况后，围绕抗日问题，侃侃而谈。他说："自发生卢沟桥事变以来，我观察日本帝国主义的野心，绝非一般性侵略，不会以夺取几个省的土地为满足，而是企图亡我中国。我此次进京的目的，不仅符

---

① 龚自知：《随节入京记》，原刊《云南日报》1937年8月，转见《云南文史丛刊》第3辑第107页。

合你们请缨抗日之志，亦代表云南一千三百万民众表达爱国护国之赤诚及愿将全部人力物力贡献中央，决心为国家民族神圣抗战奋斗牺牲到底。我到达南京后对新闻记者的谈话和在国防会议上的讲话，都坚决主张国难当头，大敌当前，必须举国上下一心，团结御侮，并且要少说废话，多负责任，方能取得抗日战争的胜利！"

下午二时左右，午餐将毕，忽闻空袭警报。这是日本出动飞机，第一次轰炸南京。李希尧向龙云建议："这里没有地下室，还是疏散一下吧。"龙回答说："疏散哪样，我们这次能看到南京首次空战，真是难得的机会，就在这里观看空战好了。"①

不一会儿，日本陆上攻击机 16 架飞临南京东郊，遭到中国空军和地面部队的袭击。尽管地面设备薄弱，射击力量有限，仍然击落日机 6 架，其中 4 架落于南京郊外，两架落于句容县境内。落于京郊的 1 架日机，敌飞行员 5 人全部丧命，他们的名字是伊腾敏忠、秋元、樱井、田中正平、成田山，身上除有姓名布条外，尚有护身符、相片、书信和我国主要城市航线距离图等。死者的军帽上印有木更津海军航空队字样，机身编号是三菱 41 号。在这次战斗中，我方飞机也损伤了两架，市内日机投弹 10 余枚，死伤民众 10 余人。龙云亲见了空战场面，感慨万千。一方面认为，地面设施太薄弱，形同儿戏，战争的准备很不充分。另一方面认为，我方空军的英勇作战，令人敬佩。"假全国同胞都有如此英勇牺牲的精神，何愁日寇不败。"

空战以后，蒋介石派其侍从人员来北极阁对龙云说："委员长说，北极阁目标太大，恐怕敌机轰炸，不安全，请你去汤山休息几天。"龙同意了。

---

① 吴宗舜：《龙云在抗日战争中的言行点滴》，未刊稿。

次日，龙云约朱德、周恩来、叶剑英三人一路同往汤山。周恩来因事未去，朱德、叶剑英和龙云先后到了汤山。晚餐后，大家在外散步，谈到抗日问题。

朱说："云南可以出兵二三十万人吗？"

龙答："要看军事发展情况而定。"并问朱："这次抗日，政府给了你们些什么武器？"

朱答："我们只要轻武器。"

龙问："有没有大炮？"

朱答："大炮运动不方便，我们打游击，不要大炮。"

龙说："我想派一些干部到你们那里学打游击，好吗？"

朱答："打游击要长时间才学得到经验，时间短是不行的。"

龙又问："以后我们如何联系？"

朱答："用无线电联系。"

龙云给了朱德一册密码。朱德的秘书看后说："这密码不好，容易泄密。"朱请龙云的秘书和他自己的秘书另编。龙云答复说："不必研究了，我的秘书没有这方面的经验，完全由你的秘书编好，给我一份就行了。"龙云由汤山回南京后，密码就编好送来了①。

后来，龙云回昆明与延安方面的电台联系，就是用的这本密码。关于这一段经历，龙云曾对其亲信马锳（曾任龙云第五军参谋长，后任云南全省团务督练处长）说："我到南京开会，路过西安，陕西省主席蒋鼎文招待早餐，并介绍中共领导人周恩来、朱德、叶剑英搭我的专机到南京开

---

① 龙云：《抗战前后我几点的回忆》。据调查，交换密电码一事，当时并未完成，这里可能是龙云记忆有误。

会。还同朱德、叶剑英在汤山休息，同窗旧友，促膝谈心。朱和我谈到中共中央坚持抗日民族统一战线、团结御侮的决心，还要我转告在滇讲武堂同学，共赴国难，自有出路。我们还编了密码，以后可用无线电联系。这使我对中共抗战决心，深为感动。以往中央宣传说，'中共借抗日之名，行割据之实'。纯系诬蔑，不可相信。真是'与君一席话，胜读十年书'。"这表明龙云在思想上已开始了重要的转变。

龙云从汤山回到南京北极阁，蒋介石到龙云住地看望，与之作较长时间交谈，蒋介石要求龙云出两个军的兵力抗日。龙云立即答道："云南地方团队素有基础，出兵二十万也可以办到，但目前只能先出一个军，另一个军要看战争情况再定。"① 蒋介石表示欢迎和肯定。在谈话中，龙云建议蒋介石，对"国际交通应当预作准备，即刻着手同时修筑滇缅铁路和滇缅公路，可以直通印度洋。公路由地方负担，中央补助；铁路由中央负责，云南地方政府可以协助修筑"。蒋介石表示同意通知铁道部和交通部同云南商量，早日着手进行。

第二天早晨，龙云动身回昆明。龙云到飞机场时，蒋介石也来送行。因为机场和飞机都被敌机炸坏，不能起飞，只好改坐轮船到武汉，再乘飞机回昆明。回到昆明时，已是 8 月 22 日了。

到 1937 年 9 月 6 日，《云南日报》刊登了周恩来、朱德、叶剑英与龙云在西安机场的合影照片。同一日，龙云还致电祝贺红军改编为八路军。

**（三）出师徐州**

龙云回到昆明后，召集地方党政军负责人会议，传达他到南京的所见

---

① 白肇学：《六十军编成和参加鲁南战役述略》，《云南文史资料选辑》第 2 辑第 198 页。

所闻。他说:"日本是真的干起来了,中央却毫无准备,看局势是很危急的。我们自己要迅速充分准备。大家不要怕,在北方有八路军,南方各省很多朋友也都有决心抗日。"为了履行在南京的诺言,龙云声明"云南准备出兵,完全出于自动,完全出于国民天职之义务观念",应当迅速编成一个军,出师抗战[①]。

当时云南地方军队计有滇黔绥靖公署所属近卫第一、二两团、炮兵团、工兵团、机关枪大队及第一、二、三、五、七、九等6个旅,每旅两个团,以及几个特种兵部队。为此,龙云拨款新滇币1万元,仅用了28天的时间,即以6个旅、12个团新编成一个军,番号为陆军第六十军。以卢汉为军长,赵锦雯为参谋长。各师、旅、团长人员如下:

第一八二师师长安恩溥,参谋长阎旭。第五三九旅旅长高振鸿,副旅长和庆善,第一〇七七团团长余建勋,第一〇七八团团长董文英。第五四〇旅旅长郭建成,副旅长布秉武,第一〇七九团团长杨炳麟,第一〇八〇团团长龙云阶。

第一八三师师长高荫槐,参谋长盛家兴。第五四一旅旅长杨宏光,副旅长萧本元,第一〇八一团团长潘朔端,第一〇八二团团长严家训。第五四二旅旅长陈钟书,副旅长马继武,第一〇八三团团长莫肇衡,第一〇八四团团长常子华。

第一八四师师长张冲,参谋长杜仲甫(前)、萧大中(后)。第五四三旅旅长万保邦,副旅长龙翔,第一〇八五团团长曾泽生,第一〇八六团团长杨洪元。第五四四旅旅长王炳璋,第一〇八七团团长王开宇,第一〇八八团团长邱秉常。

---

① 龙云:《抗战前后我的几点回忆》。

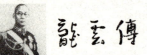

龙云传

军队人员还包括参谋处处长马锳、副官长邱开基、副官主任刘达、军法处长刘亚夫、秘书朱观与施公猛，军法张子明，参议宋一痕、张绍楚，政训特派员蒋公亮。

此外，军部尚有直属机关、一个直属炮兵团和一个战地服务团。全军官兵约 4 万人[①]。

10 月 5 日，第六十军在昆明举行誓师，各族各界人民献旗欢送，异常热烈。在巫家坝誓师大会上，高呼"卢军长，打！三师长，杀！杀！誓灭倭寇，保卫祖国！"等口号。10 月初，部队向贵州进发，经曲靖、平彝、盘县、安顺、贵阳、镇远、玉屏、晃县、沅陵、常德，官兵们长途跋涉 4000 余里，步行 40 余日终于奉命抵达长沙。

蒋介石对云南出兵，颇为重视，即命调往前线，保卫南京。11 月中旬，六十军由长沙登车，经粤汉路、浙赣路开往浙江，先头部队已近金华、衢州，而杭州、南京先后沦陷，部队乃返回武汉待命，于 1938 年元旦抵达武昌。

云南部队的武器精良、军容整齐，军纪也较好，在当时国民党系统的部队中是比较突出的，也是引人注目的。蒋介石的嫡系亲信杜聿明就曾说，抗日战争时，"我曾在湘潭附近遇到龙云的部队，觉得'中央军'同这支'云南军'比起来，军容上似有逊色"。[②]六十军到武汉时，蒋介石又命这支军容整齐、士气旺盛的军队，绕闹市一周，以示我国尚有如此训练有素的军队可投入战斗，以安定民心[③]。又据缪云台回忆，龙云主政云南以后，极注意练兵。自第二次滇桂战争以后，极少对外用兵，社会比较安

---

① 胡俊：《近二十年来云南地方军队概述》，《云南文史资料选辑》第 6 辑第 12 ～ 13 页。

② 杜聿明：《蒋介石解决龙云的经过》，《文史资料选辑》第 5 辑第 32 页。

③ 卢汉：《陆军第六十军参加徐州会战概况》，《云南文史丛刊》1985 年第 2 辑第 8 页。

定。"经过十年努力，到抗战时期，滇军素质已成为全国之冠。"滇军在汉口游行时，德国顾问在汉口，惊异地对蒋介石说："卢汉率领的滇军是你们中国的骄傲，最有力的部队。"①蒋介石很想抓住这支部队，进行多方拉拢，调集六十军团长以上军官到武昌珞珈山军官训练团训练，派卢汉为军官训练团大队长，对六十军的经费逾格批准，并同意将六十军编为特种军编制，发军部特别费10万元（后来在台儿庄，又补送3万元）；所有三个师的人事、经理，统由军部统筹办理。此外，又给六十军补充了500支德造20响手枪，配弹每支300发；三号左轮枪300支，配弹每支200发。

六十军出发途中，龙云指示要注意四点："（一）重视帅令。（二）行动务求敏捷。（三）遇有机可乘时，不惜牺牲，图立大功。（四）随时随刻须有机动性为要。"②

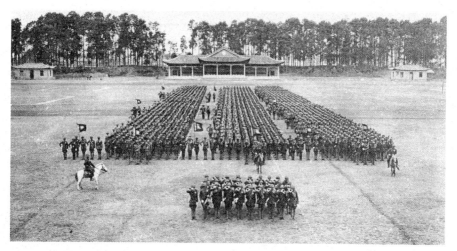

抗战时期龙云在昆明阅兵

---

① 《缪云台回忆录》第65页，中国文史出版社1991年版。
② 《龙云指示赴京作战并注意四事电》，《滇军抗战密电集》第42页。

1938年春节前，昆明组织了一个第六十军战地服务团来到武汉。这个战地服务团约60人，全是青年女学生，在当时是一个新事物。还在1937年10月5日，由云南抗敌后援会和云南妇女会支持，100多女学生便发起请愿游行，要求上前线。游行队伍经过几条大街，队伍壮大到4000余人，浩浩荡荡地开向云南省政府所在地——五华山。龙云在省政府办公大楼前，接见了这批学生，并讲话说：你们奋起爱国，投笔从戎，当新花木兰，精神可嘉；但是省府目前派遣了第六十军开赴前线，筹措经费困难，尚难帮助你们。希望你们组织起来，自费自助。至于军事、医护训练事宜，省府自当派员协助。一俟前方需要，即可送你们开赴前线，参加战地抗日工作。请愿群众听了，非常高兴。

经过两天酝酿，从自愿报名的女学生中挑选了60名，组成了云南省妇女战地服务团，推徐汉君为团长、胡廷璧为副团长。每人凑5元作伙食费，背上行李，到西山华亭寺食宿，开始了简单的医护、军训、宣传等科目的训练。1个月后，服务团奉命出发。他们的年龄，最小的只有15岁，最大的不过25岁，一般只有十七八岁。途经贵阳时，又有6名贵阳女中学生参加了服务团。

服务团到达武汉后，对六十军官兵是一个很大的鼓舞。服务团通过卢汉，特别邀请作曲家冼星海、任光及女诗人安娥等人，教唱抗战歌曲，并为第六十军谱写了一首军歌《六十军军歌》，歌词是：

> 我们来自云南起义伟大的地方，
>
> 走过了丛〔崇〕山峻岭，
>
> 开到了抗敌的战场。
>
> 兄弟们用血肉争取民族的解放，
>
> 发扬我们护国、靖国的荣光！

不能任敌人横行在我们的国土，

不能任敌机在我们的领空翱翔。

云南是六十军的故乡，

六十军是保卫中华的武装！

云南是六十军的故乡，

六十军是保卫中华的武装！　①

　　这首军歌，壮烈响亮，大大地鼓舞了云南军队的士气。第六十军一八四师师长张冲，思想进步，向往共产党。他到达武汉后，曾与八路军

抗战时期的滇军

---

　　①　根据卢汉《第六十军赴徐州作战记》校订，《徐州会战》第46页，中国文史出版社1985年版。

龙云传

驻武汉办事处的叶剑英、罗炳辉将军见面，并提出了两点要求："一、本人要求参加中国共产党；二、要求八路军、共产党组织遴派军事及政治工作人员来一八四师工作。"结果，中国共产党派了张天虚、周时英等人到一八四师工作，并在一八四师建立了中共党的支部，加强了滇军的政治思想工作。叶剑英、罗炳辉亦曾会见卢汉[①]。

这时，全面抗战不到半年，整个华北沦于敌手，华东地区的国民党军队也节节败退。日寇占领南京后气焰更加嚣张，进逼徐州。徐州是津浦铁路和陇海铁路的枢纽，扼江苏、山东、安徽、河南四省要冲，是中原和武汉的重要屏障，地势重要。日军于1938年3月下旬对我徐州地区发起新的进攻，台儿庄是进攻的重点。于是，爆发了抗战初期著名的徐州会战，又称台儿庄战役或鲁南战役。

徐州会战分为两个阶段，这次战役的第一阶段进行了1个月左右，双方共投入兵力20余万人。这次战役，中国方面取得了重大胜利，共歼敌11984人，中国军队则损失19500人。这就是著名的"台儿庄大捷"，日军全面侵华以来首次遭到最为惨重的损失。这一阶段滇军尚未投入。

4月8日以后，徐州会战转入了第二阶段。日军为迅速消灭中国主力，乃"自平、津、晋、绥、苏、皖一带增调13个师团，共30余万人分六路向徐州进行大包围，企图歼灭我五战区的野战军。敌军这次抽调的，均为其中国派遣军中最精锐的部队，配备各种重武器"[②]。而蒋介石也调来了大批精锐部队，计64个师又3个旅，共60余万人。卢汉所率第六十军在这种情况下，奉命向鲁南集中，归第五战区司令长官李宗仁指挥，准备投入

---

① 张致中：《抗日战争初期我在一八四师的经历》，《云南文史资料选辑》第20辑。
② 李宗仁：《徐州会战》，见《徐州会战》第16页，中国文史出版社1985年版。

战斗。李宗仁又命第六十军归第二十六集团军总司令孙连仲指挥。

1938 年 4 月 21 日，卢汉率六十军抵达徐州。李宗仁要求六十军在 4 月 24 日前集结完毕。然而，当六十军部队通过运河，正向指定地点集结时，日军板垣、矶谷两个师团中的两个联队 5000 余人，即乘虚而入，携带炮 30 余门、坦克 20 辆，用大炮、榴霰弹、机关枪等向六十军阵地及行进中的部队，密集轰炸和扫射。六十军仓促应战，但士气顽强。

一八三师杨宏光旅潘溯端团的尹国华营，首先与南下之敌遭遇于陈瓦房、五圣堂、邢家楼等地，双方战斗十分激烈。结果团长潘溯端负伤，副团长黄云龙阵亡。尹国华营所在之陈瓦房为敌军包围后，全营官兵与四面冲入的敌人，白刃争夺，奋不顾身，营长阵亡。战至最后只剩下 10 余人，由班长带领向西南突围，在村缘又遭敌军追击，仅一人生还。"全营五百余人壮烈殉国。在这一遭遇战中，由于尹营坚决果敢地阻击敌军，赢得了全军备战的时间，在整个战斗过程中，起了很大的作用。"[①] 在以后的艰苦战斗中，六十军旅长陈钟书，团长莫肇衡、严家训、董文英、龙云阶，代理团长陈浩如等相继阵亡，战斗的激烈程度，滇军的顽强奋战，由此可见。

1938 年 4 月 22 日，敌我双方鏖战竟日，反复冲杀，号称强悍的坂垣、矶谷混合师团损兵折将，不得不于夜间退回大、小良壁，只以小部队与六十军前锋周旋。六十军利用夜间整顿部队，加强工事，积极巩固蒲庄、辛庄、耿庄、五圣堂一线之阵地，防止敌人再次进攻。由 26 日起，六十军战线另行调整，主动将主力一八四师转移至禹王山战线，一八二师转移至李家圩战线，一八三师转移至东庄战线。

---

① 卢汉：《六十军血战台儿庄》，《云南文史资料选辑》第 25 辑第 12 页。

禹王山是台儿庄地区的制高点，是座肘形的石山头，也是唯一可以凭据固守的战略要地，大运河距禹王山只有 400 米左右。因此，全军以确保禹王山为重点，以阻止敌军渡过运河为目的，配合友军进行战斗。六十军禹王山战斗，是抗战初期台儿庄大捷的关键一仗。

六十军转移到新线后，兵力比较集中，阵线较为巩固。敌人屡次猛攻李家圩、禹王山各线，企图压迫六十军退过运河，直接威胁徐州侧背，未能达到目的。4 月 29 日夜间，敌人以一个大队的兵力袭击一八三师一个团在枣庄的阵地，该团与敌激战通宵，终于将敌消灭半数以上。这一战役，缴获敌机枪 30 余挺、步枪 600 余支。

据当时报纸报道："滇军血战，大展神威，敌两师团，歼灭过半。"[①] "鲁南两翼大战激烈，三迤健儿屡败敌军。"[②] "鲁南城局各路进展，滇军继续奋勇血战。"[③] 至 4 月 29 日 6 时止，滇军"阵亡旅长一、团长四、代团长一，伤旅长一、团长四、代团长一、团附、营长以下伤亡尤重，一八二、一八三两师战斗员均不满千，一八四师不足四分之三"。滇军"坚强反击，毙敌五千以上"，而自己则损失近万人[④]。就在这一天，蒋介石、孙连仲通电卢汉，对六十军战绩予以嘉奖："忠勇奋发，是资楷模！"从而"使抗战大局转危为安"。蒋介石希望滇军能"继续努力，压倒倭寇，以示国威"[⑤]。

六十军各部以禹王山为中心的战斗中，坚持了 20 多天的阵地战，粉碎了敌人渡过运河威胁徐州的企图，取得了重大胜利。龙云很为赞赏地说：

① 《云南日报》1938 年 5 月 5 日。
② 《云南日报》1938 年 5 月 7 日。
③ 《云南日报》1938 年 5 月 8 日。
④ 《抗日战争正面战场》（档案资料）第 630 页，江苏古籍出版社 1987 年版。
⑤ 转见《云南文史丛刊》1985 年第 2 期第 15 页。

"国家自由平等，只有鲜血可以换取。""六十军英勇作战，望滇人继续努力。"[1] 在这 20 多天中，给敌人以沉重打击，缴获战利品如机枪、步枪、战刀、旗帜、文件、照片、手表、金佛等甚多。其中有一把日本天皇赏赐给百川一义大将的军刀，鲨鱼皮包裹着刀鞘，刀锋异常锋利，寒光闪闪。日本报纸也不得不承认："自'九一八'与华军开战以来，遇到滇军猛烈冲锋，实为罕见。"[2] 从日军俘虏中了解到，他们称滇军为"南蛮兵"。经过这次战役，他们很怕"南蛮兵"，碰到"南蛮兵"就感到头痛。这也从一个方面说明，滇军作战确乎是比较英勇的。

在这次战役中，六十军投入战斗的人数为 35123 人，伤亡达 18844 人，营连排长亦伤亡过半[3]。后因战局变化，六十军奉命从徐州突围，也取得了重大胜利。

滇军六十军三个师，台儿庄战役之后，仅能编为一个师（一八四师），其余两个师，经龙云同意，回云南组建。1938 年 7 月，一八四师奉命参加了保卫武汉的战斗。10 月，回云南新建的一八二、一八三师，再度开往抗日前线。在保卫武汉的战斗中，云南妇女战地服务团也直接参加了战斗，被日本兵称为是"女南蛮兵"。当时有一首打油诗，称赞服务团的女兵们说："古有花木兰，今有'女南蛮'。奋起为国家，解放又何难！"

接着，在龙云的主持下，云南又新编成第五十八军和新三军，以孙渡为第五十八军军长，张冲升任新三军军长，同时开赴前线。滇军随即改编为第三十军团，卢汉为军团司令，下辖第六十军、五十八军和新三

---

① 《云南日报》1938 年 7 月 29 日。

② 高蕴华：《六十军鲁南抗日简述》，《云南文史资料选辑》第 2 辑第 210 页。

③ 李佐：《关于滇军沿革和六十军历史变迁概况》，《云南文史资料选辑》第 20 辑第 55～56 页。

龙云传

军，以安恩溥升任第六十军军长。这样，滇军为抗战，出动了3个军，总兵力达22万，仅留第九十三军镇守滇越边境。此外，征送其他中央杂项部队之兵，又约5万人。在抗战初期，对于仅有900多万人口的云南省，即出师27万，开赴抗日前线，而且几乎全部装备、大半给养，均由地方自筹，这不能不是一个很大的数字①。滇军在台儿庄及其以后的战斗中，为祖国、为人民付出了巨大的牺牲，作出了重大的贡献。对此，朱德在1938年8月21日给龙云的一封信中，给予了热情的肯定："近年来，云南在吾兄领导下已有不少进步。抗战军兴，滇省输送20万军队于前线，输助物资，贡献于国家民族者尤多。敌寇猖狂、半壁河山受尽蹂躏，今后复兴民族之大业，有赖于动员西南、西北诸省之人力物力，继续奋斗。……在将来抗战中，在争取最后的搏斗中，云南将肩负更大责任，成为抗战的一个重要根据地。"这封信最后说："抗战无论如何，必须坚持到底；团结无论如何，必须巩固扩大；全国同胞抛却过去旧嫌宿怨，合亿万人之心为一心，本抗日高于一切之原则，努力做去，则胜利自然在危难中险阻中获得。"②

1938年12月，经蒋介石批准，第三十军团改编为第一集团军，派龙云兼集团军总司令，卢汉为副总司令、代总司令职务，归第九战区长官薛岳指挥。不久，龙云以薛岳在红军长征时，曾隶属过自己，而今自己兼集团军总司令，反归薛岳指挥，面子上过不去，乃要求蒋介石以卢汉为总司令，高荫槐为副总司令；卢汉因病留贵阳，以高荫槐代总司令。1940年9月日寇进占越南河内以后，云南边境吃紧，龙云向蒋介石要求，调回在

---

① 郑崇贤：《滇声》第17页，香港有利印务公司1946年版。

② 《朱德致龙云的信》，见《云南图书馆》杂志1981年第3、4期合刊第1～2页，据手迹排印。又原信曾刊于《云南日报》1938年9月4日。

江西的云南两个军，防守滇南。蒋介石只准许调回第六十军的第一八二、一八四两师回滇，成立滇南作战军，派卢汉为总司令。同年底，滇南作战军总部改为第一集团军总部，而原第一集团军总部改为副总部。1945年初，第一集团军扩编为第一方面军，蒋介石派卢汉为第一方面军总司令官，名义上辖第一、第九两个集团军，但龙云、卢汉只能控制第一集团军，第九集团军系蒋介石的嫡系关麟征部，实际上起着监视滇军的作用。滇军坚持抗战，并在抗战中不断扩大自己的力量。

### （四）汪精卫经过云南出走

抗战初期，汪精卫途经昆明出国，然后投敌叛国。在他途经昆明之时，与龙云曾有交谈，情况如何，外人不得而知，因此历来说法和评价不一，这里我们只能作一客观介绍。关于此事，据龙绳文先生（龙云之子）说，汪精卫后来曾给龙云一长信，有助于说明事情之全部经过，他曾见过。然而此信目前下落不明，将来如果发现，可以公之于世。

1938年12月18日，汪精卫率领其老婆陈璧君及其随从，以"赴滇讲学"为名，由重庆乘飞机飞往昆明。汪抵昆后，云南省政府各厅、署、局长，到机场欢迎。对各厅、署、局长，汪精卫派人转告，因飞机颠簸太甚，改日延见挡了驾，出飞机场，汪精卫便坐上汽车直驶进昆明城。

汪精卫在昆明停留了24小时，第二天（12月19日）下午专机由昆明起飞，傍晚时到达河内。汪精卫离昆前，给蒋介石发了一电报说："飞行过高，身体不适，且脉搏时有间歇现象，决多留一日，再行返渝。"当汪精卫所乘专机起飞进入云层以后，龙云立即向重庆国民党政府，发出加急电报，报告汪精卫已飞向越南。电报说："汪副总裁昨日到滇，本日身感不

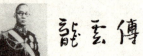

适，午后二时半已离滇飞航河内。"①

后两日，即 12 月 21 日，龙云再电蒋介石："汪先生此次匆匆离滇，曾以效电略呈在案。查汪到滇之日，身感不适，未及深探，其态度亦不似昔日之安详，不无诧异。临行时，始道出真语，谓与日有约，须到港商洽中日和平事件，若能成功，国家之福，万一不成，则暂不返渝，亦不作为离开钧座之工作。职观其言行，早有此种心理，惟关系甚大，未识在渝时与钧座切实讨论及此否？现陈公博继续赴港，钧座致汪马电，因无从探转，已交其携往矣。"②

12 月 29 日，汪精卫在河内发出"艳电"，表明了公开投日的态度。蒋介石怕汪精卫揭露了自己的老底，感到很难堪，决定要戴笠派特务前往河内，暗杀汪精卫。延至 1939 年 3 月 21 日深夜，蒋介石特务冲进汪精卫的卧室，开枪射击，结果汪精卫夫妇幸免，而汪精卫心腹曾仲鸣则当了替死鬼。

在汪精卫"艳电"发表后，龙云立即致电蒋介石表明态度说：汪精卫艳电"在异地突然发表，一般观听，不无惊疑。幸国人在委座领导之下，确知国策久定，毫不为其动摇。故汪之议论，对外虽属奇闻，受敌愚弄；对内仍毫无影响，祈译厪注"③。

蒋介石对龙云仍不放心，接受冯玉祥的建议，以李烈钧"在滇有相当历史，且声望素著"，派往云南养病，"在社会上可为抗战活动，藉资防患

---

① 《龙云致蒋介石效电》，《中华民国重要史料初编——对日抗战时期》第 6 编第 46 页，台北 1981 年版。

② 《龙云致蒋介石马电》，同上书第 47 页。

③ 《龙云致蒋介石歌电》，同上书第 49 页。

未然"。遂请李烈钧赴滇养病，并协助龙云①。

到 1939 年 4 月 13 日，龙云就汪精卫事件向蒋介石作了专题报告，进一步表明云南的态度。报告说："查汪氏前由滇赴越及发出艳电，又曾仲鸣被刺前后大概情形，均经先后电呈。近接薛伯陵来电，始知汪氏及其左右，不免在外招摇，有意簧鼓，实际上职与汪氏素无往还，此次短期接触，已稔知其为人，既不磊落光明，又不忠厚安分，在其艳电发出后，职未加以攻击，犹本古人薄责于人之义，未肯论其长短，且各方正攻击汪氏，亦不必再下井投石，亦即遵钧座宽厚待人，不咎既往之旨，为留余地。但此种谣诼，对内虽自问坦然，对外仍恐不免有人怀疑，拟在相当时期，将其前后经过，完全公布，纯用事实，以正视听。"报告最后表示："盖滇省与我公同一命运，在此敌人力图分化，汪氏被敌利用之时，吾辈军人，不论任何职责，惟有立定脚跟，不为利害所动，确遵既定国策，以待钧座从容应付，此即剥复之机，亦国家之幸、民族之福也。"②

随后，蒋介石又派唐生智赴滇考察。唐生智于 4 月 29 日致电蒋介石，说明龙云抗战态度比较坚决，与汪精卫并无牵连。电报说："职默察渠意，似极顾大局，拥护钧座，始终不渝。"几天以后，唐生智又将龙云致汪精卫电报，与汪精卫划清界限，通报蒋介石③。蒋介石这才未予追究龙云的责任，龙云放走汪精卫一事引起的风波遂告一段落。

---

① 《冯玉祥致蒋介石电》，《中华民国重要史料初编——对日抗战时期》第 6 编第 115 页。

② 《龙云致蒋介石长函》，《中华民国重要史料初编——对日抗战时期》第 6 编第 115～116 页。

③ 《唐生智致蒋介石电》及其续电，《中华民国重要史料初编——对日抗战时期》第 6 编第 121～123 页。

# 十一　后方支援

## （一）修建滇缅公路

以龙云为首的云南省政府，为了适应抗战的需要，曾进行了多方面的努力，加紧后方对前方的支援，其中修筑滇缅公路是这些努力中的重要的一项。

云南地处祖国的边疆，在全省 39 万多平方公里的土地上，山区面积占 94%，交通甚为落后，直到 20 世纪 30 年代初，还没有一条公路与省外相联系。1931 年"九一八"事变以后，云南作为抗日后方基地的位置日益显露。为了做好应付意外事件的准备，云南需要迅速改变原有的交通状况，急谋全省的公路建设。为此，在昆明设立了全省公路总局，龙云以省主席名义亲自兼任公路总局督办，而以禄国藩为代理督办，负具体责任。省内各县，相应成立公路分局，专管公路建设。

省公路总局，将全省公路设想为滇东、滇西、滇东北、蒙剥（蒙自至剥隘）四大干道，首先进行修建。因为，滇东、滇东北两线，是与四川、贵州和祖国内地联系的重要孔道；蒙剥线，则是与广西、广东相联系的通道；滇西线，即是打通云南西部，并开辟与缅甸联系的道路，此即后来著名的"滇缅公路"线。同时还设想，四大干道未经过之重要县城，应修建支线以相联系，形成全省之公路网。这就是四大干道八分区的云南公路网修建计划，全长 6000 余公里。

1937 年抗日战争全面爆发前，滇东路首先通车，打通了云南与西南以及祖国内地的联系，这是云南的第一条与省外联系的公路交通线。

抗日战争全面爆发以后，龙云赴南京出席蒋介石召开的"国防会议"，即向蒋介石提出加紧修筑滇缅公路和滇缅铁路的要求。蒋介石同意将此项要求通知南京政府交通部、铁道部协同办理。而交通部认为，滇缅公路工程浩大，一时难以进行。

龙云从南京回到昆明后，通知南京交通部，下决心先修建滇缅公路。因为，日本帝国主义在军事入侵的同时，亦对中国实行了经济、军事封锁。1937 年 8 月 20 日，日本海军省宣布封锁中国沿海，阻止其他国家援助中国抗战的物资进入中国境内，这样就使国民党政府受到严重威胁。"卢沟桥事变"时，国民党军队所使用的武器，除步枪、轻机枪自制外，重机枪、大炮等重型武器，完全依靠外国供给。其他一些军事战略物资，特别是汽车、汽油、通讯器材、汽车配件、医疗用品、工作母机等，也都要靠从外国进口。这些物资进入中国的通道，主要靠沿海口岸；其次还有从当时的法属印度支那北部通往云南的滇越铁路。由于沿海受阻，新辟对外通道成为当务之急。

修筑滇缅公路已具备了条件。一是自古以来就存在着滇缅通商道，为滇缅公路的修筑提供了依据。从秦、汉以来，滇西地区就与缅、印等国相通。从云南大理，经永昌（保山）、腾冲到缅甸北部八莫的通道已经存在了好几个世纪，是历史上中缅使节往来之路。滇缅公路修筑前，中缅两国人民就已通过这些便道往来不断，马帮络绎不绝。二是云南滇西公路已开始修建，到1935年，昆明、下关段的土路已经修成，并已通车。这样，滇缅公路云南境内一段，事实上已完成了一半。

1937年10月，南京国民政府交通部次长王秭生来到昆明，和云南省政府商讨修筑滇缅公路有关事宜，确定线路由昆明、下关、永平、保山、龙陵、潞西、畹町出界接缅甸腊戍，全线需改建由昆明至下关原筑成的缅缅公路东段411.6公里，新建由下关至畹町的西段547.8公里，使之内联贵昆公路，外接缅甸腊戍—曼德勒—仰光铁路。畹町至木姐路段须新筑18公里公路，与滇缅公路连接，由缪云台赴缅，与缅甸谈判成功，由英缅当局负责修筑①。

国民政府决定，筑路费用由中央政府和地方政府各负担一半（中央政府拨款200万元），施工力量由云南省政府组织，最初限期4个月完成②。即要求沿线的28个县和设治局于1937年12月初动工，1938年3月底完成全线路基工程。为此，云南省政府令沿途各县县长亲自监工修路，由滇黔绥靖公署派出官员，分赴各地监督施工。并规定凤仪（今大理属区）、大理、蒙化（今巍山）、漾濞、永平、顺宁（今凤庆）、云龙、保山、龙陵、腾冲、镇康、昌宁等12个县和潞西、梁河、陇川、莲山、瑞丽等五设治局，每县（局）每日在路民工，最多的保山，每日2.8万人，最少的陇川、莲山、瑞丽，每日1000人，总计17个县（局）每日出工11.5万人。实际上，每日出工人数，有时高达20余万人。所以龙云回忆说："每天出勤不下数十万人，轮班昼夜赶修。"③

修路民工们没有筑路机械，全靠两只手挖山开路，肩挑人扛，劳动强

① 《缪云台回忆录》第99～100页，中国文史出版社1991年版。
② 谢自佳：《抗日时期的西南国际公路交通线》，《昆明文史资料选辑》第6辑第2页。
③ 龙云：《抗战前后我的几点回忆》。

度很大。冬春农闲时，民工上阵甚多；就是到第二年夏秋之间，天气炎热，瘴毒时疫流行，出工人数仍然不减。民工们差不多是自带粮食和工具上阵的，虽说每天可得微不足道的"补贴二角"，却也未完全到手。民工们凭着爱国热情进行工作。由于劳动强度大，病疫流行，在整个修路过程中，伤亡在万人以上。为了补充劳力，妇女也上了艰苦的筑路工地。

为了加快工程进度，1938年1月在保山设立"总工程处"，还成立了关漾、漾云、云保、保龙、龙潞、潞畹六个工程处，直接指挥各段工程的推进。这一段公路上的五座大桥，即漾濞江桥、澜沧江功果桥、昌淦桥、怒江惠通桥、果朗河桥的修成，为公路的迅速通车创造了很好的条件。

经过8个月的苦战，到1938年8月底滇缅公路中国段全程959.4公里全线通车。9个月内共"完成土方11232660立方米，石方1102303立方米，石拱和石台木面小桥169座，石镶涵洞1443道，木便桥涵413道，大中型钢索吊桥2座，石台木面桥2座，木桥3座，路面包括上段安宁—凤仪段在内，共铺泥结碎石路面900多公里"。[①]

民工们在这样短的时间内，使用最简陋的工具，依靠最原始的方法，完成了如此艰难的工程，这是一个奇迹。英国《泰晤士报》1938年5月17、18、19日，连续三天发表文章和照片，报道了滇缅公路修筑的情况，指出："只有中国人才能在这样短的时间内做得到。"完工后的滇缅公路为泥结碎石面，路面宽5至10米。横跨怒江的惠通桥和横跨澜沧江的功果桥，是当时少有的、闻名全国的钢索吊桥。滇缅公路通车后，国际上仍然半信半疑，认为如此艰险工程，绝非短期内能够完成。美国总统罗斯福特

---

① 《云南公路史》第1册第113页，国际文化出版公司1989年版。

命美国驻华大使詹森亲往考察。詹森考察后认为，此路纯由民间用普通工具所筑成，并无开山凿土碎石等机械辅助，惊为世界之奇迹，可同巴拿马运河的工程相媲美。詹森向美国政府报告后，美国政府决定，将援华物资由此路输入中国，使这条路发挥了巨大的作用①。滇缅公路从昆明到缅甸腊戍，全长为1146.1公里。

龙云把改善交通、修筑道路，看作是云南对全国抗战的巨大援助。他曾自豪地回忆说："修筑滇黔、滇缅公路，干道支道，咸使督责，依限完成。"② 这一时期，总计全省完成 3000 余公里的公路线，耗资富滇新币 1900 余万元③。这对改善云南的交通，支援全国抗战，输助物资，起了重要作用。

滇缅公路完成后，立即起到了意想不到的作用，有力地支持了中国的抗日战争。1938 年 5 月，英国轮船"斯坦霍尔"号装载着苏联援助中国抗战的 6000 吨武器弹药离奥德萨来中国，准备在越南海防港卸货，然后通过滇越铁路运往中国。但是，由于法国当局的阻挠，不许外国援华军火武器通过越南，英轮只有转道前往仰光。11 月，6000 吨武器弹药在仰光港卸货，然后又经仰光—曼德勒—腊戍铁路线运到腊戍。12 月初，第一批军用物资就从缅甸腊戍运入我国畹町，再转运昆明。这是滇缅公路运输外国援华军事物资的开始。此后，滇缅公路主要担负运入美国等国援华军用物资和其他物资的任务。据统计，仅 1941 年这一年，通过滇缅公路运入中国的军用物资及其他物资就达 13.2193 万吨。这段时间运输的物资，汽油比重最大，约占 1/3，其余为汽车、医疗用品等，运出的物资主要是钨、

---

① 转引自谢自佳：《抗日时期的西南国际公路交通线》。

② 龙云：《云南行政纪实·序》。

③ 《续云南通志长编》上册第 79 页。

锡、桐油等矿产品和农副产品。随着战争形势的变化，中国对外海路交通的断绝和滇越铁路的停运，滇缅公路几乎成为抗战时期中国唯一的陆上国际交通线。

滇缅公路通车后，打破了日本用武力切断中国与海外的联系，从而困死中国的企图，对国民政府获取外援，开展外贸，增强抗战实力发挥了很重要的作用。因此，日本法西斯处心积虑要切断中国这条国际大动脉，重要的抗战输血管。可是，"日本政府及大本营为了完成中国梦，倾注一切力量企图切断法属印支、缅甸、香港各条线路。为此，虽然于1940年9月进占法属支那北部，但直至1942年3月以实力占领仰光，这些路线并未被切断"。[①]

1942年初，日本从泰国入侵缅甸南部，这时还有8万吨各类物资存放在缅甸境内，国民党政府调集大批车辆，夜以继日地进行抢运；同时中国派出两个军入缅作战，滇缅公路除抢运物资外，又担负了运送中国远征军的任务。10万入缅远征军，全用卡车运输，"车队蜿蜒进行，长达数里，烟尘相接，蔚为壮观"。同年5月，日寇占领怒江以西的滇西国土，滇缅公路被切断。

此后，美国供应中国的武器和军用物资，只有依靠飞越喜马拉雅山麓的中印航线，数量当然很有限。到1945年1月，滇西收复，中印公路在滇缅公路中国段的基础上，建成通车，其路线从印度雷多到缅甸密支那，然后分别从腾冲和畹町两条线进入中国。这样，中缅、中印公路担负了原来滇缅公路的运输任务，直至抗日战争胜利结束。毫无疑问，滇缅公路以及后来的中印公路，在中国抗日战争史上占有重要地位。

---

① 中华民国史资料丛稿《缅甸作战》上册第2页，中华书局1987年版。

龙云传

### （二）发展战时经济

发展战时经济，建设云南，支援抗战，这是抗战时期云南省政府从事的主要工作之一。为了发展云南经济，做好抗战的准备，早在 1934 年 12 月即成立了云南省经济委员会，主持云南全省的经济建设工作，经济委员会抓的工作很多，发展农业，解决粮食的自给自足，是其中很重要的一项。

云南气候温和，资源丰富，然而交通不便，生产落后，财政入不敷出，粮草储备有限，要为支援全国抗战做准备，发展生产，储备粮草，就是一个很大的问题。龙云提出"粮食问题非常重要，云南必须做到粮食自给才行"。云南原是一个粮食不能自给的省份，历来依靠越南进口大米维持，若遇歉收，情况更加严重。云南省政府根据龙云的意见，决定着手办理全省积谷（类似过去的义仓）。从 1931 年到 1937 年"七七事变"为止，全省 1 市、112 县、两对汛区、14 设治局，共 233.8272 万户，积谷数量已达 286.6737 万石之多[①]。1938 年以后，云南外来人口急剧增加，外地机关、学校、工厂陆续迁来，缅甸沦陷后，又有大批华侨归国；国民党"中央军"也有数十万，美军及技术人员来滇有 2 万多人。总计涌入滇境的军民不下 100 余万人。这时，外米无从进入，内地运粮转运维艰，这些人口主要靠云南有准备的储粮支持，没有造成粮食匮乏的现象，实在是不容易的。

抗战开始以后，国民政府资源委员会与云南省政府合作，决定双方共同在云南合办厂矿企业，由资源委员会出资金和管理、技术人员，并负责工程技术方面的职责，其余问题则由云南方面负责，经营如有盈利，双方

---

① 郑崇贤：《滇声》第 10～11 页，香港有利印务公司 1946 年版。

均分，如有亏损，云南方面不承担责任。结果，在 1937 年至 1938 年，资源委员会即在云南开办的厂矿企业就有中央机器厂、中央电工器材厂、个旧锡矿、云南钢铁厂、昆湖电厂、宜良煤矿、东川铜厂等 7 家，以后又陆续有所增加[①]。随着东部沿海地区沦陷，大批国营和民营工商企业的内迁，又为云南增加了不少企业，这对云南近代工业的发展创造了有利条件。与此同时，云南还出现了一批新兴的工矿企业，如云南钢铁厂、昆湖电厂、云南水泥厂、明良煤矿等，商业贸易与城市建设也有新的发展。

以缪云台为首的云南富滇新银行，在稳定云南经济方面也起了重要作用。1934 年缪云台出任富滇新银行行长后，对富滇新银行进行了整顿、清理，使银行信用恢复，在汇兑业务正常的基础上，实行"跟单押汇"以及在滇中央机关的汇款，必须全部由富滇银行汇出的措施。这样从 1935 年起至 1945 年抗战胜利止，银行年年有盈余。到抗战后期，将业务转到经济建设投资和贷款方面。总计富滇新银行发行新滇币额为 7000 万元。从 1940 年至 1944 年生产事业总投资达 252522911 元（法币），生产事业放款达 704822416 元。到 1945 年底止，在投资于中国电力制钢厂等 24 个公司、企业中，共 130889093 元[②]。富滇新银行在抗战时期对云南经济所起的作用，是积极的和有效的。

兵源准备，龙云亦早有安排。抗日战争全面爆发后，云南出动三个军以及对其他部队的支援，达 27 万人之多，这是一个了不起的数字。此外，历年从云南抽走的壮丁，还有 38 万人之多。而且，战争爆发时，云南依靠自己的力量，已凑集巨款，向外商订购新式武器一批，价值港币 2800

---

① 钱昌照：《资源委员会及其在云南的活动》，《抗战时期内迁西南的工商企业》第 2 页，云南人民出版社 1989 年版。

② 《缪云台回忆录》第 55～58 页，中国文史出版社 1991 年版。

龙云传

万元的巨大数字。云南出兵抗战，自征集、训练、编配、出动，以及官兵之服装、械弹、马匹和器材，均由地方自行装备完整。所以，龙云曾说滇省派出支援全国抗战的军队"一枪一弹，都来自云南人民，以全省人力物力贡献国家"[①]。这是实在的情形。至于战争过程中，云南人民的负担、民夫的派遣，那也是可想而知的。

### （三）教育文化事业的发展

云南教育事业历来是比较落后的。龙云在稳定了自己对云南的统治以后，为了建设"新云南"，不得不注意教育事业的发展。从 1928 年起，龙云批准教育经费实行独立核算，该年将"卷烟特捐"税收老滇票 36 万余元划归教育厅接管，省政府不再过问，由教育厅独立开支。到 1935 年，这项收入已增至 96 万余元。同年，省政府为加强边疆教育，颁布了《云南省实施边疆教育计划》。实施地区以民族聚居、教育落后、语言文字不统一的地方为主。在这地区设立学校，劝导就学，使少数民族地区群众的文化教育程度逐步提高。为此决定中央和地方增拨教育经费，仅中央教育部 1935 年就拨款国币 9 万元，规定 24000 元用于民族教育，26000 元用于培训教师，4 万元作义务教育经费[②]。到 1944 年，全省民族小学有 34 所、56 个班级，在校学生 2070 名[③]。内地的教育亦有了相当的发展。

为了鼓励云南子弟成才，省政府规定，凡云南学生考上了国内的国立大学，每人每月给国币 15 元的助学金；考取私立大学，每人每月给国币 10 元的助学金。此外，云南籍学生通过教育部留学生考试，可以申请

---

① 郑崇贤：《滇声》第 38 页。
② 刘光智：《云南教育简史》第 166、172 页，贵州人民出版社 1993 年版。
③ 《续云南通志长编·教育》。

3000美元的学费①。这些措施，对云南教育事业的发展和培养人才，是有好处的。

抗战时期的云南教育事业的发展，不能不提到两所大学。一是西南联合大学，一是云南大学。

抗战初期，北方和沿海地区先后沦陷，北方和沿海地区大学陆续内迁。其中，迁往云南的学校不少，而以由北大、清华、南开三校组成的西南联合大学为最有名。三校南迁昆明，得到龙云的支持，龙云与西南联大的教授们保持着相当密切的联系。西南联大于1938年5月4日，在昆明正式上课。西南联大是和全民抗战不可分割地联系在一起的。西南联大不仅荟萃和保护了中国一大批科学精英，为中国科学和教育事业的发展奠定了巨大的基石，而且也培育了一大批精英，为云南和中国以至世界科学和教育事业作出了重要贡献；它还进一步培育和发扬了民主和科学的精神。正如联大纪念碑所说："联合大学以其兼容并包之精神，转移社会一时之风气，内树学术自由之楷模，外来民主堡垒之称号。"② 西南联大在其存在的八年间，共毕业学生2522人，从军800人，抗战胜利后返回三校的尚有1794人，这几个数字相加，已超过5000人。在其培养的学生中，包括"两弹"元勋邓稼先，诺贝尔奖获得者杨振宁、李政道等杰出人士在内。西南联大培养的尖子人才，与世界著名高等学校相比，并不逊色。西南联大在云南，既促进了云南科学、教育事业的发展，也推动了云南的民主运动。

云南大学创建于1922年，最初以创办人唐继尧的别名为校名，称私

①　马子华：《一个幕僚眼中的云南王龙云》，第60～61页。
②　国立西南联合大学纪念碑今存云南师范大学校园内（原西南联大校园内）。此碑由联大文学院院长冯友兰撰文、中文系教授闻一多篆额、中文系主任罗庸丹书，人称"三绝碑"。

立东陆大学。1930年，在龙云统治云南时期，改为省立，称云南省立东陆大学，1934年再改为云南省立云南大学。1937年初，原校长何瑶辞职，龙云为了办好这所大学，特邀云南弥勒人，我国著名数学家、教育家，当时在清华大学任教的熊庆来担任云南大学校长。熊庆来接受了这项任务，并与龙云达成了约法三章："一、校务行政省政府不加干预；二、校长有招聘、解聘教职员之权；三、学生入学须经考试录取，不得凭条子介绍。"①经过熊庆来的努力，实现了将云南大学改为国立。熊庆来采取了一系列措施，力图"将云大办成小清华"，并强调"大学的重要，不在其存在，而在其学术之生命与精神"②。在八年抗战时期，云南大学得到了迅速的发展，培养了大批人才，从而使云南大学跻身于世界名牌大学的行列。有人认为，抗战时期，熊庆来负责的云南大学，较之黄季陆负责的四川大学，办得更好，名声更大，成绩更为显著③。而这应该说，与龙云的重视与努力是分不开的。

龙云对文化事业也是重视的。为了更好地支援前方，龙云在省内加强了抗战的宣传教育，并且支持一切为抗战尽力的文化团体的活动。

这样，抗日的群众团体、文化团体和刊物，像雨后春笋一样纷纷出现。1937年"七七事变"以后，以中共地下党组织领导的"学生救国联合会"（主席伍兴仁）为基础，于8月18日公开成立了"云南学生抗敌后援会"（主席陈德培），通电抗战；各大中学校成立分会，开展文学、演讲、歌咏、话剧各种宣传活动。在中共地下党组织支持或影响之下，《南方》

---

① 张维：《熊庆来传》第192页，云南教育出版社1992年版。

② 熊庆来：《本校之学术生命与精神》，《云大二十七周年纪念特刊》1949年4月20日出版。

③ 《访蒋家骅记录稿》，1995年11月2日，未刊。

（李剑秋主编）、《前哨》（李群杰、唐登岷主编）、《战时知识》（刘惠之、唐登岷主编）、《云南学生》《民众歌咏》（李家鼎主编）、《个旧曙光日报》（张天虚、刘惠之、曹世文主编）等铅印或油印的刊物，纷纷出版，宣传抗日救亡。先后疏散来云南的高等学校有西南联合大学、中山大学、同济大学、中正医学院、华中大学、国立艺术专科学校、中央政治学校大理分校、北平中法大学、国立国术体育专科学校、唐山工学院、上海医学院等十一所院校，云南大学也在1938年7月改为国立，大批学者、教授和文化界人士云集昆明等地，使昆明成了大后方文化中心之一，逐渐发展成为"民主堡垒"。

1938年秋，"中华全国文艺界抗敌协会昆明分会"成立，出版会刊《文化岗位》（后改名《西南文艺》），刊载抗日、民主内容的作品。云南的许多报纸，如《云南日报》《正义报》《昆明晚报》以至《扫荡报》的副刊，均为分会成员担任编辑。差不多同时，还创办了《战歌》（以救亡诗歌社名义创办，徐嘉瑞、雷溅波、罗铁鹰主编）、《文学季刊》（李寒谷、周辂主编）、《警钟》（彭桂萼主编）、《诗与散文》（龙显球等主编）、《创作月刊》（张煌主编）、《金碧旬刊》（罗铁鹰等主编）、《文学评论》（雷石榆主编）、《枫林文艺》（魏荒弩、邱晓崧主编）、《文聚》（林元、马尔俄主编）、《北鸥文艺》（王运生主编）、《高原文艺》（李天柱主编），此外还有大学生主编的《笕桥》《文艺新报》《匕首》《十二月》《西南文艺》等报刊。

话剧和歌咏活动也很兴旺。有范启新组织的"野草剧社"，昆华民众教育馆组织的"昆华新剧社"（后改为戏剧研究会）；王旦东、李家鼎组织的歌咏团，云南艺术师范学校成立的业余"金马剧社""金马巡回话剧团"以及"大鹏剧社""益世剧社""西南剧团""叙昆剧团""社会剧团""邮务工会话剧社""射日剧团""抗日剧团"等，开展抗战话剧活动和歌咏活动，曾演出《血洒卢沟桥》《全民抗战》《民族光荣》等戏剧。还有表演花灯戏的"农民救亡灯剧团"[①]。

总之，这一时期云南的文化团体、文艺刊物，为抗战而活动，为抗战而呐喊，起了重大的作用，除了中共云南地下党的领导和组织外，这与龙云的支持和提倡是分不开的。

此外，龙云还利用一切机会，宣传抗日英雄的事迹，激励人们团结抗日的精神。

1941年初，蒋介石制造皖南事变的消息传到昆明，龙云对蒋介石的反共军事行动十分不满。他说："既打外战，又打内战，怎么可能打败日本呢？""自己设圈套消灭自己的军队（指新四军），这是哪家的'中央政府'？"

1941年5月，国民党新三军军长、云南江川人唐淮源，十二师师长、云南腾冲人寸性奇，在中条山与日寇战斗中，壮烈牺牲。消息传到昆明，龙云亲自在昆明主持召开了唐淮源、寸性奇二烈士的追悼大会。龙云在追悼会上，介绍了两位烈士的生平以后说："两公之荣，国家之荣，地方之荣，也就是唐、寸两府之荣。我们应善抚之，同时更要学习两公的战斗精神。"号召云南人民为抗战作出更大的贡献。

### （四）滇西抗战

1941年底，继苏德战争爆发之后，日本帝国主义又发动了太平洋战争。到1942年上半年，日寇已先后占领了菲律宾、关岛、威克岛、香港、

---

① 参见蓝华增：《现代云南文化述略》。

马来西亚、新加坡、缅甸以及印度支那等地，侵略矛头已触到我云南西部边境地区。

　　1942 年 4 月 29 日，当进入缅甸的国民党军队主力在曼德勒以南与日军作战之际，日军乘虚以第五十六师团由棠吉进攻腊戍，以装甲车为先导，并用汽车载运步兵的快速部队沿滇缅公路挺进。5 月 2 日，进入边境之畹町，4 日进占龙陵，当晚进至怒江惠通桥西岸，如入无人之境。5 月 5 日上午 8 时左右，我守桥工兵将惠通桥炸断，阻止敌人深入怒江以东。5 月 10 日，腾冲沦陷，滇西形势危急。那时美国志愿空军指挥官陈纳德 5 月 4 日给蒋介石的一个报告中说："根据美空军的侦察报告，在滇缅路上中国军队零零落落，溃不成军，对于日军的前进，完全没有抵抗。如果再不设法挽救，依照敌人几天来前进的速度计算，大约十天就可到达昆明了。"[1] 可见其情况是十分紧急的。延至 1943 年初，日寇势力向北伸延，经泸水、碧江，到达福贡和贡山地区。这样，日寇就占领了怒江以西，南到畹町、北达贡山的数百公里长的广大地区，据统计约 83000 平方公里[2]。据缴获的日军作战地图得知，日军 56 师团全部

1943 年，蒋介石赴埃及出席开罗会议前，路过昆明与龙云会晤时留影

　　① 宋希濂：《鹰犬将军》第 156 页，中国文史出版社 1986 年版。
　　② 参见台湾"国防部史政编译局"之《抗日战史》中《西南及滇缅作战》第 373 页，1990 年版，此系按当时所绘中缅未定界边界计算的土地面积。

在腾（冲）龙（陵）地区，分为腾北、腾冲、龙陵、腊猛（松山）、芒市、新浓6个守备区，师团部及直属部队驻芒市，其兵力1.5～2万人①。可见，日军对滇西的入侵是大团队有计划的侵略罪行。

日寇入侵滇西地区，激起了云南爱国军民的无比愤怒。龙云为首的省政府，紧急动员，军民纷纷请缨西进，要坚决打退日寇的猖狂气焰，当1942年5月5日，日寇四五百人在怒江渡江，与我第三十六师一〇六团相遇。一〇六团官兵发扬爱国主义精神，坚决反击日寇进攻，双方争夺十分激烈。第二天，一〇七团赶到，投入战斗。经过两天争夺，歼敌200余人。但敌人仍负隅顽抗，后经三十八师与敌军反复冲杀，至8日上午将怒江东岸敌军大部消灭，只有数十名敌军泅水逃回西岸。这是入寇滇省的日军第一次遭到的顽强抵抗。经过此次战役，阻止了敌军沿滇缅公路向东突进的企图，奠定了敌我隔江对峙的局面。

日军入侵滇西，蒋介石和龙云都大为震动。因为，滇西危急，既威胁到昆明的安全，也威胁到重庆的安全。蒋介石不得不争取和安抚龙云，以便能够集中力量，指挥滇缅战场的抗日斗争。而龙云也意识到事态的严重性，全力支持中央军在滇西的军事行动，他以省政府名义号召全省人民和各级地方政府，支持滇西抗战，要求滇西沦陷区各级政府开展游击战，组织民众自卫部队，协助中国远征军（中央军在滇缅前线部队）打击敌人，"随时向驻军长官请示机宜"。②龙云还令驻保山之滇军旅长龙奎垣及保山县长，"军民务须同心协力，一致合作。在此期间，凡在保山部队、地方团队及民众，一律听宋总司令希濂指挥，精诚团结，以收军民一致合作

---

① 宋希濂：《鹰犬将军》第161页。

② 《云南档案史料》1989年第4期第22页。

之效，切勿各行其是，步调分歧"。① 龙云还应蒋介石及远征军各部队要求，组织民工，破坏滇缅公路、滇越铁路路基及便道，以及组织民工运送军粮弹药和伤员等。龙云对边境土司的状况也很关心，希望组织他们抗战。据李根源记载，他以云贵监察使的身份，"奉蒋委员长电令及监察院电催和龙主席嘱托"赴滇西宣传抗战，组织民众，发表《告滇西父老书》，号召滇西各族人民戮力同心，协同作战，"抱定更大牺牲的决心，驱除日寇，恢复失土"。② 又令各土司勿忘国耻，协同作战，调动了土司抗日的积极性。

　　日军入侵滇西，一路烧杀抢掠而来，铁蹄所至，尸骨遍野。日寇入侵滇西地区，激起了云南各族人民爱国军民的无比愤怒。在以龙云为首的云南省政府号召下，全省军民紧急动员起来，纷纷请缨西进，坚决打退日军的猖狂气焰。滇西边境各族人民为了捍卫民族的生存，奋起抗击日寇的疯狂进攻和野蛮屠杀。腾冲、龙陵、潞西、梁河、盈江、瑞丽、陇川及泸水等地区傣、景颇、傈僳等族民众，在十分困难的条件下，纷纷组织起来进行抗日游击战，配合抗日军队，打击日本侵略者。

　　1942 年 5 月 18 日，日军百余人经曲石向瓦甸前进，至宝华乡归化寺，与预先埋伏之中国护路营一部遭遇，发生激战，打死敌中队长牧野以下 40 余人。瓦甸区长孙成孝率领民众奋起参加作战，中弹牺牲。6 月 3 日，日军在怒江惠通桥西岸集结兵力 1000 余人，企图进犯保山，并已有 300 余人抢渡到怒江东岸。中国第十一集团军总司令宋希濂驻蒲缥（属保山）部队赶往增援，在云南各族人民的支援下，将渡江敌人全部消灭。直到抗日

① 《云南档案史料》1989 年第 4 期第 22 页。

② 李根源：《告滇西父老书》，见《新编曲石文录》第 332 页，云南人民出版社 1988 年版。

战争结束，日军始终未能越过怒江天险。

在怒江以西的敌占区，我滇西军民与敌人经历了大小数十次的战斗，给敌人以沉重打击。例如，1942年5月中下旬，敌我双方在腾冲橄榄坝、黄草坝之战，双方争夺达12天之久，敌人伤亡惨重。8月，在腾冲蛮东地区，敌人进行扫荡，遭我伏击，死伤100余人。九保镇爱国士绅赵宝贤、赵宝忠临时收编民兵，作战甚为英勇。所以日军入侵腾冲后，立即派人将赵氏兄弟住宅烧毁以泄其愤。

日军入侵腾冲时，原腾冲县长等人先敌而逃。著名腾冲爱国士绅张问德、刘楚湘等人，毅然以抗敌为己任，并将县政府迁往腾冲乡村游击区界头。张问德不顾63岁的高龄，于1942年7月3日接受龙云省政府的任命，在界头宣誓出任腾冲抗战县长，领导腾冲各族人民进行抗日斗争。日寇对张问德百般诱降，均遭拒绝。1943年8月30日，日军驻腾龙地区"行政班本部长"田岛，竟然向张问德发出诱书，邀请张问德"长日聚

1944年抗日战争期间龙云与美国副总统华莱士等在一起。右一：熊庆来；右二：宋子文；左三：陈纳德；右四：华莱士；右五：龙云

198

谈"，以协商"双方民生之困难问题"，"不许有一语涉及双方军事问题"，并保证张问德来往安全。9 月 12 日，张问德复函田岛，严词拒绝。指出："自事态演变以来，腾冲人民死于枪刺之下，暴露尸骨于荒野者，已逾二千人；房屋毁于兵火者，已逾五万栋；骡马损失已过六千匹，谷物损失达百万石，财产被劫掠者近五十亿。遂使父失其子，妻失其夫，居则无以遮蔽风雨，行则无以图谋生活，啼饥号寒，坐以待毙"。复函指出这些均属罪行，"故余拒绝阁下所要求之择地会晤，以作长谈，而将从事于人类尊严、生命更为有益之事。痛苦之腾冲人民将深切明了彼等应如何动作，以解除其自身所遭受之痛苦"。<sup>①</sup>《答田岛书》大快人心，大义凛然，伸张了中国爱国军民的志气，也得到了国民政府的表彰，被誉为全国"沦陷区五百多个县县长中之人杰楷模，不愧富有正气的读书人"<sup>②</sup>。以龙云为首的云南省政府以民政厅名义发布训令说："该县长对敌周旋不失身份，复函义正词严，揭破敌人奸诈伎俩，深堪嘉尚。"特此"传令嘉奖"<sup>③</sup>。

1943 年，世界反法西斯战争取得了重要进展。滇西反攻战则于 1944 年 5 月拉开序幕。投入滇西反攻作战的正规部队，有宋希濂的第十一集团军和霍揆彰的第二十集团军约 16 万人，在云南省政府和云南各族人民的支持下，进行作战。滇西反攻战又分为四个时期，第一为强渡怒江，第二为围攻据点，第三为攻克腾龙，第四为会师芒友<sup>④</sup>。

1944 年 5 月 10 日夜，中国远征军分路大举强渡怒江，初期渡江有 4

---

① 《云南档案史料》第 11 期第 32～34 页。

② 黄槐荣：《腾冲的全民抗战》，《腾冲文史资料选集》第 1 集第 201 页。

③ 《云南省民政厅嘉奖腾冲县长张问德》，《保山地区史志文辑》第 4 辑第 378 页，1990 年版。

④ 《中国远征军反攻缅北作战概况》，《抗日战争正面战场》（档案资料）下册第 1530～1533 页，江苏古籍出版社 1987 年版。

万人，一举成功。但渡江以后战斗却相当激烈，许多堡垒、山头、村寨数易其手，最后才攻克。例如，腾冲战役中，历经51天的围攻和苦战，才于9月14日攻克。腾冲日军守军2600余人，除50人被俘外，其余全部被歼（含少数自杀）。据当时《大公报》记者报道，经过47天的苦战，使蒙受858日"亡国之痛"的腾冲（1942年5月10日至1944年9月14日），终于在9月14日上午10时重见光明。我军攻入城后，历数日寇在城内的堡垒，不下300多座。记者在我军入城后一小时进城，发现"腾冲城内不仅找不出几片好瓦，连青的树叶也一片无存"。可以看出"每一寸土地，都是浴血搏斗得来的"[1]。腾冲战役，公署、学校、庙宇被毁50余所，民房铺面被毁五六百间，4个城楼及城中心之文星楼全部炸毁，城墙炸出缺口60多处。这是名副其实的焦土抗战。据腾冲所立抗战阵亡官兵纪念碑记载，1944年收复腾冲的战役，从夏到秋，大小40余战，歼敌联队长藏重康美以下1万余人。我军亦阵亡团长覃子斌、李颐等官兵8000余人，受伤近万人。战争之激烈，"为中日战争中所鲜见"。[2]综计渡江至克复腾冲止，历经大小战役40余次，生俘敌军官4人，士兵60余人，营妓18人，毙敌军官100余人，士兵6000余人。我军则伤亡官佐1334人、士兵17275人[3]。

松山战役又是一番情景。松山为高黎贡山正脉，雄峙怒江西岸，是滇缅公路惠通桥至龙陵的必经之道，重要的制高点，有"直布罗陀"之称。我军从6月4日向松山发起进攻，经过3个多月的苦战，才于9月7日全歼松山守敌。这次争夺战中，"守备该地的2000名日军中，只有9名被

① 随军记者报道，参见《大公报》1944年9月下旬。
② 《抗日战史》第9卷第438页。
③ 《第二十集团军腾冲战役经过》，《抗日战争正面战场》下册第1509～1510页。

俘，10 名逃脱"，其余全部被歼。而我军死伤官兵达 7679 人①。松山争夺战是滇西抗战中最艰苦的战役，也是争夺滇西抗战胜利的关键一仗。松山克复，打通了到龙陵的交通线，为滇西全面反攻开辟了胜利的道路。

接着，我军于 11 月 3 日收复龙陵，11 月 20 日收复芒市；1945 年 1 月 20 日收复畹町。这样，经过半年多的艰苦反攻，滇西沦陷区终于全部收复。日本侵略者被赶出了全部滇西国土。1 月 27 日中国远征军与中国驻印军队在缅甸境内芒友会师，标志着滇西战役的完全胜利。

滇西反攻战从 1944 年 5 月 11 日到 1945 年 1 月 27 日，历时 8 个月零 16 天。据统计，滇西缅北反攻作战，日军伤亡和被俘共 21057 人，而中国仅远征军即阵亡官兵 26697 人，伤 35541 人，失踪 4056 人②。滇西抗战的胜利，在抗日战争史上具有特殊意义。首先，日寇入侵滇西，正是抗日战

龙云在抗日战争后与美军将领在一起。右一：何应钦，左二：龙云，右二：陈纳德

① 美国新闻处编印：《怒江战役述要》第 17 页，1945 年 6 月重庆版。
② 参见张宪文主编：《抗日战争正面战场》第 307 页，河南人民出版社 1987 年版。

争最艰苦的年代，也是日寇最嚣张的时期。由于滇西军民的英勇抗击，使日寇进攻受挫，只能局限于怒江以西的一隅之地，这与国民党其他地区一溃千里的情形相比，滇西战场坚持两年余未使日寇阴谋得逞，实属不易。

其次，在大反攻前夕，滇西军民主要依靠自己的力量，付出了重大的代价，收复了被日军占领的怒江以西地区，影响深远。它不仅为国民党统治区人民反击日寇侵略树立了良好的榜样，而且打通了由印度经缅甸北部进入中国的国际交通线，使大量的物资得以源源不断地运入内地；同时由印度沿公路线安设油管，将汽油大量运入中国。这对全国的抗日战争也是巨大的支援。

最后，必须谈及的是云南各族人民和云南省政府对抗战都抱有的巨大热情。例如，仅在 1944 年反攻腾冲的战役中，腾冲地区就出动了民夫 3.8 万余人，为部队运送粮秣弹药；用于向导、侦察、救护的勤务民夫又有 5000 余人；后又发动 3000 余人赶修腾龙公路、抢修机场等。这就是说，腾冲之役总共使用民夫 4.6 万余人。而据宋希濂的估计："当时投入这场运输任务斗争的滇西老百姓，至少有二三十万人"[①] 之多。而腾冲地区各族人民代替兵站供应军粮近 830 万市斤，马料 210 万市斤。仅在腾冲各次战役中牺牲的各族群众即达 4000 人之多。没有云南省政府的组织和努力，没有滇西各族人民的支援，滇西抗战的胜利是难以想象的。

滇西抗战的胜利，是以龙云为首的云南省政府，在抗日战争中为民族、为祖国、为人民所作出的重要贡献。

---

① 宋希濂：《远征军在滇西的整训和反攻》，《文史资料选辑》第 8 辑第 76 页。

## 十二　秘密入盟

### （一）对蒋介石的疑虑

全面抗战开始以后，龙云对蒋介石存在着许多幻想，希望他能认真地真诚地进行抗战。然而，事实的发展并不以龙云的愿望为转移。

有一件事不能不在龙云思想上产生很大的疑问。这就是已经表示抗战的蒋介石，却又同时向日本谋求妥协投降。龙云听当时四川省主席张群说：抗日战争初期，当上海战事失利以后，日军向南京推进，德国希特勒电告他的驻华大使陶德曼，叫他劝阻日军不要即时进攻南京，前进到镇江暂停，德国愿意从中调停。日军当局接受了，曾提出日方的条件送交南京外交部。此时南京的要人多已纷纷逃往武汉。蒋介石尚在南京，当夜召集会议，讨论日方所提出的条件，参加会议的仅六七人。蒋把日方的文件在会上传阅后，没有一人表示意见，蒋说："这个条件还不是亡国条件，可以接受，交王宠惠部长答复陶德曼好了。"孰知王宠惠还来不及答复，日军竟已打过镇江，蒋慌忙离开南京飞往武汉，把南京防务交给唐生智负责。不数日，南京即沦陷。日军通知陶德曼说，日军不再前进，在南京等待中国方面的答复。蒋介石久不答复，日军又通知陶德曼说，东京即将召集御前会议，中日问题经日皇决定后就不能变更了。陶德曼即飞武汉转告蒋介石，蒋又叫王宠惠立即答复。当夜王酒醉不能起床，次日才作答复。陶德曼接到文件后说："答复迟了一点，计算日子，离日皇的御前会议只有两天了。今天发电给驻日德大使，他明天才能送到日本外务省，能否在御前会议之前送达，尚不可知，我先声明。"后来听说此电到东京后，御前会议已经开了，而且决定今后中日问题不以蒋介石为谈判对手。蒋介石听到这消息后，非常着急，经过一番商量，才重新宣言"长期抗战"①。

龙云对此事虽未声张，却对蒋介石的"长期抗战"打了一个大问号。加上抗战期间，蒋介石还派特务深入云南，到处活动，也引起龙云的不满。特务头子康泽亲自到云南，要求龙云抓捕中共地下党员。龙云很不满意地说："拿出证据来，我可以办。"结果康泽不知是拿不出证据来，还是不敢拿出证据来，总而言之是没有拿出证据来，龙云就没有理睬康泽提出的要求。特务们要求龙云镇压学生运动，龙云却说："学生都是好学爱国的，借事生端是极少数。他们闹事，是因为政府有些事未办妥，他们有意见，只要政府改善，他们会听话的。有些人无事找事，学生说几句话要根究，教授讲学也干涉，结果越压越闹，'防民之口，甚于防川，川壅而溃，其伤实多'。有些人不听我的话乱来，以后闹出事来，我就不管。"②几句话逼得特务们无话可说，更不敢公开采取行动。

徐州、台儿庄撤退后，蒋介石在武汉开会，电告龙云赴会。龙云路过成都，与川军将领刘文辉、邓锡侯等人密约，如果以后被蒋解决时，应互相支援。川军王缵绪告密，蒋曾电告龙云："川事复杂，希勿干预。"蒋表

---

① 龙云：《抗战前后我的几点回忆》。
② 赵振銮：《龙云和蒋介石的合与分之我见》，云南省历史研究所《研究集刊》1983 年第 2 期第 54 页。

面上对龙云关心，实已猜忌在心。还在南京沦陷前，李宗仁、白崇禧要赴南京开会，龙云曾与川军将领联名致电李、白说："传闻中央抗日，是否出于诚意，尚未可知。兄等未可轻易入京，恐抗日不成，失去自由，望深思熟虑！"龙云实际已在考虑，联络西南力量，以防蒋介石借抗战之机，解决云南和西南各省。

龙云到达武汉后，蒋介石非常殷勤，当晚就约龙晚餐，席间两次表示说："志舟兄（龙云字志舟）此次到武汉，等于带着百万雄师来的。"龙云不明白此话的用意，未便作答。后来，龙云问张群说："委员长昨晚在席间说我的话，其含意何在？"张群说："因为日本御前会议决定，中日问题不以蒋为对手。他恐怕这个消息传出后，地方人士及抗日将士对他的威信有所动摇，所以你此次来汉，他特别高兴。"

在武汉会议上，龙云表示愿再派一个军支援全国抗战。这就是继第六十军之后派出的第五十八军，军长是孙渡。会后，龙云很快返回云南。离武汉前，蒋介石又召见龙云说："戴笠派在云南工作的人员，我已告诉他全部撤回，今后如有人假借军统名义在云南活动，你可以拿办。"以示笼络龙云，而实际上军统、中统特务在云南的活动并未减弱[1]。

1938 年成立云南军管区，龙云以省主席兼军管区司令。1941 年，蒋介石又委任龙云为昆明行营主任，命中央在滇所有部队，都归龙云指挥，以抬高龙云的地位。龙云欣然接受，不过他能指挥的仍然是滇军而已。只是有一点好处，这就是他以行营主任的地位，可以不准许中央军进入昆明市内，不准许中央系统的宪兵、警察在市区执行任务，这样既保护了云南的地盘，又保护了昆明地区的民主势力。

---

[1] 龙云：《抗战前后我的几点回忆》。

龙云传

### （二）对蒋介石的不满溢于言表

在与蒋介石的 10 多年交往中，龙云起初对蒋是竭诚拥护的，后来看到蒋为人处事，私心自用，对他逐渐怀疑起来。蒋介石"长期抗战"的宣言，也是以保持个人地位、独裁集权为前提，因而疑问更多，不能不有所警惕和准备。

滇军第六十、第五十八两军出征后，龙云为保存实力，不顾蒋介石"国防归中央，保安归地方"的规定，成立了步兵 8 个旅，委卢濬泉为第一旅长、龙绳武为第二旅长、阎旭为第三旅长、马继武为第四旅长、杨炳麟为第五旅长、龙奎垣为第六旅长、万保庶为第七旅长、龙绳祖为护卫旅长。人事安排，完全由龙云决定，归滇黔绥靖公署指挥。1941 年以后，又改编为 6 个师和 1 个独立旅，第十八师师长卢濬泉、十九师师长龙绳武、二十师师长安纯三、二十一师师长马继武、二十二师师长杨炳麟、二十三师师长潘朔端、独立旅旅长龙绳祖。各师、旅都属龙云直辖，未编入战斗序列。除正规军外，龙云还加紧轮番训练国民兵团、保卫营、常备队、自卫队。保卫队全省各县普遍成立，分为甲、乙、丙三种。大县为甲，中等县为乙，小县为丙，人数不一，均称为中队，编为营，有一县编一营的，也有两县编一营的，由省政府委任营长统率和训练。共计全省编为 48 个营，每营有上千人的，有四五百的，也有二三百的，人数不等。

抗战中期，蒋介石在昆明成立驻滇干训团，自兼团长，委龙云、陈诚为副团长，由陈诚负实际责任。开学时，请龙云参加，陈诚率队欢迎。龙云有意迟到，使陈诚一直列队等待。中央军官骂龙云"摆臭架子"。其实龙云此时不仅恨蒋介石，而且更恨戴笠和陈诚。抗战后期，蒋介石把中国陆军总司令部设在昆明，委何应钦为总司令，卫立煌、龙云为副总司令。

所属四个方面军司令官卢汉、张发奎、汤恩伯、王耀武，都由蒋介石直接指挥，使龙云成为附属品，徒负虚名，龙不愿就职。

抗战期间，龙、蒋在财经方面的斗争，更为厉害。1940年前，中央军驻在云南的日益增多，蒋介石要龙云划分国家财政和地方财政，同时要龙云将所属地方资本所积存的物资、现金，一概交国民党中央，龙云不愿。1941年底，龙云命令财政厅将云南积存的银圆约2000万元、黄金数万两，以及债券、外汇、美钞、英镑、官产、烟土等，全部拨出，不属省财政厅。1942年1月，成立云南省企业局，接管、接收原有和新建的企业单位近30个，包括钨锑、铜矿、大锡、盐、煤、铁、铁路、纸烟、火柴、石磺、农垦、水利、造币、官印、兵工、制革、火药、汽车、电报、电话、度量衡等，都与中央争利。抗战之期，滇越铁路畅通之时，货物源源运出和运入，中央官僚资本及其有关单位，运出运入物资，不愿缴纳云南规定的"特种消费税"，认为海关以外再纳税，属于重征，取名"龙云税"。龙云却强调"云南为抗战大后方，地当缅越之交，为巩固国防，补充军实，不得不征消费税，为云南即为国家"。①

在金融方面，云南富滇新银行单独发行新钞票，利用昆明后方人才汇集的机会和云南经济委员会的机构，扩充并新建了几个轻重工业的厂矿；同时又办合作事业，把金融势力扩展到农村，以抵制国民党中央官僚资本在云南的农贷和合作金融方面的活动，使国民党政府农本局业务，无法在云南农村开展。1942年以后，富滇新银行发行新滇币8000万元。富滇新银行初成立时，股本为半开新币2000万元；抗战初期，确定滇币和国币的换算为二抵一，富滇新银行股本折合国币4000万元。而当时的国民党中

---

① 云南省历史研究所《研究集刊》1983年第2期第57页。

龍雲傳

央银行，为全国金融市场的中枢，股本仅为国币 2000 万元；中国银行，管理国际汇兑，公私合股也只有国币 4000 万元；交通银行，办理全国实业放款，经管全国路、电、邮、航的收付，公私合股为国币 2000 万元；农民银行的任务，是调整农副产品，救济农业资金，股本为国币 2000 万元。由此可见，云南富滇新银行与四大家族的几个主要银行相比，股本并不算少。云南富滇新银行利用云南纺纱厂和裕滇纺织公司，把钞票变成棉纱，又把棉纱变成钞票，反复投机，利润越来越大。四大家族的官僚资本十分眼红，总想在金融方面对云南下手，一时又难以如愿[1]。

蒋介石多次在表面上明令"禁烟"，却又让农民银行掌握和操纵着"特货"（鸦片）、"特税"（烟土税），又作无本取利的高利贷，赚了很多金钱，供蒋介石"特支"经费打内战和收买、笼络有关人士之用。龙云表面上也在"禁烟"，每年在"六三"禁烟节时，拿点劣货烧毁以为应付，手里却仍然控制着大量"特货"，作为地方经费。蒋介石以禁烟总监的身份，多次严究，龙云皆做表面文章以为应付。因涉及巨额的经济收入，龙蒋之间的矛盾日益加深。

云南的地方银行，分为两大系统。一为缪嘉铭系统（缪系），属于缪系的银行首推富滇新银行，控制着外汇、合作金库，势力深入到云南广大农村。二为陆崇仁系统（陆系），属于陆系的有兴文、劝业、矿业、侨民、益华、光裕六个银行，财政厅长陆崇仁身兼六行董事长。兴文银行代理省库，与各行互相勾结，运用自如。此外，还有其他的地方银行，如长江实业银行、昆明商业银行等。这些地方银行，与四大家族的中央、中国、交通、农民各个银行在投资经营方面，都有冲突和矛盾。

---

① 云南省历史研究所《研究集刊》1983 年第 2 期第 58 页。

抗战中期以后，昆明为后方重镇，驻扎着国民党中央军卢汉的第一集团军（原为滇军）、杜聿明的第五集团军、关麟征的第九集团军、宋希濂的第十一集团军、霍揆彰的第二十集团军等五个集团军，加上远征军、昆明行营、滇黔绥靖公署直属部队及军师团管区所属补充团队，中央各军事学校、机关工厂、大专院校、难民等，总计增加100万人以上，生活所需，全赖地方供给。尽管云南已有所准备，供给的担子仍然相当沉重。龙云力促省参议会，代表民意，迭请中央减少征兵、征粮项目，以舒民困，给蒋介石施加压力。1943年，国民党政府军政部要云南新征壮丁3000名，作远征军杂兵使用，龙云以"各有配征管区"为由，批道："以不教民战，是谓弃之。"意思是说，把没有经过训练的新兵送上前线，等于送死。就这样坚决顶了回去。同年，国民党政府军需处长陈良到昆明，答应龙云由重庆发棉军衣一万套，给云南新兵使用，龙云派云南军管区上校总务科长赵振銮去领。赵到重庆后，经办人员百般刁难，经过送礼回扣，才得领运。冬服到昆，已经过冬。龙云追究责任，赵将情况报明，龙云在报告上亲自批上以下字句："中央满口关心士兵，实际不管死活，怎能作战。"不满的情绪，已有充分显露。

赵振銮在1943年春，到云南宣威点验后补营，路经曲靖，曲靖县长刘荫福反映："中央军一个连长，把病死士兵，黑夜派人拉到豆田里，手中塞一把豆叶，头上'打伤'。第二日清晨，派人找田主，说农民打死偷蚕豆的士兵，要农民赔偿人命，农民无奈，只得送钱了事。这种事县上很难办。"赵振銮回到昆明后，把情况向行营秘书长白小松报告，白小松说，类似情形，各县多有呈报。龙云看到这类公文，也常生气。

1944年春，国民党政府军政部在昆明黑林铺成立新兵集训营，将接收的新兵经短期训练以后，补充前方。由于长途跋涉，疾病疲劳，医药缺乏，营养不良，死亡较多，被埋在团山松树林中，秽气四溢。附近群众意见很大，经人向省政府报告，龙云即派赵振銮等人前往查看。赵到集训营后，由集训营主任左叔平领着视察，副官邹祖彝拿锄头挖开松土地方，发现有剥去衣服后光身埋的士兵，状甚凄惨，不堪入目。赵振銮将调查报告送上后，龙云在报告上批道："我不杀伯仁，伯仁因我而死。军政部直属机关，竟然如此，殊堪痛恨！"①

以上所说，从军事、财政、经济、金融、行政事务交涉中，云南地方与国民党政府中央经常发生意见分歧，这也反映了龙云与蒋介石矛盾的发展和深化。随着抗日战争的进展，龙云对蒋介石的不满日益表面化，龙云已到了按捺不住的程度，经常满口牢骚，到处指责蒋介石的作为。在一次交谈中，龙云对昆明行营政训处长裴存藩公开骂蒋介石说："'亲贤臣、远小人，此先汉所以兴隆也；亲小人、远贤臣，此后汉之所以倾颓也'。蒋介石若重用李济深（任潮）、杨杰（耿光）才能使行阵和穆，优劣得所。如再用陈诚、戴笠，就必然众叛亲离，同室操戈。"②裴存藩虽是龙云同乡、部属，却是蒋介石派在他身边的军统特务，这一点龙云是很清楚的。龙云明知裴存藩其人，却仍要这样说，足见其愤懑之情发展到了什么程度。

1943 年秋天，龙云曾回自己的老家昭通。昭通举行群众大会热烈欢迎龙云返家视察，龙云在群众大会上发表了两个小时的演讲。他没有带讲稿，讲到什么地方算什么地方。这次讲话慷慨激昂，中心问题是强调"民为贵，君为轻"。他在大会上问什么是民主，民主与独裁有什么区别？还

---

① 云南省历史研究所《研究集刊》1983 年第 2 期第 59 ~ 60 页。

② 云南省历史研究所《研究集刊》1983 年第 2 期第 54 页。

问到会群众，为什么提到"蒋委员长"，大家要站起来，这是什么道理？龙云说，宋希濂的部队在滇西，搞得乱糟糟的，军需品供应不上，竟然就地抓县长，老百姓受害太深了。龙云讲到这里，大为感叹。龙云这次长达两小时的讲话，在当时的《滇东日报》和《云南日报》昭通版上都几乎全文发表了。

大会以后，龙云又在昭通县城云兴街的龙公馆接见新闻记者，发表了进一步讲话，中心课题还是民主与独裁的问题。这次讲话分两段进行，第一段讲了一个小时后休息，第二段又讲了两个多小时。据在场的《滇东日报》负责人黄济舟的记录和回忆，龙云讲话中对抗战形势比较乐观。

龙云说："1943 年以来，日军在缅甸受到中英军队的夹击，伤亡很大；在湘桂方面，敌军拼着赌注，行险侥幸。特别是在太平洋方面，美军由逐岛战改为越岛攻击的跃进战略，取得了制海权、制空权，不仅打回了菲律宾，而且快要打到日本的大门口，日本的海、空军实力已被摧毁了大半。这是一个很大的转折，只要我们能团结一致，把抗战进行到底，最后胜利是有绝对把握的。"

龙云问黄济舟："你是贵阳人，去年又回过，你可以谈谈贵州民变的情况。"黄济舟在介绍了近年来，贵州群众不堪忍受残酷的剥削、压迫而造反之后，龙云接着说："这是官逼民反。"新疆的伊犁事件，也是官逼民反的结果。然后，他又讲了一番民主与独裁区别的道理后说："我打算培养一批学生去外国留学，可是办护照快两年了，就是办不下去。我自己出钱培养，中央就是卡。现在，什么时候办好，什么时候立即就走。""我们的报纸不要再谈什么'党争'了，要学昆明的《正义报》《云南日报》的作风，不搞那些名堂，不要煮豆燃豆萁嘛！"最后又说，"提到'蒋委员长'，大家就站起来，这不是偶像崇拜吗？"①

总之，龙云回昭通的长时间讲话，对蒋介石的不满已溢于言表。深入到各地的特务，自然会把这些公开和半公开的讲话，向蒋介石报告的。

### （三）中共对龙云的争取

中共中央南方局以及中共云南地下党组织，很注意龙云的言行。为了争取地方实力派积极参加抗日战争，中国共产党做了大量的工作。1938年8、9月间，日军逼近武汉，中共中央长江局于10月由武汉撤至重庆，改名为中共中央南方局。南方局是中共中央在国民党统治区的派驻机关，直接实现中共中央对国统区人民抗战的领导。因此，团结一切抗日力量，包括争取地方实力派在内，坚持抗战，就成了南方局的主要任务。南方局在西南实力派与蒋介石集团复杂微妙的矛盾关系中，大力地开展了抗日民族统一战线的工作，以把地方实力派争取到抗日方面来，孤立顽固派，反对投降派。中共云南地下党组织也加强了这方面的工作。

早在1935年12月，中共云南地下党组织恢复和重建，成立了中共云南省临时工作委员会，以李浩然（吴懋德）为书记。1937年5月，中共华南工作委员会派李群杰由香港回昆明，建立了中共昆明支部，李群杰任书记。1938年5月，中共长江局派马子卿（于莘）为党代表，到云南将两个平行的组织中共云南省临工委和中共昆明支部合并，于8月成立统一的中共云南省工作委员会（省工委）。

1938年4月，西南联合大学的师生开始陆续来到昆明，对于昆明地区的民主运动注进了新的血液。当时昆明各校学生公开组织了全省学生抗敌

① 黄济舟：《抗日战争中的龙云将军》，《昭通文史资料选辑》第1辑第187～190页。笔者根据采访黄济舟的谈话记录，作了补充。

后援会（"抗敌会"），推动着整个云南省抗日救亡运动和民主运动。随后又秘密组织了"云南省青年抗日先锋队"（"抗先"）。西南联大的学生带来了"中华民族解放先锋队"（"民先"）的组织。"抗先"与"民先"组织协同活动，配合默契。到1938年6月，经中共云南省工委批准，"民先"与"抗先"合并为一个组织"民先"。这些组织在云南的救亡活动中，都起过重要作用。到1939年2月，根据中共中央的指示，"民先"宣告解散，停止活动。与此同时，在西南联大建立了中共地下党支部。

根据这时形势的变化，中共中央指示在国民党统治区的工作方针是十六字："隐蔽精干，长期埋伏，积蓄力量，以待时机"，批评那种"轰轰烈烈，空空洞洞，张牙舞爪，到处吓人"的作风。中共南方局还提出地下党员要执行"三勤"（勤学、勤业、勤交友），实行"三化"（职业化、社会化、合法化）的具体任务。中共云南地下党组织，积极贯彻了十六字方针，从云南的实际省情出发，开展统战工作。1941年初，"皖南事变"发生后，党的工作进行了收缩，对已经暴露的党员迅速转移。同年，蒋介石派特务头子刘健群到昆明，迫使龙云限制中共云南地下党组织的活动，龙云采取了中立态度，口头上宣传反共，实际上并没有采取什么认真的措施。不久，何应钦带着特务，带着黑名单来到云南，准备大逮捕。原中共昆明支部书记李群杰，是地下党组织派到国民党昆明行营担任党、政、军、警、宪、特联席会议秘书的，他拿到了这个列有100多人的黑名单后，立即交给了中共云南省工委书记马子卿。其实这个名单上真正的共产党员只有两人。省工委闻讯，紧急进行了疏散[1]。由于龙云为首的省政府，

① 李群杰：《抗战初期我回云南工作的情况》，《党组织恢复重建和抗日救亡运动》第190页，云南民族出版社1990年版。

拒绝与国民党中央派来的特务合作，使他们在云南无法开展工作。据沈醉后来回忆，他当军统滇站站长时，始终没有找到地下党的线索，他的两个前任，也没有找到云南地下党。正是因为这个缘故，所以在八年抗战期间，除云南文山地区有一个不大的支部遭到破坏之外，全省地下党组织都没有遭受过破坏。解放战争时期，直至云南解放，也没有遭到破坏；而且，"民先""民青""新联""工联"等地下党的外围组织，也没有遭受破坏①。

中共中央南方局和云南省工委分析了龙云的情况，进行了积极争取龙云的工作，主要通过三条渠道：一是通过倾向进步的龙云部属张冲的关系，这在1940年就开始了。二是通过中苏文化协会会长刘震寰，他当时是龙云的顾问。三是通过杨竹庵、廖品行、刘耀阳和省参议会议长等人，他们主要是劝说龙云打击蒋介石派遣的特务，抵制蒋介石挤进云南，促进龙云参加到抗日民族统一战线中来。

同一时期，中共云南省工委根据中共南方局的指示，向龙云提出了十条建议："一、坚持团结抗日，才能得到各方面的支持，对国家做出贡献。二、与川康邓锡侯、潘文华、刘文辉合作，互相支援。三、与共产党和民主党派取得联系，互相配合。四、与社会上民主爱国人士多接近，帮助解决其困难，争取支持。五、对中央军进驻云南要加以限制防范，如杜聿明部在昆明的防守司令部，其醉翁之意是明显的。六、蒋介石把中央特务和宪兵十三团派到云南，主要是针对龙，要限制其活动。七、要搞好社会秩序，明文规定昆明治安由宪警维持，其他任何机关不得在市区搜查、捕人。八、增强地方军事实力，改进军人政治工作。九、独立自主办好地方经济。十、支持办好地方性、进步性报纸。"龙云对于十条建议是很高兴

---

① 王子近：《南方局领导的云南地下党的若干特点》，《云南党史通讯》1985年第1期第12～13页。

的。在抗日战争后期，他大体上是根据这十条建议的精神进行工作的[①]。

1943 年开始，民主运动的高潮重新复苏。同年 9 月，国民党中央召开五届十一中全会，声称"准备实行宪政"。中国共产党与民主党派利用这个机会，公开宣传"宪政"，在重庆召开了一系列的宪政促进会，大多由知名知识分子和民主人士出面召开。昆明的张奚若等西南联大教授也公开发表演讲，发动了一个宪政促进运动。张奚若教授发表的给蒋介石的公开信说："贤与能者莫能为用，其造因若何？亟宜从速猛醒！"龙云看到公开信后说："张对蒋，骂得好。"

1943 年，龙云表示希望周恩来能到昆明会晤。云南地下党派专人到南方局汇报。以后周恩来在重庆与龙云进行了面谈，交换意见，对他作了进一步的工作。同年 10 月，中共中央南方局周恩来、董必武派华岗（化名林少侯）、周新民、李文宜等先后到云南，帮助民盟建立组织，开展争取团结知识分子的工作。华岗的公开身份是中共中央南方局派到云南龙云处的代表，任务是"清理和收容长征时失散在云南各地的红军指战员"。实际上，华岗到昆明负有更重要的使命，即做龙云等人的工作，争取他们和共产党合作，另外还根据周恩来的指示，指导和帮助昆明的民主运动。为了便于接触上层知识分子，在他们中做统战工作，由楚图南出面向云南大学校长熊庆来和该校文法学院院长胡光炜推荐，聘请华岗担任云南大学社会学教授，以便于和一些教授往来，建立联系。周新民以民盟身份进行工作，分管民盟组织。李文宜则着重做妇女工作。

华岗到昆明后，通过罗隆基的关系与龙云见面。龙云建议重庆八路军

---

① 参见《云南抗日战争史》第 31 页，云南大学出版社 1995 年版。又参见《南方局领导时期云南的统一战线工作》，《南方局党史资料·统一战线工作》第 358 页，重庆出版社 1990 年版。

办事处在云南设立电台，以便华岗以及龙云本人与中共中央保持联系。为此，华岗向重庆八路军办事处要来了报务员。南方局派来了报务员杨才，负责电台工作，与延安中共中央和重庆中共南方局保持联系。电台经龙云同意，设在昆明五华山滇黔绥靖公署内。

1945 年春，重庆《新华日报》派彭少彭到昆明建立营业分处。龙云接见了彭少彭，彭面交了朱德给龙云的信件。龙云说，《新华日报》是蒋委员长批准出版的，既然可以在重庆公开发行，当然也可以在昆明发行。如有什么困难和问题，可以找杨竹庵副官长联系。于是《新华日报》就在昆明青云街 31 号设立了营业分处，发售《新华日报》和《群众》半月刊。

为了更好地与知识分子交朋友，有效地开展统战工作，华岗还与周新民商量组织了一个每周一次的座谈会，取名为"西南文化研究会"。这个研究会是秘密性质的，人数不多，但以"民盟"成员居多数，有潘光旦、罗隆基、闻一多、吴晗、楚图南、李文宜、辛志超、冯素陶以及周新民等九人。大家商定每两周各举行一次政治的和学术的座谈会。政治座谈会由华岗介绍《新民主主义论》和延安解放区的情况，学术座谈会则由几位教授就各自的专业作有系统的介绍。座谈会有时在滇池船上，有时在唐家花园竹林里进行；还借了唐家花园一间小房子，设立了西南文化研究室，推吴晗负责。

### （四）加入民盟

至于说到"民盟"，在昆明地区是很有影响的。中国民主同盟（"民盟"）原名中国民主政团同盟，总部设在重庆，由农工党、民社党、青年党、中华职业教育社、救国会、乡村建设派这三党三派所组成，所以称为政团同盟，1944 年 9 月改为民主同盟。"民盟"昆明支部成立于 1943 年 5

月。在中共云南地下党组织的指导和帮助下，昆明民盟支部有了迅速的发展，到 1944 年下半年，昆明地区的盟员已经发展到约 100 人。昆明民盟支部后改为云南民盟支部，支部负责人先后有罗隆基、周新民、潘大逵、唐筱蓂、闻一多、吴晗、楚图南等。

民盟云南支部的活动是比较积极的，创办了《民主周刊》作为支部的机关刊物。盟员费孝通自办了《时代评论》周刊，杨默霞办了《云南妇女旬刊》等，都起了较好的作用。

1944 年"五四"前夕，中共云南地下党决定开展纪念"五四"的盛大活动，由西南联大的历史学会举办"五四"座谈会，中心议题是争民主、反独裁。在昆明的何应钦事先打听到这个消息，就对龙云说："只要牺牲几个警察，就可以把这些活动镇压下去。"意思是派国民党特务杀死几个警察，给学生们栽赃，然后进行武力镇压。龙、蒋有矛盾，龙云又受到中国共产党的影响，赞成抗日，反对内战，因而对这一时期昆明的民主运动，采取不干预甚至保护的态度，所以龙云回答说："这件小事情嘛！交给兄弟我去办，一定不会发生什么问题。"龙云把这事承担了下来，何应钦也就不便插手①。

5 月 3 日晚在西南联大的教室里，举行了"五四"座谈会，气氛热烈，心情激动，张奚若、闻一多、吴晗等先后发言，要求以实际行动来争取民主。会议一直开到深夜 12 点才散会。5 月 4 日清晨，联大贴出了 30 多张壁报，晚上还举行了营火晚会。各种形式的纪念活动持续了几天，大大地鼓舞和教育了广大青年和学生。1944 年的"五四"，被联大学生称为民主

---

① 苏双碧、王宏志：《吴晗传》第 123 页，北京出版社 1984 年版。

精神复兴的一天①。

同年 10 月 10 日，昆明市各界人民在昆华女中广场举行大规模的集会，要求"改组国民党政府，成立民主联合政府和联军统帅部"。大会由李公朴、罗隆基、闻一多、楚图南、张奚若等人演讲，最后由闻一多宣读大会宣言，大会在热烈的口号声中结束。这次大会得到了成都、贵阳等地的响应，他们声言要"迎着昆明的巨浪前进"！

同年 12 月 25 日，民盟支部成员参加了昆明各界 6000 多人举行的云南护国纪念大会，大会通过了吴晗起草的宣言，会后组织了声势浩大的示威游行。

1945 年 9 月 4 日晚，民盟和昆明教育界各团体举行响应"重庆反内战大同盟"及成都各团体发表的"制止内战宣言"。大会上，吴晗、周新民、闻一多演讲，揭露国民党反动派的种种罪恶。最后闻一多宣读大会宣言，提出五点主张，有力地支持了重庆谈判。大会后民盟发起"反内战签名"运动，有上万人签名。

抗战后期，昆明成了国民党统治区著名的"民主堡垒"。这个民主堡垒的出现，原因是多方面的，既有中共党组织的领导和帮助，也有广大群众的觉醒，还有龙云与蒋介石矛盾的发展演变，以及龙云在中国共产党抗日民族统一战线的感化之下，走上了抗日反蒋和支持民主运动的道路。正如王昆仑、楚图南所说："昆明一度成为大后方抗日民主运动发展的重要地区之一，是同龙云先生的同情和支持分不开的。"②龙云在他后半生，再没有徘徊、彷徨，沿着这条道路一直走到了自己生命的尽头。

---

① 王康：《闻一多传》第 317 页，湖北人民出版社 1979 年版。
② 王昆仑、楚图南：《怀念龙云先生》，《人民日报》1984 年 11 月 19 日。

　　龙云的进步还与他的周围和左右有不少进步的有识之士的影响分不开。例如，龙云的老部下张冲，思想一直倾向进步。抗日战争期间率领云南健儿抗击日寇，参加台儿庄会战，亲身体验了蒋介石排除异己的反动政策，亲眼看到了共产党人为挽救民族危亡、舍生忘死的艰苦奋斗精神。在中国共产党和进步朋友的感召下，在抗日战争胜利后，张冲毅然奔赴延安，参加革命，为中华人民共和国的建立，为祖国的独立和统一，做出了贡献。又如，曾任云南宪兵司令部副官长的刘达夫，早在北伐战争前后就是中国共产党的同情者。抗日战争期间，他参加了民盟的各种活动，安置和掩护进步朋友，为各种活动提供方便，并在中华人民共和国成立后一直靠拢党和人民。这些都是值得我们回忆和纪念的。

　　著名民主人士张澜，与西南各省的地方实力派有很深的渊源，在他们中很有威望。他在担任民盟主席以后，中共中央南方局请张澜做西南各省实力派的工作。为此，张澜亲自吸收了云南的龙云、四川的刘文辉、潘文华等秘密加入民盟。南方局争取地方实力派的工作成就，充分显示了中国共产党"发展进步势力，争取中间势力，孤立顽固势力"这一抗日统一战线方针的威力。

　　龙云在抗战中，数次被蒋介石召往重庆。民盟中央则积极争取龙云参加民盟，成为盟员，但不公开。龙云回到昆明后，与云南民盟支部负责人楚图南等多次交谈，申请入盟，经正式批准。在 1944 年底的一天，龙云约请楚图南、闻一多、冯素陶等人到他的寓所座谈，龙云设宴招待楚图南等人，并举行了秘密入盟仪式[1]。

---

　　[1]　王昆仑、楚图南：《怀念龙云先生》，《人民日报》1984 年 11 月 19 日。楚图南在龙云诞辰 100 周年座谈会的讲话中，有进一步的说明。

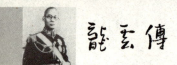

秘密入盟仪式，是在本人写了申请入盟书并获得批准后举行的。入盟仪式上龙云宣读了誓词后，即将入盟书和誓词当着监誓人焚毁①。从此龙云成了中国民主同盟的一位秘密成员，不参加民盟的公开活动，也不出席盟内的组织生活会议，但在经济上给民盟以很大支持，在人事安排上也给盟员以一定的方便，并明令保障云南人民的民主自由权利，提倡言论、出版自由，允许游行、示威；还规定云南的地方部队可以让士兵轮流回家休假。龙云成为盟员，对抗战后期昆明成为"民主堡垒"的事实，有很大的影响。龙云的入盟是他由一名地方实力派向真诚的爱国者转化的重要一环。

---

① 1985年5月2日，访云南大学法律系教授、老盟员李德家的记录。李德家说，当时民盟中央组织部部长周新民、宣传部部长罗隆基都曾亲自对他谈及这件事。

# 十三　十月事变

## （一）蒋介石蓄谋已久

早在 1931 年"九一八"事变以后，蒋介石便提出了"攘外必先安内"的军事口号，这包括两方面的含义，一是企图消灭红军，二是想要吃掉各省地方势力。及至抗日战争全面爆发，国民党政府迁都重庆，当时所谓的西南大后方的四川、云南、贵州、西康四省，实际上都是地方势力所割据。四川主要是刘湘系统的势力，西康是刘文辉的势力，云南是龙云的势力，贵州虽然在红军过贵州时为"中央军"所控制，然而谷正纲、谷正伦兄弟盘踞贵州后，也带有割据的性质。他们表面上拥护中央，实际上各有打算。蒋介石为了实现其"统一"事业，就竭力要消灭这些地方势力。对四川，蒋介石先派参谋团入川，直至迁都重庆，张群出任四川省主席以后，四川局势才逐渐为蒋介石所控制。对于西康来说，在西康设立军事委员会委员长西昌行辕，以张笃伦为主任，就近监视和牵制刘文辉，稳住了西康。贵州地瘠民贫，地方势力依赖性较强，为蒋介石所收买。唯独云南龙云，虎踞全滇，开富增源，养精蓄锐，所有军事、行政、财政、人事，都与蒋介石中央保持独立或半独立状态，对蒋介石貌合神离，阳奉阴违，加上民主运动在昆明开展，使昆明有"民主堡垒"的称号。对此，蒋介石甚感不安，决心从长打算，最终要解决云南问题。

抗日战争开始以后，蒋介石即以抗战统帅的名义，将滇军主力调出参加抗战。随后，日寇入侵越南、缅甸，蒋介石即以保卫云南大后方和保卫缅甸国际交通线为名，调第一集团军卢汉、第九集团军关麟征，沿滇越边境布防。这是中央军首次进入云南腹地，也是蒋介石为吃掉龙云下的第一步棋。

1941年秋冬间，蒋、龙之间经过长期商讨，同意第五军开入云南杨林、沾益和贵州盘县间。不久，蒋介石在云南成立军事委员会驻滇参谋团，以林蔚任团长；并成立昆明防守司令部，以杜聿明兼任司令。当第五军开入云南时，蒋介石曾面示杜聿明，对龙云要绝对服从，要如同服从我（蒋）一样地服从龙云；就是龙云有不对的地方，"你们为了前途，为了整个计划，也要委曲求全，不要发生摩擦，影响国家大事，这点你们懂么？"其实，蒋介石正在暗中布置特务，准备实力，如当时滇缅公路局、滇缅运输处、昆明防守司令部等机关、部队中都有"调查室"（军统的特务组织），滇黔及滇康边均驻有重兵，随时准备入滇吃掉龙云。到1942年，进入云南境内的军队（大部为中央军）有第二军、第五军、第六军、第八军、第五十二军、第五十三军、第五十四军、第六十军、第六十六军、第七十一军、第九十三军等十余个军。大军云集，深入云南全省各地。

1945年春夏，抗日战争胜利在望，蒋介石打出了"统一抗战，安定后方"的招牌，决定剥夺龙云的一切军政权力，可是他预料龙云不大可能接受这个命令，就打算明用行政命令，暗施武力解决的办法。

1945年4月初，杜聿明接到了昆明飞机场的电话说，"老头子"（蒋介石）要你马上到重庆去，飞机已准备好。杜聿明急忙赶到重庆，蒋介石见面的头一句话问："来的时候看到什么人没有？"

杜答："在昆明没有任何人知道。"

又问："到重庆见到什么人？"

杜答："谁也未见。"

蒋介石很高兴，连称"好，好"！接着蒋又说："目前准备对日本反攻，必须先安定后方，统一云南的政治经济和军事，以保障抗战的最后胜利。现在拟调龙云到中央任军事参议院院长，但是恐怕他不服从命令，你要在军事上作彻底解决龙云的准备，先将昆明附近的国防工事全部控制，然后我再明令调遣龙云。于命令到达的同时，即以武力解除龙云的全部武装，并限龙云于三日内到重庆。"

杜聿明表示，龙云仅有两个步兵师、一个宪兵团（三个宪兵大队）在昆明，另有几个交通大队及地方保安团队在云南境内，在军事上解决龙云是没有问题的。

蒋听了很高兴，要杜聿明立即回昆准备，以免耽搁日子长了，恐龙云及其左右知道他已有了暗计，并再三叮咛："要守秘密，要慎重。"

杜当天即返回昆明[①]。

不久，何应钦去重庆，蒋介石又告诉他要解决龙云。何由重庆返昆明，与杜商量，欲争取和平解决龙云，这事就拖了下来。不过，蒋介石随时都在准备制造事端，企图以武力解决龙云。

一次，一个美军少校乘吉普车经过昆明小西门外的十字路口，被暗枪击中左臂。司机立即停车救护，在附近巡逻的宪警闻到枪声，同时赶

---

① 郑洞国等：《杜聿明将军》第 47～48 页，中国文史出版社 1986 年版；又见杜聿明：《蒋介石解决龙云的经过》。

到，但凶手已逃走，便将受伤的美军官立即送往云南省立医院，但他不愿入院，要回美军营房，只好又把他送往美军医院。当日施行手术，取出弹头，详细检查，经美军鉴定，认为这种枪弹非云南军警所有，是国民党特务使用的德国制造的枪弹。

又一件事是，抗战刚胜利，美军集中昆明，即将分批回国之时，美军当局突然宣布戒严，城内茶馆、酒店、娱乐场所及市街上美军都突然不见了。在美军中担任翻译员的梅贻琦（西南联大负责人）的女儿，见情形紧张，跑回家告诉她的父亲。梅贻琦深夜访问龙云，探问美军戒严的原因，龙云也不知为什么。次早，龙云派人到美军中询问真相，得知"有人说，云南军队要解除美军的武装，接收美军的仓库，所以下令戒严"。经解释说明，美军才取消戒严。

这两件"小事"，后来都证明是蒋介石指使人干的。蒋企图借此挑起美军和云南军队的冲突，然后趁机下手解决云南。只是由于时机还不成熟，最终未采取行动。但蒋介石认为：龙云的"罪行"是不可原谅的，可以归纳为三点："阻挠政令，危害抗战，包庇左翼分子，使昆明成为共产党的温床。"[1] 迟早是要解决云南问题的。

1945年8月，日本投降，抗战胜利，全国处在一片欢腾之中。然而，蒋介石这时却别有所谋，一方面准备发动内战，进攻解放区；另一方面又计划消灭地方势力，以便集中全力对付共产党领导的人民军队。

**（二）解决龙云的准备**

1945年8月17日，对法西斯作战的盟军统帅部发布第一号命令指出：

---

① 《李宗黄回忆录》第215页，台北"中国地方自治学会"1972年版。

"台湾及北纬十六度以北法属印度支那境内的日本高级指挥官以及所有陆海空军和辅助部队，应向蒋介石委员长投降。"蒋介石即以此为根据，命令以卢汉为总司令的第一方面军，全部入越，在河内设立占领军司令部（临时军政府），接受日本投降。8月底，属第一方面军的六十军打头，第九十三军随后，进入越南老街，继续向河内推进。9月1日，驻越南日军第三十八军军长土桥勇逸派遣酒井干城、中好秀男、高桥哲郎、今井一夫等由河内飞蒙自转开远接洽投降事宜；卢汉派副参谋长尹继勋于9月7日飞河内成立前进指挥所，为入越受降做好准备。

还在8月底，由中国陆军总司令何应钦主持的芷江会议上，就受降问题做了准备。何应钦传达蒋介石的指示，命令云南军队全部开入越南，表面上，蒋介石对龙云推崇备至，实际上是想尽量把龙云在云南的实力削弱和调出，为最后解决龙云打下基础。

中共云南地方组织对蒋介石的阴谋，已有察觉，为了预防突然事变，曾多方面对龙云做工作，要他提高警惕。由中共地方组织通过华岗，"向龙云指出了这次调动的危险性，张文澄通过宁坚向张冲建议，由张冲劝说龙云不能把滇军全部开到越南受降，要防止突然事变。朱家璧通过卢濬泉提醒龙云、卢汉，指出很可能'前脚一出门，后院就起火'，要有所防范；周新民也以民盟负责人身份找到龙云，揭露蒋介石剪除异己、控制云南的阴谋，并由周新民、尚钺、楚图南等提出一个对付中央军，在滇建立一个反蒋根据地的计划，交给龙云副官长杨竹庵"。[1] 要杨转交龙云，供龙云考虑参考。

龙云的态度呢？对接受云南军队全部入越的命令，很是踌躇。一方

---

① 《中共云南地下党史大事记（1919～1950）》，第164页，云南人民出版社1992年版。

面，这时蒋介石中央军麇集云南，军统、中统特务网密布全省，大肆活动，龙云不能不有所戒备，所以除卢汉第一方面军主力入越受降外，要求将暂编第十九师龙绳武部、第二十三师潘朔端部、第二十四师龙绳祖部留驻云南。同时在卢汉去越南受降前，密告卢汉："如果后方有事，闻讯即火速回军；日军所缴武器，以一部分补助胡志明；过去退入滇境内的法军亚历山大部，要阻止他们回越，因为他们曾与日军勾结。"① 然而，蒋介石除只准许暂编第二十四师龙绳祖部留昆明外，其余仍必须开赴越南。这样，龙云多年训练的"看家宝"，只剩下龙绳祖的第二十四师和宪兵团、警卫大队了。而蒋介石这时在昆明的部队尚有第五军、第二〇七师、云南机场守备司令部所属四个团、宪兵十三团等部队。龙云留守昆明的部队，实际上处于"中央军"的包围之中。

入越受降的部队，有滇军第六十军、九十三军（每军辖三个师）、暂编十九师、暂编二十三师，共八个师的兵力，已很宽裕。但是，蒋介石以受降重要为名，又加派中央军的赵公武的第五十二军、黄涛的第六十二军、吕国铨的第九十三师。部队入越后，九十三军驻河内及附近地区，六十军驻南定至顺化、土伦一带，五十二军驻海防一带，六十二军驻高平、谅山一带，九十三师驻云南车里（今景洪）、佛海（今勐海）一带与越南、老挝交界地区。到决定解决龙云时，原驻云南境内的周福成五十三军，突然集中河口一带，向越南推进，名为拨归第一方面军统辖，实际与其他驻越南中央军互为掎角，对卢汉的滇军形成监视防堵的形势，而且在数量上成为中央军 10 个师对滇军 8 个师的优势。在河内市区还驻着中央宪兵及军统王之五的武装。

---

① 龙云：《抗战前后我的几点回忆》。

　　蒋介石在如此这般地部署了兵力以后，即下决心进行解决龙云的最后策划。蒋介石把最后策划解决龙云的地址选择在西昌，是颇费心思的。其时，抗战胜利刚刚来到，国民党政府正准备迁都南京，重庆显得非常紧张。重庆作为陪都所在地，各种政治势力都在那里集中，假如蒋介石在重庆策划解决龙云，是不容易保守机密的，万一事机泄露，当时的各种民主势力，都会支持龙云，对蒋介石施加压力，加上重庆政务繁忙，蒋介石如留在重庆，要聚精会神地集中几天精力来处理龙云事件，也有困难。为此，蒋介石选择了西昌这个地点。西昌既是"委员长西昌行辕"，在地理上又居于成都、昆明、重庆之间，更主要的是西昌仍然是一个寂静的山城。在这里处理机密问题，既可以不受其他政务的干扰，又没有进步党派和民主力量的压力。蒋介石在作出最后决定之前，除了杜聿明几个心腹外，是绝对保守秘密的，只是电召西昌行辕主任张笃伦到重庆，由蒋介石侍从室暗示说"委座最近要到西昌作短期休养"，嘱其准备[①]。

　　1945 年 9 月 25 日，张笃伦飞回西昌，同机来的还有蒋介石侍从室先遣人员，载来载波机一架，督令电报局昼夜安装，以便蒋介石到西昌后作长途通话之用。西昌行辕为准备蒋介石的到来，大修公路和蒋介石住宿处，并在蒋住处周围，十步一兵，百步一士，警卫森严。9 月 27 日，蒋介石与宋美龄等 30 余人，分乘专机两架，于西昌小庙机场降落，进入了最后策划阶段。同日，蒋介石派空军副司令王叔铭秘密到昆明，给杜聿明送去了一封亲笔信，大意说：日内就要颁布免除龙云在云南军事政治本兼各职的命令，调他任军事委员会军事参议院院长，最好一枪不发，绝对保证龙云的生命安全。龙云任军事参议院的院长，"仍然是你的长官，必须以

---

① 张剑波：《蒋介石在西昌策划解决龙云事件纪实》，《凉山文史资料选辑》第 2 辑第 33 页。

长官之礼相待，照命令限期送龙云到重庆"。又说，已令昆明飞机归你指挥，应将飞机、大炮、坦克一齐准备好，万一龙云不接受命令，就立刻集中火力轰击五华山①。

蒋介石到西昌后，住于邛海边西昌新村特宅，加紧了策划解决龙云的阴谋。10月1日深夜，蒋介石派人通知住在重庆浮屠关上鹅岭李家花园的云南籍政客李宗黄，第二天清晨乘专机前往西昌，并附有蒋介石亲笔信一封，大意说，即将改组云南省政府，请即来西昌面谈。10月2日凌晨，蒋经国亲往李宗黄住地，接李宗黄去机场，并说："云南的情况比较复杂，家父（指蒋介石）希望你速赴西昌会商，以便妥善处理。"

李宗黄本是云南鹤庆人，曾任国民党中央委员、国民党中央地方自治计划委员会主任委员、中央党政考核委员会专任委员，其政治态度倒向蒋介石一边，与龙云的地方势力已无联系。据李宗黄本人回忆，蒋介石为解决龙云问题，曾先后五次召见他。第一次是1945年7月16日，蒋介石召见李宗黄时即说："志舟（龙云）行为特殊，连年阻挠抗战（此当然是借口），我都念他的前功，曲予优容。可是长此以往，对他过于纵容，恐怕他自己也很难善始善终。所以现在决定请伯英兄（李宗黄字伯英）回滇，接任他的云南省政府主席和省党部主任委员两职，假如志舟能够听命，那就调他到中央来另畀职位，否则就应该予他以相当的制裁。"

第二次是1945年7月21日，蒋介石第二次召见李宗黄说："既然如此，那就仍然由伯英兄回滇主政，等到我一切部署就绪，即日成行。请伯英兄严守秘密，积极准备。"第三次是7月23日，蒋介石说："因为国军全面反攻即将全面展开，卢汉将随何总司令率部反攻，云南方面，在此过渡

---

① 郑洞国等：《杜聿明将军》第49页。

期间，我想暂以卢汉负责云南省政府的名义，而以伯英兄任民政厅厅长兼代主席，到了相当的时间，再为伯英兄真除（实授）。这样的做法，对于政略的运用上不无裨益。"第四次，8月6日蒋介石再次召见李宗黄，详谈了政治解决与军事解决龙云问题诸要点。第五次，即10月2日这一次，已到了蒋介石解决龙云问题的前夕，蒋详细向李宗黄交代了改组云南省政府的方案[1]。可见，精心策划已久。

当日飞到西昌的飞机有两架，载有宋子文、陈诚、李宗黄、关麟征、何应钦等军政大员。关麟征已内定为东北保安长官司令。来西昌请示蒋介石，恰遇此事，也卷入了解决龙云的旋涡之中。军政大员们到西昌后，召开了两个多小时的紧急会议。会上决定立即改组云南省政府，并以李宗黄代理云南省政府主席。当日下午，由王叔铭亲自驾驶飞机，何应钦、李宗黄、关麟征同飞昆明（何应钦到昆明后，当日飞回重庆），带去蒋介石的手令三件：

一、免去龙云军事委员会云南行营主任、云南省政府主席本兼各职，军事委员会云南行营撤销，行营所属人员由中央统一安排；

云南地方部队交昆明防守司令官杜聿明接受改编；

云南省政府交卢汉接收，在卢汉未到任以前，由云南省民政厅厅长李宗黄代理。

二、任命龙云为军事委员会军事参议院院长。

三、任命卢汉为云南省政府主席[2]。

又据李宗黄回忆，上述系"政治改组"内容，此外蒋介石的命令中，

---

① 《蒋介石五次召见李宗黄》，见《一二·一运动》第419～420页，中共党史资料出版社1988年版。

② 参见《正义报》1945年10月4日。

尚有"军事改组"内容，计有七条：

一、军事委员会委员兼军事参议院院长李济深，着专任军事委员会委员，毋庸兼任军事参议院院长。

二、特任龙云为军事参议院院长。

三、昆明委员长行营、昆明警备司令部、昆明宪兵司令部，着一律撤销。

四、昆明军事委员会委员长行营主任、陆军副总司令、云南省政府委员兼军管区司令龙云，着即免去本兼各职。

五、昆明行营原属独立旅、炮兵团、工兵团、高射炮大队，着即归由昆明防守司令部指挥。

六、昆明宪兵司令部原属各宪兵，改编中央宪兵独立团，归昆明防守司令部指挥，着即日开往晋宁附近，改编整训。

七、昆明市郊及云南省各机场守备，统由昆明防守司令部派队接防，与美陆空军各司令官确取联络，令所属部队妥为警戒，以防奸伪捣乱[①]。

同时，还备有致龙云的私函一件称："志舟吾兄勋鉴：寄疆辛劳，时用系怀，当兹建国开始，重在中枢，故特调兄入长军事参议院，参赞戎机，辅导统一，甚望兄能树立楷模，为党国与共休戚也。兹嘱伯英同志持函赴任，并请惺老代达鄙忱，务期如期来渝，早就新职，以慰公私，而全始终。何时命驾，伫候覆音，顺颂近祉。"[②]

飞机到达昆明巫家坝机场时，已是10月2日下午3点半钟。杜聿明早在停机坪等候，飞机一停稳，杜即叫放下舷梯，走上机来。杜对大家介

---

① 李宗黄：《李宗黄回忆录》第215页。

② 申庆璧：《李宗黄先生操危虑深》，台湾《近代中国》第17辑第64页。

绍了对付龙云所作的准备情况，然后说："为保密起见，凡是乘坐这架专机的人，包括机组人员在内，均不得不暂时留在飞机上等候天黑。各位即在机上用餐，到时自有车来接。"当晚天已黑尽，才有几辆汽车开到机旁，机内人员即乘车向昆明北郊岗头村驶去[①]。

当晚，杜聿明在岗头村临时指挥所召开团以上军官及由西昌飞昆明人员会议。杜聿明在会上传达了蒋介石的命令后，作了如下的布置：

一、命令第五军军长邱清泉指挥第九十六师、第四十九师包围昆明市城厢的龙云部队以及警察，解除他们的武装。

二、命令九十六师师长黄翔所部担任解除昆明市郊暂编二十师之一部（约一个团），东城门楼宪兵大队与金碧路、正义路至华山路间昆明市警察武装的任务。

三、命第四十五师师长胡常青指挥所部担任解除北校场营房及北城门楼宪兵大队武装的任务。

四、命第二〇七师师长罗又伦指挥所部担任解除曲靖某团及县保安队武装的任务。

五、命云南机场守备司令郑廷笈指挥各机场守备团警备各机场，并严格检查各机场往来乘客，以防龙云逃走。

六、命宪兵十三团担任昆明东、西、南、北各公路、铁路要道的检查。

七、命昆明防守司令部通讯营控制昆明各电报、电话机关，凡属龙云对各方往来电报一律检查扣留，并将电话线截断。

---

① 李文化:《对〈一九四五年云南省政府改组经过侧记〉一文的几点补充》,《贵州文史丛刊》1984 年第 2 期第 76 页。作者系李宗黄之次子。

八、命第二百师师长熊笑三率领所属由萝茨线沿滇缅公路经碧鸡关开至昆明市西郊，作为预备队。

九、实施办法：各部队部署就绪后，将预先印好的蒋介石命令交给龙云所属军警宪兵各部队长，如有不服从命令交出武器者，即以武力解决；对于街市警岗则用行军纵队通过街市方式，前面大队通过，由后面队尾对每一岗警留下两个士兵，一个监视，一人拿命令对警察说明，劝其交枪。

十、将解决龙云命令送交美方一份。

十一、各部队到达准备位置后，预定五点钟以电话联络开始实施，同时将蒋介石解除龙云本兼各职及调龙任军事参议院院长的命令送交龙云。

十二、其他：命令官兵不得擅入商店民宅①。

其时，李宗黄考虑到今后自己代理省政府主席的处境，表示希望最好能和平解决，并说，蒋介石曾交给自己一封亲笔信，转交云南的元老周钟岳、胡瑛两先生，望他们出面从中斡旋，最好在采取行动之前，将信交周、胡二人。杜聿明答复说："只要龙云不负隅顽抗，能按委座规定的日期离开昆明，可以不用武力解决。给周、胡二位的信，周今夜已飞重庆，立即派人给胡送信去。"

蒋介石给周钟岳、胡瑛的信，全文如下："惺甫、蕴山二位先生：志舟兄主持滇政多年，备极勋劳。中央同仁为保其晚节令名，拟调其来京长军事参议院，共襄国是。滇省府由卢汉署理，在卢汉未返滇前，由李宗黄同志代理。恐志舟兄发生误会，请二位先生从中斡旋，并敦促志舟兄于本月五日以前来渝，中正将亲在机场迎候。"该信由蒋介石亲自署名。还有李

---

① 杜聿明：《蒋介石解决龙云的经过》。

宗黄署名一信谓："弟仓促奉命来滇代理主席，但志舟兄拒不见面，昨晚已与杜光庭部发生冲突。志舟兄处，除惺老与吾兄（胡瑛）外，无人可以进言。为免桑梓糜烂，并顾及志舟兄的安全，望吾兄速出面斡旋，以期和平解决为祷！"[①] 这封信送达胡瑛家时，已是事变的次日上午了。

### （三）"十月事变"爆发

实际上，杜聿明在 10 月 3 日凌晨 5 时左右，一面给胡瑛送信的同时，一面就采取了行动。昆明北校场的龙云部队及北门宪兵大队都表示愿意照命令缴枪，但东门宪兵大队不接受命令，不准任何人接近城楼。有一个居民说，他同宪兵大队的人相熟，自告奋勇，愿将信送上城去。他得到宪兵大队的同意将信送上去后，这个队长一看是蒋介石要他们缴枪，立即开枪打死了送信的人。于是枪声四起，双方开火。接着，北门和北校场龙云的部队听到枪声，也翻了脸，开起火来了。但是，杜聿明部早已作了周密的部署，而龙云所属地方军警皆措手不及，开火约 50 分钟，即告平息，除五华山省政府所在地以外，龙云所部皆被缴械或被围困。

"一○·三事变"（又称"十月事变"）事起如此仓猝，出乎龙云意外。抗日战争胜利后，全国还处在一片兴奋之中，龙云对蒋介石也放松了警惕，麻痹大意，未能认真防备。10 月 2 日午夜刚过，龙云在自己的公馆里（坐落在昆明威远街），突然接到一个电话，仓皇地告诉他说："龙主席，事情不对，不知有什么意外，市区已戒严几分钟了，是防守司令部戒严的，电话怕中断！……"话还没说完，电话果然中断。一会儿，龙云的副官来

---

① 胡以钦：《一九四五年云南省政府改组经过侧记》，《贵州文史丛刊》1983 年第 1 期第 73 页。文中的"惺甫"为周钟岳字，蕴山为胡瑛字，志舟为龙云字，光庭为杜聿明字。本文作者胡以钦为胡瑛之子，时任昆明行营参谋，事变为其亲身经历。

报告说："公馆已被包围，并且交通已经断绝了，司机已被隔在外面。"接着，外面又送来一封信，龙云急忙拆开看，是杜聿明、李宗黄两人写来的，说明他们奉命改组云南省政府的缘由。

龙云知道情况不妙，必须急谋脱身。然而，龙公馆的前门柳树巷有杜聿明的机枪掩体，附近的护国路和威远街口都被封锁了，行动很困难。不过，龙公馆有一道后门，通财神巷的豆豉巷底，后门对面是他的庶务所长陈汝纯的大门，从陈家后门出来就是劝学巷11号，走出劝学巷即是象眼街，跨过绥靖路，从咸宁巷出去即是华山南路，从这里就可直上五华山了。杜聿明的部队对这条曲折的线路，事前并未探明，亦未防守。龙云就是从这条路线出走的。龙云出走时，即将天明，正是第五军攻击大东门最激烈的时候。

龙云离家时，穿着一件普通衣衫，把呢帽戴得很低。在他后面约100米的距离，由一个名叫刘兴才的随行副官紧跟着，携带一支"自来得"手枪，约定：如果前面有阻挡盘查，可能发生危险时，龙云抬手揭帽子，就由刘兴才从后面隐蔽发枪，藉以转移盘查者的目标，以便乘机脱身。离家后一路都没有发生什么意外情况。不料，走到四吉堆转角时，迎面驶来一辆吉普车，上面坐着第九十六师师长黄翔，有四支冲锋枪护卫，看样子好像是巡视各个攻击点，指挥作战的神情。黄是认识龙云的，但是天尚未大明，加上龙云已变更服装，骤然很难认清，因此黄的车子没有停，只是在从龙云身旁开过时，黄忽然大吼了一声："老倌，清早出来干啥子？快回去！"龙云点头称是。行不多远，即与五华山警卫营派出接护的队伍相遇，龙云就这样上了五华山省政府所在地。

龙云上了五华山后，他的二儿子、暂编第二十四师师长龙绳祖也脱险到了五华山。五华山的士兵见自己的师长来到，有了指挥官，士气也就上升了。龙绳祖的脱险纯出于一个偶然的机遇。原来，龙云夫人顾映秋在10月2日深夜风闻可能出事时，即派人到南菁学校通知其女儿龙国璧，迅速转移；龙国璧接到消息后即打电话告知住在翠湖东路家宅的龙绳祖，设法逃出。但是，路上已戒严，龙绳祖家周围亦被监视，无法脱身。恰好，龙国璧的同学卫立煌的三女儿卫道蕴约龙国璧说："外面有军事行动，爸爸派车子来接我，你的车子还未来，我们一同坐车，我送你回家好了。"一个有心，一个无意。龙国璧说："好极了！"两人即坐上汽车开出，沿途警戒见车上有"特别通行证"，即不便阻挡。进了北城转翠湖东路时，龙国璧说："我还有个随行在这里，停一下车子叫他一起回去。"车停后，龙国璧进院内约龙绳祖一道乘车走了。又通过几处警戒线到了三棵树巷口，龙国璧突然叫司机停一下，她兄妹俩下了汽车说，我们不回威远街了，你们快回家吧。因此两人就从西后门上了五华山。龙绳祖上五华山，也是杜聿明没有料到的。

龙云的得力助手张冲上五华山，更是杜聿明没有想到的。张冲，云南泸西人，也是彝族，是滇军中的"智多星"，善于出点子，抗战时期曾任滇军师长、军长，是抗日名将。其时，张冲住在昆明翠湖边的房子里，事变发生后，枪声大作，形势紧张。张冲估计出了事，与龙云电话联系不上，出大门又被守卫在门口的士兵阻止。天亮后，张冲拿望远镜向五华山上观察，发现五华山警卫营仍坚守阵地，估计龙云没有被抓住，遂决定冒险上五华山。张冲从住家后面楼上搭梯子下去，经过耀龙电灯公司，再搭梯子上五华山[①]。张冲上五华山，指挥五华山警卫营进行战斗，大大提高了五华山警卫营的士气，也使龙云深受感动。龙云为此曾说："张云鹏这个

---

① 何现龙采访记录，1991年1月15日。

人，是男子汉大丈夫，有血性，机智而又有胆量。他很讲义气，够朋友，他是我部属中最好的一个。"①

龙云上五华山后，非常气愤地说："既然是卢汉来接任（省主席），又何必多此一举！做得如此卑鄙？"他立即发出了戡乱电报。电报说，杜聿明叛变，令卢汉率部回攻；同时又电令云南各县大兴"勤王"之师，派兵进攻杜聿明部队。杜聿明把蒋介石签署的"免去龙云本兼各职，调任军事参议院院长"的命令，送给龙云，又派人请龙云即日乘飞机去重庆；蒋介石也来了几次电报，催龙云到重庆。龙云皆置之不理，他把希望寄托在越南的卢汉率师回攻上。然而，他又哪里知道，卢汉的处境也同样危险和尴尬。

还在事变发生前两日，即10月1日，国民党陆军总司令何应钦同美国将军麦克鲁突然飞到河内。何应钦名为视察受降情况，实则监视卢汉的动静。10月3日，蒋介石派空军副司令王叔铭飞抵河内，给卢汉送去亲笔信一封。信中说："永衡（卢汉的字）吾兄勋鉴：抗战胜利，国家急需统一军令政令。为加强中央，巩固地方，特任志舟（龙云的字）为军事参议院院长，调中枢供职，以全志舟兄晚节。并委兄为云南省政府主席，委李宗黄为民政厅长，在兄未到任前，由李宗黄代理。盼晓谕所属，以安众心。并望在越受降事竣，来渝一叙。顺颂勋祺，中正手书，十月二日。"安抚卢汉。卢汉本是第一方面军司令官，任着军职，这封信说"委兄为云南省政府主席"，并不是"兼"云南省政府主席。"为"与"兼"一字之差，却实际上等于解除卢汉的军职。而且信里也未提及具体何时就任省主席，只说"在越受降事竣，来渝一叙"。去重庆"叙"什么也不清楚，省主席一

① 赵鼎盛：《回忆龙云被迫下台以后》，《云南文史资料选辑》第23辑第164页。

职是否能到手也还是疑问。加上卢汉的军队实际上已被"中央军"挟持、包围，动弹不得，卢汉只得镇静以处，行若无事，专心办理受降事务，以免发生事故。

张冲上了五华山后，向龙云献了三条计策：一、设法扣押宋子文、何应钦、杜聿明做人质；同时与西康刘文辉取得联系，请他由西康出兵支援。二、张冲自愿到滇西拉起民族队伍，根据当时情况可组织一二十万人武装力量，还可以利用张冲的名义，写信给逢春岭龙健全、瓦渣钱祯祥、思陀李呈样、元江李和才，要他们召集民族、土司武装，前来支援。三、电令卢汉率滇军返回昆明[①]。可惜，这些计策都未能实现。

### （四）胡瑛尽力斡旋

在昆明的龙云，坐在省政府办公室内，专候越南卢汉的消息，然而一天、两天、三天都杳无音信。从此，龙云对卢汉也开始产生了怀疑。

10月4日晨，胡瑛持蒋介石信件，上五华山与龙云见面。龙云气愤地说："妈的，老蒋说老子拥兵自固，日本投降后叫我派卢永衡去越南接收，我不仅让第一方面军全部开进越南，连龙绳武的十九师也一齐开进去了。等我的人调空后，他便叫杜光庭（杜聿明）对我下手。好嘛！老子今天就是不走，五华山是他老蒋的昆明行营，我是行营主任，要死，我也死在这个岗位上，让国际友人也看看，究竟是哪个拥兵自固？是哪个背信弃义、排除异己？"

胡瑛见龙云气极，劝道："大哥（胡瑛与龙云有金兰之交，龙云排行老大，胡排行第三），您有什么值得生气的？从北伐以来，老蒋的为人难

---

① 桂灿：《忆张冲同志》，《泸西县文史资料选辑》第 1 辑第 24 页。

道我们还看不清楚？依我看，今天赌气和他硬拼没有任何好处。首先，把昆明打烂了，几十万老百姓的生命财产遭受损失，有违大哥十多年的苦心；再说，也要知己知彼嘛，目前，卢永衡全师远在越南，他背后有关麟征的九集团军和杜聿明五集团军的大部，归路已断；昆明被邱清泉的第五军及周福成的五十三军所包围，滇西有王凌云的第九军和霍揆章的二十集团军。我们的几个保安团被分割包围于各县，用什么来对付人家？绳祖世兄这点兵力，连鸿翔部队都应付不了，何况主力已被包围在北校场，连突围都不可能，正所谓'虽有智者亦不能善其后了'。大哥还是三思而行吧！"龙云听后，沉吟不语。

胡瑛见龙云气势已缓和，乃又说道："胡若愚、张汝骥事变后，我俩就在这里见面，交接省府及三十八军印信，不觉已18年了。我看您除了操心全省大事外，还得天天伤脑筋应付老蒋。人家处心积虑要您下台已非一朝一夕。今天的形势已大非昔比，人家军、警、宪、特到处都是，您这个行营主任对中央军既不能调，又不能命，这个空头主任还有什么值得留恋的呢？我看您去重庆后，老蒋也不会把您怎么样。真要赌气硬拼，便将玉石俱焚，何况人家掌握着舆论，还可以加给您这样那样的罪名，大哥还是冷静深思为好。"

说话之间，五华山东后门附近传来一阵密集枪声，龙绳祖忙出去查看。胡瑛惊诧道："杜光庭答应停火，我才上五华山，怎么又打了？真就这么无信？"龙云接过话说，蒋介石一贯背信弃义，玩弄权术，我一定要死守五华山。胡瑛说："若他们无诚意谈判，继续进攻，我一定在山上陪大哥到底。"

枪声旋停，龙绳祖回来报告说，是守军见对方有异动，首先开枪，才引起互射。胡瑛继续说："杜光庭等请我出来，是和您商量一下如何和平解决此事，您就谈谈如何回答他们吧。你看戒严才一天多，老百姓就连水都喝不上了，再下去，我们如何对得起他们？"

龙云沉思良久方说："我提三个条件：第一，云南省政府要正式移交；第二，立即释放被他们缴械关押的云南军警及其他人员；第三，第五军全部撤离市区，立即解除戒严。"

胡瑛回答说："好吧！我这就到岗头村去。另外，我看李伯英（李宗黄）此来，也是老蒋临时决定的，不如您与他见见面谈谈比较好。"龙云表示同意后，胡瑛即离开五华山。

胡瑛到岗头村，向杜聿明等人回话，转达了龙云所提三个条件。杜聿明表示，前两条不成问题，但第五军撤出昆明，再进来又要流血；立即解除戒严，秩序也无法保障。还是请您转告龙主席，我们奉有委座电令，要他在五号以前到重庆，否则，我们也只有执行命令，强行上五华山了。

胡瑛不以为然地说："蒋先生给我的亲笔信，说是调龙主任去军事参议院，并没有讲要拿死的去嘛！搞僵了怕不好交代吧！他手边只有被围在北校场的两个步兵营，五华山也只有两连人驻守，连鸿翔部队也难应付，第五军撤出昆明还怕什么？"

杜聿明说："据我们截获的电信，龙主任正分别令各县武装团队向昆明集结，如果他不服从中央命令，企图负隅顽抗，我们只有动用空军和装甲部队，硬上五华山了。"

胡瑛也不高兴地说："你是请我出来调停，还是叫我来代表龙主任接受最后通牒？若不是为了昆明百姓免遭兵燹，我何必两面为难！只要一纸八行上复蒋先生，说明无能为力的苦衷，杜司令该不会也认为我是在违抗中央吧！"一时满座默然，胡瑛又说："我看龙主任的条件并不苛求，若诸位无视公论，一定要打，那就请打吧！我只有自叹无能，就此告退了。不

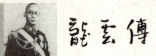

过你们要对昆明的老百姓负责，是非曲直，国内外的舆论会作出结论的。"李宗黄等人见此情景，纷纷劝胡瑛坐下，请继续为和谈斡旋。

杜聿明只好表示请胡瑛继续做龙云的工作。胡瑛遂建议李宗黄与龙云见面，当面谈谈以示诚意。杜聿明说，不能让李代主席去冒险。胡瑛直接对李宗黄说："志舟被大军包围，难道五华山还能摆'鸿门宴'？我愿保你的大驾前往，如何？"李宗黄乃表示同意前往。

胡瑛陪同李宗黄上了五华山，与龙云见面。李宗黄说："志舟兄，弟此次仓猝奉命来昆，事先毫无思想准备，昨天发生的冲突，让你受惊，真对不起。"

龙云说："这也难怪你。"

李接着说："您所提的三个条件，杜光庭等全部接受。今天您我见了面，省府便算作了正式交代，其余细节可交秘书长去具体办理。不过蒋先生要您明天即到重庆去，杜光庭等不敢不遵令照办，望您慎重考虑。"

龙云回答："公私两方面，我都有许多事情要办，明天走怎么来得及？"

李宗黄表示，反正非走不可，何必计较早迟，拖延误事。龙云仍坚持次日不能成行，只答应派行营中将副官杨立德去与杜聿明的参谋长赵家骧在胡瑛家面商具体问题。谈话到此结束。

胡瑛电话通知杜聿明，李、龙会谈情况。杜仍要求明天龙必须动身。"他硬不走，我只有下令疏散五华山附近居民，硬上去。"

胡瑛反问："昆明还有更高一级的中央指挥官没有？如没有，请你替我接通蒋先生的电话，我直接与他谈。"杜聿明答，远征军司令官卫立煌现在昆明。于是杜聿明、胡瑛赶到在翠湖南路卫立煌的官邸，卫立煌对来客殷勤接待，但对正题却不敢轻置一词。胡瑛对这位国民党一级上将不敢对蒋介石的事稍加过问，深有感慨，遂建议电告蒋介石。

不久，蒋介石回电，语气仍然强硬："中央同仁均仍盼志舟兄五号来渝。如逾期不至，则将以违抗命令，别有企图视之，中正亦爱莫能助矣。"事情仍然僵持 ①。

10月5日中午，何应钦从越南河内飞往昆明机场。杜聿明等向何等汇报龙云情况后，何沉吟不语。胡瑛说："敬之兄，您是总参谋长，志舟又是您的陆军副总司令，事情迫在眉睫，您应当出面缓和一下才说得过去呀！"

何应钦答道："我才从河内来，到重庆是去面报接收情况的，对昆明发生的事不了解。再说，蒋先生的事，不叫你管的，便不能管，我怎么好

1945年10月6日，龙云在昆明巫家坝机场。从左至右为：何应钦、宋子文、龙云、卫立煌、李宗黄

① 上述内容，参见何应钦：《一九四五年云南省政府改组经过侧记》。

插手？"不过，何应钦答应先给龙云通话。何在机场打电话给龙云说："志舟兄，委员长的意思是请你就任新职。因为你抗战八年也辛苦了，应该休息下啦！"龙云却拒绝谈去重庆的事，反而气愤地说："城里打得稀烂，你进来看看再说。"龙云认为，何应钦来不解决问题，坚持宋子文来谈才行。时宋子文为行政院长，又是蒋介石的舅子，与龙云的关系也比较好，还是干亲家。而且宋以国家行政首脑亲临劝驾，龙的面子亦较好看。何应钦乃与西昌行营通话，蒋介石答应派宋子文来昆明。

### （五）龙云被迫离开云南

当天傍晚，宋子文的专机到达昆明，在机场给龙云打电话说："志舟兄，我是子文，现在我想来看你。电话上说不清，请你把警戒撤开，我现在就来。"龙云面子上好了一些，答应宋子文来，下令撤了警戒。

宋子文上五华山与龙云见面，劝龙云从"大局"着想。他说："抗战胜利，你也应该休息休息了。你就任军事参议院院长，比省主席职务高了，也说明中央对你的重视。其他一切困难，包括生命安全在内，我负责。"宋子文又答应了龙云所提的一些条件，龙云遂应允于10月6日与宋子文一道飞往重庆。

宋子文离去后，龙云与张冲、龙绳祖商议，暗中准备突围去滇南，以便调回在越南的部队反击。张冲、龙绳祖都认为突围危险，极力劝阻。张冲建议："不如明天同何应钦、宋子文乘飞机

1945年10月6日，龙云（右一）与杜聿明（左一）在昆明巫家坝机场

去重庆时，在空中强迫驾驶员飞往越南。"龙绳祖更加反对说："这过于危险，一旦空中失事则同归于尽，这是不值得的。"张冲也不再坚持，龙云也不坚持突围的打算。

10月6日晨，龙云一行到了飞机场。飞机场停了两架飞机，一架是宋子文的专机，另一架是何应钦的专机。龙云与宋子文、何应钦安排坐宋子文的专机，随行人员只准坐何应钦的专机。劫机当然是不可能的了。上了飞机一看，飞机上装满了香蕉，说明此机刚从河内飞回来。他们已经做好了卢汉的工作，若劫机去河内，也是自投罗网。

在昆明巫家坝飞机场，当龙云将要步上舷梯时，杜聿明戎装佩剑，跑步至龙云面前立正敬军礼。龙云一见杜聿明，立即骂道："杜聿明你这个滥狗，我是委员长的行营主任嘛，他不要我干，只需一个电报就行了。你夜半三更率领部队包围昆明，进攻行营，以下犯上，行同造反，你搞啥子？"杜聿明始终站着，不便说话。龙又问："你的兵该撤出昆明了吧？"杜答："主任的飞机一起飞，部队马上就撤出。"

飞机起飞了，蒋介石武装改组云南省政府的风波暂时告一段落。从此结束了龙云统治云南18年的日子。龙云走后，杜聿明的部队在云南到处搜缴民间枪支，并先后逮捕了龙云的亲信、龙云的副官长杨立德，侦缉队长张永年，呈贡县长倪之桢等人，想斩草除根，消灭龙云在云南的势力。在云南设立的昆明行营、滇黔绥靖公署、昆明警备司令部、云南宪兵司令部及所属机构全部撤销，所有地方部队由第五军收编。这样一来，龙云的地方政权也在事实上随他的离去而瓦解。只是由于后来形势的急剧变化，昆明民主运动的高涨，李宗黄代理了几十天省政府主席，就在昆明待不下去而逃走了。在这种情况下，卢汉才有可能返回云南，接任省政府主席，否则卢汉重返云南的可能性也是不大的。

龙云传

几天以后，蒋介石命令杜聿明飞重庆，蒋介石在重庆接见杜聿明说："你解决龙云对国家是立了功，可是得罪了龙云，你应该为'国家'背过，我表面上先公布将你撤职查办的命令，实际上调你到东北去当保安司令长官。"10月16日，蒋介石发布命令说，杜聿明处理云南问题失当，着即撤职查办，调关麟征为云南警备总司令。这项命令，蒋介石还特别交代要在《中央日报》上以头号标题发表，以息龙云的余怒，做给云南人看。这就是蒋介石玩弄权术的特点。

10月3日是龙云切齿难忘的日子，他曾多次对他的亲信部下讲述这次事变的过程，并说："我并没有和蒋介石争江山、夺社稷，大不了只是政治主张的不同。蒋介石搞中央集权，我主张地方均权；蒋介石要独裁，我主张民主。抗战期间，昆明就号称民主堡垒。哪里料到抗战一胜利，这个龟儿竟用卑鄙无耻、小偷式的流氓手段对付我。古今中外哪有用军事突袭的方式改组一个地方政府的，真正是贻笑外人了，真可恨又可笑。龙绳文（龙云的四子）从美国来信说，美国报纸刊登10月3日的事件，标题为'小偷式的袭击'，并说这是'中国抗战胜利后的第一枪'。本来嘛！连我都容不下，蒋介石还容得下共产党吗？"[1] 从此，龙云对蒋介石产生了幻灭之感，龙、蒋之间的矛盾进一步加深了。这对中国特别是西南地区政治形势的发展，不能不产生强烈的影响。

---

① 刘宗岳：《我所知道的龙云》，《云南文史资料选辑》第6辑第51页。

## 十四  虎口脱险

### （一）初到重庆

1945 年 10 月 6 日，龙云与何应钦、宋子文乘机到达重庆。陈诚和蒋经国等国民党军政大员在珊瑚坝机场迎接，蒋经国告诉宋子文，邀请龙云到蒋介石处吃饭。宋子文转达给龙云，问龙云怎么样。龙云还在生气，说："我过于疲乏，需要休息，明天再去吧。"随即安排在李家花园下榻。

李家花园在重庆李子坝 66 号翰苑，蒋介石称之为"宽敞幽静，颇有园林之胜"的地方。此处当时为兴文银行重庆分行的招待所，是一幢二层楼房，布置很讲究。抗战期间，许多到重庆开会的云南军政要员都曾在那里住过。陪伴龙云的只有他的女儿龙国璧和一个随员。

第二天，宋子文约龙云去见蒋介石。见面时，蒋介石表面甚为殷勤，话中略表歉意，使人感到这只"笑面虎"又在逢场作戏了。龙云抑制住不满地说："我一生只有两个长官，第一个是唐继尧，第二个就是你。我在你的领导下服务很久了，自问对你、对国家、对地方都没有什么对不起的。改组一个地方政府，调换职务，这原是很普通的事情，但是不采用正

245

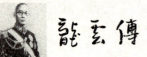

常方式，而用这种非常手段，未免过分，这样做，恐对国人留下不良影响。"蒋又装模作样地说："我的指示不是这样的，这是杜聿明搞错了，要处罚！"龙云说："我身体不好，愿在重庆长期休养，关于军参院院长职，请另委贤能担任。"蒋说："要不得，要不得！"谈话不得要领，龙云就辞别回李家花园了。

第三天，宋子文、陈诚都来劝龙云就任军参院院长职，并说，时间如果拖久，云南人民及在越南部队恐有误会。龙云再三推脱，仍不准许，只好勉强答应就职。

随后一连六七天，龙云闭门独处，既不到军参院视事，也不外出拜客，即使是军参院的高级将领来拜望他，他也拒不接见。六七天后，有电话通知他，蒋介石要来看他，龙云表示甚为冷淡。蒋介石到达时，龙云不但未外出相迎，甚至未迈出房门，直至蒋介石已进入客厅，龙云才缓步从楼上下来。双方互道寒暄，落座后，却无话可说。默坐片刻，蒋介石才说："看你的精神不大好，要注意休息。如嫌这里不清静，可另找一处独家的小院居住。"龙云仍不置可否。二人对坐几分钟，蒋介石即辞去。龙云既不挽留，也不相送，只在客厅门口微微一躬身便径自上楼了。愤懑之情，仍未消失。

蒋介石出了兴文银行招待所后，曾漫步观看李家花园景色，似有所感触。大概是因为在抗战初期，他曾在此园中度过了躲避日机轰炸的一段岁月，后因英国新任驻华大使卡尔到达重庆，蒋才迁出李家花园到曾家岩去住，把那幢房子让出作为英国大使馆。他看了一会儿，停步命侍从叫来园主人李果生问道："你家这座园子为何如此零乱荒芜？应该好好修整一下嘛！"李果生回答说："自当年日本飞机大轰炸后，园子损失很大，我家已无力修复，即使稍事清理一下园子，也得花很大的人力物力，目前是力不从心啊！"蒋介石在做了这些表面文章后，即登车离去①。

过了不久，蒋介石在化龙桥为龙云找到一幢别墅，经龙国璧看过认为满意后，又由兴文银行派人去加紧修理布置。这幢别墅坐落在嘉陵江畔，时值深秋，江上碧波荡漾，园内花木繁茂，比之已经破落的李家花园幽静多了。待一切修理就绪，龙云即移居于此，直到他搬到南京为止。

而龙云自己的回忆，却把与蒋介石的两次会面，合成一次写了。他的回忆说，在与蒋介石见面时，他就说：

"我在你的领导下服务很久了，自问对你、对国家、对地方都没有什么对不起的。改组一个地方政府，调换职务，这原是很普通的事情，但是不采用正常方式，而用这种非常手段，未免过分，这样做，恐对国人留下不良影响。"

蒋介石难堪地回答说："我的指示不是这样的，这是杜聿明搞错了，要处罚！"

龙云说："我身体不好，愿在重庆长期休养，关于军参院院长职，请另委贤能担任。"

蒋说："要不得，要不得！"②

总之，谈话冷淡而不融洽，最后是不欢而散。只能如此，不会有别的结果。

龙云到重庆时，正值国共两党谈判期间。他很注意中共的主张及国共两党谈判的情况，每天都要找人从头到尾把《新华日报》读给他听。因为在 1927 年龙云一只眼睛受伤，平时戴着墨晶眼镜，别人不大看得出来。

① 参见李文化：《对〈一九四五年云南省政府改组经过侧记〉一文的几点补充》，《贵州文史丛刊》1984 年第 2 期第 78 页。

② 龙云：《抗战前后我的几点回忆》。

当他看报的时候，却要把眼镜取掉，挨得很近才看得见，相当吃力，所以要请人读报。他每次从《新华日报》上得知对蒋介石有什么批评，总是非常兴奋，连声叫好。龙云见着要好的熟人，总是问："看了《新华日报》没有？"又说："你们必须多看新华社的消息，新华社的报道正确、可信，不像中央社是个造谣社。"一谈到时局问题，龙云经常说："此路走不通，去找毛泽东！"这两句话差不多成了龙云到重庆以后的口头禅了。

蒋介石很不放心龙云，表面上优礼有加，暗地里派人监视，使龙云处于被软禁的地位。蒋介石甚至明目张胆地派遣军统高级特务裴存藩到军参院任总务厅长，公开监视龙云的活动，特别注意龙云与中共和民主人士的往来和联系。

龙云对被蒋介石逐出云南，总是耿耿于怀，总希望入越滇军起来反蒋，为他报仇。1945年11月，卢汉奉召到重庆时，曾往访龙云。龙云对卢汉说："政治协商会议期间，入越滇军勿开回，如国内实现和平，可回滇复员；万一破裂，就在越南通电反蒋，打回云南，肃清蒋介石在云南的一切势力。"卢汉则未置可否。

卢汉颇有难处，此时国民党中央军已控制云南，在越南的卢汉所部滇军亦受牵制，很难动弹。蒋介石为了不使卢汉坐大，贻患将来，决定把在越南的滇军加以整编，开往东北打内战，而让卢汉回云南当个空头主席。过去掌兵十余万众，现在连省政府的卫兵都是蒋介石的队伍。卢汉心里也是颇为难堪的。

龙云获悉滇军将到东北打内战，卢汉要回云南当光杆主席，非常生气，骂卢汉是"卖主求荣""忘恩负义"。转过来又策动卢汉以外的滇军将领进行反蒋。当1945年12月初滇军第六十军军长曾泽生、第九十三军军长卢濬泉及其所部五个师的师长潘朔端、陇耀、白肇学、李韵涛、许义濬和参谋长佴晓青到重庆开会的时候，龙云请他们吃饭、看话剧，两度约了谈话，除对 10 月 3 日事件再加抨击以外，并说："政协要开会了，大局很快会有变化，滇军不能盲从，千万不能开到东北，应该开回云南，不能听任李宗黄、关麟征等蹂躏地方。"晚饭后又特再约曾泽生、卢濬泉两人到楼上密谈，提出三个方案：一、回越南后，召集全体将领开会，宣布蒋介石独裁罪状，公开反蒋；二、把越南交给胡志明，你们带领滇军，打回昆明，回滇救乡；三、借口南方人不习惯北方气候，在越南拖延开拔，多则半年，少则三月，大局必有变化。龙云继续说："根据我参加的一次军事会议看来，独夫（指蒋介石）正在布置发动内战，10 月 3 号就是内战的第一枪，龟儿搞了云南以后，要打共产党了！云南子弟兵不能去当炮灰！"龙云对曾、卢二人说："你们不必管卢永衡（卢汉），他要做官，让他去做。"送走二人时，龙云说："我有事就派刘宗岳（龙云的英文秘书）到越南向你们传达，不论笔信、口信，你们照办好了。"

送走曾、卢两人后，已经半夜 1 点多钟了。龙云要刘宗岳立即写一封长信，除郑重宣布他对驻越滇军的指示方案外，并派卢濬泉为统率两军的总指挥。经反复研究，写到凌晨 4 时才完稿，信封上写：面交卢濬泉、曾泽生两军长亲拆，信尾批上："阅后付丙"（阅后烧毁）。晨 6 时，由刘宗岳将信带到重庆珊瑚坝飞机场密送即将离重庆的曾、卢两人。

刘宗岳赶到飞机场，先找到曾泽生，把信给了曾看。曾看后镇定地说："我一定照老主席的指示干，你拿给卢军长看吧！"卢濬泉看完信后，脸色都变了，当即拿打火机把信烧掉，一声不吭。刘宗岳问："有什么回话吗？"卢答："请你告诉老主席，信收到了。"然后即乘飞机而去。回来后，刘宗岳转达了曾、卢二人的话。龙云有点诧异，有点半信半疑，即不再提

龙云传

起此事①。

### （二）对民主活动的支持

到重庆后，龙云与民主党派的联系加强了，甚至到了半公开的程度。最初，罗隆基、梁漱溟经常到李子坝访问龙云，彼此交换对时局的意见。张君劢从美国回来，替龙绳文带东西给龙云时，也到李子坝，与龙云交谈多次。后来政协（指旧政协）快要开会，民盟缺乏经费，罗隆基来对龙云说后，龙云开了2000万元法币的支票（当时等于黄金200市两）一张，派刘宗岳送到"鲜园"，面交民盟主席张澜。张澜很高兴，第二天即来与龙云会面。张、龙会谈了两个钟头，气氛亲切。送走张澜后，龙云对刘宗岳说："张表方（张澜）要我出面担任民盟主席，我回答他说，主席你当，我在幕后尽力支持好了！"

旧政协开会期间，罗隆基经常访问龙云，交换情况。大会闭幕之前，龙云曾对刘宗岳说："昨晚罗隆基来谈，说民盟准备提你、李一平、李宝清三人为国大代表，问我的意见如何，你去告诉罗努生（罗隆基），我考虑这样做不很恰当，你们三个都在我身边，民盟提出来太暴露，要提提作无党无派的，比较合适。"刘宗岳转告罗隆基后，罗说："民盟提出来自然是民盟的，要作无党无派，只好请龙先生告诉缪云台去提好了。"缪云台是龙云统治云南时期的云南省经济委员会主席兼富滇新银行行长，又是龙云与民主人士往来的联络员。

1945年底至1946年初，旧政协开会期间，缪云台以无党无派人士参加了旧政协会议，并在昆明接收了陆崇仁领导的企业局所属厂矿，成立了

---

① 刘宗岳：《我所知道的龙云》。

"云南人民企业公司"，龙云是这个公司的监事长。

1946 年 3 月，国民党政府还都南京。龙云本不愿去南京，想先回昆明，然后去香港，但蒋介石不允许。蒋介石表示很"关怀"军参院院长龙云，要龙同他一道乘专机去南京，被龙云拒绝了。龙云说要坐船去，沿途顺便观赏长江三峡。

回南京后，龙云被安排在中央路 156 号这所洋房居住。这时，蒋介石对龙云的监视更严密了。除了总务厅长裴存藩随时跟随龙云外，在龙云住宅和军参院附近，都安插了特务组，窥视龙云院内的动静。特务们还在龙宅大门对面搭了几间临时房屋，表面上卖茶点、冷饮，还有"修理汽车"的店铺，里面随时停放着几辆小汽车，以备急需。每当龙云外出，特务们即乘车跟踪。有一次，周恩来在离开南京前的一个晚上访问了龙云，第二天蒋介石就知道了。

到南京不久，军事参议院撤销，另成立一个战略顾问委员会，委派何应钦为主任，龙云为副主任；因何应钦在美国，由龙云代主任，主持工作。委员有于学忠、何键、贺耀祖、陈济棠、张发奎、蒋光鼐、熊式辉、蒋鼎文、陈绍宽、刘峙、邹作华、鹿钟麟、杨杰等，多半是担任过国民党军政重要职务的人员。这个机构的任务是研究与战略有关的国防、经济、外交、交通等方面工作的。此时蒋介石在苏北的内战已暗中发动，空军也陆续出动了，表面上还未暴露，中共代表也还在南京。后来，蒋介石在山东沂蒙山区进攻解放军遭到失败后，多次命令战略顾问委员会给他拟出"剿共""戡乱"计划。龙云直率地回答，我只会搞国防计划，不会搞内战计划。惹得蒋介石很不高兴。过几天，蒋介石又把龙云找去，赤裸裸地问："能不能同共产党打？"龙云干脆回答，请委员长问问"三心"，如"三心"皆曰可战，就可以打。如"三心"中有一心曰不可战，那就打不得了。蒋介石问他"三心"是什么意思。龙云说，这就是："一问军心，二问民心，三问良心！"蒋介石听后很不高兴。

龙云在受到严密监视的情况下，仍然派人收听中共的广播，并向他传达。他每次听到解放军获得胜利，蒋军遭到惨败的消息时，都非常激动。1946年5月，第六十军第一八四师师长潘朔端在辽宁海城率部起义，龙云得知后，高兴万分，他表示希望全部滇军都早日反蒋起义。在国民党召开国大、立委会议期间，张冲秘密地到解放区去了，中共广播播出这条消息后，蒋介石大吃一惊，立即责问龙云。龙云却用蒋介石排斥、迫害张冲的事实进行驳斥，使蒋介石恼羞成怒。

龙云在南京继续与民主人士往还，支持民主党派的活动。1946年夏，民盟准备恢复《文汇报》，但因增添机器和向挪威购买纸张款项不够，向龙云求援。龙云派刘宗岳到上海，把5500万元的法币支票亲自交给了《文汇报》经理严宝礼。不久，《文汇报》就在上海正式复刊了。

龙云除了对民盟大力支持外，对民革前身三民主义同志会也作了慷慨的资助。1946年底，李济深派他的秘书吴信达到南京看龙云，约龙云共同集资在上海创办一个掩护民主人士活动的"允华企业公司"，参加的人除李济深、龙云外，还有陈铭枢、蒋光鼐、蔡廷锴、谭平山、朱蕴山、于振瀛、郭春涛等。龙云出资5000万元，李济深出3000万元，其余蒋光鼐、龙绳祖等各认2000万元和1000万元，共集资2亿元，在上海西藏路（时名虞洽卿路）成立上海允华企业公司，开会地点在陈铭枢家里。公选李济深为董事长，龙云、陈铭枢为副董事长，蒋光鼐、蔡廷锴、谭平山、朱蕴山、郭春涛、于振瀛、龙绳祖、吴信达、刘宗岳、陈培明等为董事，吴信达兼总经理，刘宗岳、陈培明兼副总经理。1947年3月正式开幕。三民主义同志会一些人士的活动，藉此掩护，经费也有了着落。但因经营管理水平差，又在币值波动、投机风盛的上海，这个公司不得不再向龙云借了5000万元，尽管这个企业公司经营半年多的时间，亏蚀甚巨，但从龙云来说，对三民主义同志会的支持是不惜工本的[①]。

1947年底李济深离上海前，上海民主人士联名登报，举行盛大宴会告别。第二天，刘宗岳代表龙云送李济深上船后，李秘密地对刘说："请你告诉龙志公，我这次借扫墓之名，实际是去香港，不再回来了，请龙先生也赶快设法脱离南京。"刘宗岳回来后把这一信息转告了龙云，龙云感到高兴，他确实是很想早一天摆脱蒋介石的监视和软禁的生活的。

### （三）软禁中的事件

还在1946年初，国民党政府还都南京时，龙云就试图返昆明转香港，但蒋介石坚决不准，而且特邀龙云与他同机飞往南京。龙云坚决不干，一定要坐轮船。5月21日，龙云由重庆上船，于5月29日到达南京，同行的有旧政协无党无派代表莫德惠，军参院副院长于学忠，龙云的第五、第七两个儿子龙绳勋、龙绳德，随员有刘宗岳、方家治、郑崇贤、易忠孝、刘兴才、杨祐、王金、范以勋等和警卫十余人。到南京后，即住中央路156号。这所房子是前卫生署长刘瑞恒的私人住宅，花园洋房，甚为宽敞，沦陷期间被日寇总司令冈村宁次所占用，日寇投降后由行政院收回，拨给龙住。行政院长宋子文怕龙云过不惯南京的夏天，派一个美国技师送来一套冷气设备，虽在盛夏，凉爽如秋。像这样冷暖气设备都有的漂亮、宽敞的洋房，在南京也是不多的。从物质上说，龙云的环境是不错的，但事实上被软禁着的龙云，精神上却是痛苦不安的。

---

[①] 刘宗岳：《龙云下台后的复辟活动》，《云南文史资料选辑》第4辑第265～266页。

龙云总是想寻找机会，离开南京，无奈总被监视。1946年夏秋之交，龙云准备由南京到杭州游览、避暑，并去钱塘江观潮。龙云的夫人顾映秋也从昆明赶到上海等待陪同。他身边的工作人员作了准备和安排，在国际饭店订了许多房间，又发动了上海的云南同乡会准备欢迎。然而，龙云在南京即将赴机场准备起飞之前，国防部长白崇禧来电话说："委员长在牯岭避暑，龙院长要去杭州观潮，必须打电话请示委员长才能动身，请先把飞机票退掉吧！"或者，等待蒋介石回南京，同蒋一道去；或者，先到庐山。龙云听了之后，很生气，宁愿不走，也不去庐山。南京、上海和杭州的许多人白忙了好多天，而龙云身为蒋家王朝的军政大员，连去杭州旅行的自由也没有，思想上的苦恼是可想而知的。

　　1947年春夏之交，原滇军第二十四师师长、龙云的二儿子龙绳祖，在昆明的部队解散了，只身来到南京。他的妹妹龙国璧，从上海到南京，龙绳祖到火车站去接。可是，龙绳祖一到车站，就跑过来一个宪兵，敬了一个礼（龙绳祖此时穿的是少将军服），问："贵姓是否龙？"答："是的，我是龙绳祖。"宪兵说："请跟我到司令部去，有点事情。"说着，两个宪兵就架着他的两臂上了车，进了"夫子庙"宪兵司令部，不由分说，即予逮捕，关在羊皮巷一个大特务家里。后来，经白崇禧跟蒋介石说情，才放出来，但已关了三个月之久。龙云对此深感不安。

　　同年夏天，龙云唯一的女儿龙国璧在上海震旦女子文理学院读书，才读一年，得到宋子文的特别关照，领到了赴美留学的特别护照，将由上海搭船赴美，龙云打算到上海送行，顺便游览上海。他托国府文官长吴鼎昌向蒋介石请示，未得允许。蒋叫吴劝阻龙。吴对蒋说："志舟以前要想去杭州，没有得去。此次要去上海，又不得去，会不会因此而生误会了呢？"蒋答道："龙志舟有亲共的倾向，不宜到上海。"当龙国璧离开南京时，龙云到南京下关车站送行。那是一个夜晚，火车是 11 点的特别快车，10 点多钟，龙云和许多人到了车站，刚一到站，宪兵立刻戒备起来，形同戒严。一个宪兵官长到龙云面前敬了个礼后说："请龙院长马上回公馆，委员长有手谕，龙院长不能离开南京。"尽管向他说明，只是送行，并不离开南京，宪兵仍旧团团围住，纠缠不清，龙云只好在未开车前就回公馆去了。那晚上开车以后，顾映秋及秘书陪同龙国璧去上海，他们坐的是软卧包厢，开车后即关门睡觉，但宪兵们深恐龙云藏在车上，一夜之中竟四次敲开房门盘查，闹得龙夫人和女儿彻夜不得安宁 [1]。

这几件虽说都是"小事"，却实实在在地说明龙云已被软禁。龙云心里很不安，更加促成了他早日脱离南京，前往解放区的决心。于是，龙开始寻找中共地下组织，希望中共人员帮助他脱离南京，秘密到解放区去。中共上海地下党负责人吴克坚派沈德鉴大夫到南京与龙云密商，龙云表示："希望吴克坚帮助我找船，最好由南京下关秘密上船，离开南京到解放区。"沈大夫回上海和吴克坚商量后，第二次来南京对龙云说："吴克坚负责进行，但船到南京是有困难的，最好是到上海上船。"龙云考虑到那时坐飞机或火车都有问题，只有坐汽车赶赴上海可能容易一些。不料山东境内军事日渐紧张，吴克坚星夜派人到南京通知龙云说：蒋介石为了运输援军，已将淞沪一带的船只完全封锁，所商定计划无法实现。这样，龙云不得不放弃坐船的计划，另想办法。

### （四）与陈纳德的密商

1948 年秋，人民解放军节节胜利，凯歌震撼祖国大地，蒋介石集团慌

---

① 朱志高：《龙云下台前后及南京出走的真相》，《云南文史丛刊》1988 年第 1 期第 39～40页；又参见刘宗岳：《我所知道的龙云》。

作一团。南京政府一面玩弄和谈阴谋，一面暗中又作紧急部署，任命汤恩伯为京沪杭警备总司令，负责长江防务，妄图凭藉长江天堑进行顽抗；同时任命陈诚为台湾省政府主席兼警备司令，蒋经国为台湾省党部主任委员，为撤退作好了准备。此时，经常到龙家走动的军统特务裴存藩说："侍从室的人说了，委员长去台湾的时候，要拨飞机请龙院长一同去。"不久获得另一密报，蒋介石约龙云一同去台湾，然后安排龙云出来主持西南反共联防。龙云得知，坐立不安，不得不加紧安排脱离南京的计划。

龙云托缪云台找美国人陈纳德（原美国十四航空队司令，当时是飞虎民航公司总经理）密商，准备租陈纳德民航队的飞机，秘密从南京飞往广州。龙云认为，抗战期间陈纳德在昆明和他的交情很好，陈纳德航空公司是商业性质，只要用钱包他的飞机，他不至于去告密。缪云台曾是留美学生，抗战期间在云南与陈纳德亦有交往，托他找陈纳德密商是有希望的。

1948 年在南京与儿孙们的合影

缪云台受龙云的嘱托以后，到了上海，约了龙云的英文秘书刘宗岳和龙云的随行人员朱志高（又是缪云台的外甥）到个旧锡业公司上海办事处谈话。缪云台说："老主席要找陈纳德帮忙，设法离开南京，但陈纳德到广州去了，等他回来，你们去找他商量。陈纳德对老主席很好，彼此有交情，一定会帮忙的。办成功后你们二人同行，龙的儿子千万不能一齐走，以免惹人耳目，若出岔子会有生命危险的！"①

过了几天，陈纳德从广州回到上海。刘宗岳在电话上与陈纳德约了时间，到民航公司去找他。刘宗岳到九江路一所大厦的六楼，在民航公司董事会的办公室找到了陈纳德，对他说："有点紧要事想和将军单独谈话。"

龙云、缪云台与美国军官在交谈

---

① 有的回忆，对缪云台帮助龙云逃出南京一事，渲染过多。缪云台曾表示："救龙云的事，我只是和陈纳德接个头，为什么写那么多？许多事我没有做。"（《缪云台回忆录》第205页）这里记载就比较简略。

陈纳德说："好，我很乐意。"于是，站起来请他的三个同事离开那间办公室（其中一位是陈纳德的夫人陈香梅女士）。当三人离开办公室，办公室的门重新关上以后，刘宗岳才说：

"有一桩机密的事，想请将军帮忙，无论办得到或者办不到，都要请你保密，能够这样我才告诉你。"

陈答："一定保密，是怎么一回事？"

刘说："你知道龙云将军在南京不是一个头等重要的领导人……"

陈点点头，抢着回答："是！我知道。"

刘继续说："真正的要人已经有的飞台湾，有的飞广州了。龙将军可能被人家扔在后面，因此他派我来看陈纳德将军，想请你帮忙设法弄一架飞机，让他离开南京前往广州。"

陈纳德"哦"了一声，然后说："刘上校，蒋委员长有没有法律或命令不许龙将军离开南京？"

刘答："没有成文法，也没有公开的命令限制龙将军的自由，但事实上，坦白地说，龙将军是随时被监视的，因此才要请你保密。"

陈纳德沉思了一下说："南京到上海，你们去想办法，龙将军到上海后就住到沪西虹桥我的新居里，那里很僻静，安全我可以负责。由上海到广州，我的公司每隔一天有班机，我可以设法送龙将军到广州，同行的人最好是越少越好！"

刘答："随从的人不多，我们初步研究过了，大概是两个人，一个是我，另一个是高级副官朱志高上校。龙云将军有四个儿子在南京，一个都不一同走，以免惹人注意。"

陈说："很好，就这样吧！你回南京和龙将军商量后，再来上海我们一道讨论吧。"

第二天一早，刘宗岳、朱志高乘特别快车回到南京，然后直接进入龙云的卧室，让左右人员先避开。龙云急切地问："怎么样？你们见到陈纳德了吗？"

刘、朱把联系的经过详细地汇报了一遍，龙云对于陈纳德肯于帮忙十分高兴，但认为陈纳德只负责上海到广州一段，却不合适。龙云说："从南京到上海还是要请他帮忙，火车轮船万万不行，熟人多得很，如被发现要弄巧成拙的。你们明天还是再去上海找他想办法，我看非飞机不可！"

刘宗岳、朱志高就在当天夜里再乘火车去上海，第二天早晨到上海后，二人立即前往九江路一齐找陈纳德。刘宗岳先向陈纳德介绍："这是我上次和你谈到过的朱上校。"这次谈话仍在上次谈话的那间办公室，三位同事亦被请了出去。首先，刘宗岳说：

"龙将军向您致以衷心的谢意，托我向将军转达，在困难时候的帮忙，将是永久感激的。由南京到上海这一段路，研究下来还是要请您帮忙，因为火车、轮船，一个要八小时，一个要一天，即使龙将军上得了这两种交通工具的任何一种，时间这样长，认识他的人那样多，一被发现就走不脱了。你大概知道吧：去年龙将军的女儿赴美留学，龙将军只不过到下关车站送行，才到站就被宪警包围起来了！"

陈纳德有点惊奇的样子问："真的吗？这是为什么？"

刘说："一句话，蒋、龙的政见不一致，这已经是个公开的秘密了嘛！"

陈纳德连说了两声："是，是！"想了一想说："有办法了，我公司里每星期有一班从兰州到上海的班机，固定是礼拜四，上午从兰州起飞，经过南京加油，下午到上海，请龙将军秘密地搭这个飞机。哪一个礼拜四选定后先通知我，我派人在南京接他上飞机，到上海我自己接他到虹桥我的家里住两三天，第二个星期一再搭从上海到广州的班机。我看这样是安全的。"

刘答道："这个意见很好！让我再一次地谢谢你，等我们回南京向龙将军汇报后，再来和你作最后的决定吧！"

当夜，刘宗岳、朱志高乘车返南京，因临时未买到卧铺票，在餐车里坐了一夜，天亮到南京。下午去见龙云，汇报了陈纳德的第二个方案后，龙云很敏感，立刻表示："要不得，要不得！从兰州来的飞机，多数是张文白（张治中）西北长官公署的人，熟识的不少，一上飞机就要被识破。而且在上海住两三天也不保险，你们还要另外再商量一个好办法。"这一天已是1948年的11月16日了。

第二天，刘宗岳、朱志高第三次到上海找陈纳德，告诉他龙云不愿意，也不能搭乘兰州班机的原因，请他另外想办法，陈纳德听了后，表示为难地说："等我再考虑一下，和我的同事，当然是可靠的助手，研究后再通知你。"

刘说："这件事一定要请将军大力帮助！"

于是，刘宗岳、朱志高就在上海坐等了一个礼拜。直到12月1日，陈纳德从广州返回上海，一见到刘宗岳、朱志高二人，即说："我在广东已经布置了一套完整的计划。我带了一个亲信魏罗伯先生到上海来，在公司里的名义，是派他视察上海、南京两处的航空站，他将乘一架专机在约定的日期，由上海飞南京，南京机场有我民航队的汽车，汽车是有特别牌照的，进出中国空军的机场不受检查，就由魏罗伯驾驶汽车去接龙云将军，但最好不直接到龙将军家里，比方说，龙将军是否可以约定在刘上校的家里等，一上飞机立刻起飞，没有任何其他搭客，飞机将在上海虹桥机场加油后直飞广州，我自己在上海机场等，广州也安排了一个人在机场接你们。你看怎么样？"

刘宗岳兴奋地说："太好了，谢谢将军这样细致的考虑和绝妙的安排。"

陈纳德问："日子你们看哪一天？"

刘宗岳与朱志高商量后说："为了我们有充分的准备和安排，下星期的今天，即 12 月 8 日。"

陈纳德说："好，我约魏罗伯先生来和你们见见面。"陈纳德按了电铃后，要他的打字员去请魏罗伯。不一会儿，一个中等身材、年约 30 多岁的美国人进来了。陈纳德介绍说："这是我的机要秘书魏罗伯先生，这是刘先生、朱先生。"大家互相握手后，陈纳德又说："不必担忧，大家随便谈，一切都是保密的。"

刘宗岳问："手续上还有什么要办的吗？"

陈纳德说："对，手续上还是由你签个合同，在你个人的名义下。这样，如果出了问题，我可以说，我怎么知道龙云将军在这个飞机里。"

刘宗岳又问："代价方面怎么样呢？"

陈纳德说："龙将军和我是好朋友，这不是生意，单是收点汽油费。"他要魏罗伯去叫机务部门计算一下。魏罗伯去了一阵转来，递给陈纳德一张小便条，上面只写着一个数字：6430。陈纳德手里拿着一支红铅笔，把430 划掉，递过纸条给刘宗岳说："驾驶员和其他工作人员的薪金、飞机的磨损折旧一概不算，单是燃料的成本是 6430 美元，收个整数 6000 美元吧！其余作为奉送，请转告龙将军。"经费是由朱志高担保，并在朱有存款的益华银行借钱来付清了全部费用。这个代价比包单程飞机还要便宜得多。刘宗岳等再次感谢陈纳德，并与魏罗伯约定 8 日上午 7 时在虹桥机场见面。

刘宗岳、朱志高的计划是随同龙云去香港，对陈纳德只说去广州。南京飞广州的计划落实后，他们就进行广州到香港的秘密安排了。他们向益华银行借了一个可靠的职员严永祥，派他先买飞机票去广州，找到广州做生意的另一个同乡孙毓亮，对他们只说刘、朱二人将于 12 月 8 日乘飞机到广州，请他们先在中等旅馆开两个房间，同时预先买好 8 日从广州到香港的火车、轮船、飞机票各 5 张，不能误日子。布置妥当后，刘、朱二人返回南京复命。

### （五）逃往香港

这十来天，龙云在南京望眼欲穿，待听完刘、朱汇报后，喜上心头。大家商议后决定，刘宗岳于 6 日再去上海，朱志高留在南京，预先写下两封信给蒋介石，交龙绳祖，要等接到龙云抵港的电报后再送出去。龙云的这次行动是绝对保密的，除龙绳祖一人外，对龙家亲友子女，任何人都没有泄露。龙绳祖对刘、朱二人说："主席就托给你们两人了，你们的努力，我们全家感激。我搬来公馆里住，准备等你们走后去坐班房。"

12 月 6 日，刘宗岳再坐夜车到上海，7 日晨到民航公司与陈纳德、魏罗伯见面，作了最后的决定。陈纳德预备了三件大衣，大衣上佩着民航队的证章，由魏罗伯直接带上飞机，只要气候没有变化，第二天一早决定起飞。约定 8 日上午 6 点半钟，在虹桥机场出发。联系妥后，刘宗岳到益华银行找舒子杰，舒把严永祥从广州来电给刘，电文是"安抵广州，办妥"几个字。刘即与南京挂长途电话说："明早 9 点钟见面！"

12 月 8 日晨，天还未亮，刘宗岳赶到机场，在机场办公室找到魏罗伯。魏罗伯一见面就说："早！刘先生，一切准备好了，天气看来很好，在这里休息一下，等天再亮一些就上飞机。"7 点半钟，刘宗岳、魏罗伯两人上了飞机。这是一架 C 47 型运输机，两边的座位放了下来，就像两条很长的长凳似的，一架可坐 30 多人的飞机，就只有刘宗岳、魏罗伯两个人，可以伸展睡觉。8 点正飞机起飞，9 点 15 分在南京空军机场降落。刘宗岳、魏罗伯外面罩上民航队职员穿的一件皮大衣，两人又各抱一件皮大衣。走下飞机，机场旁边已停好一辆绿灰色的有特别牌照的汽车，坐上汽车，由魏罗伯驾驶，朝着石钟路刘宗岳租的住宅疾驶。到了刘家，先吃早餐，并电话通知在中央路的朱志高，只说了一句"我回来了"。那边回答"万事齐备，只等东风"，也是一句话。朱志高开了一辆吉普车到龙云的院子后面等待。10 分钟以后，龙云下楼来了，身穿一套藏青条花西装，外罩大衣，一只眼睛包了一条绷带，呢帽戴得很低；朱志高全身军服，戴上校军衔，另外还有龙云身边一个照应他起居的半大孩子陈天德，一起乘吉普车赶到了刘宗岳家。刘宗岳、魏罗伯把两件大衣，分别递给龙云和朱志高穿上，立刻坐上民航队的汽车，由魏罗伯驾驶，直奔机场。守卫机场的宪兵，每进一道门都要挥旗停车盘问，车上答复他是民航队的，果然就畅通无阻，一上飞机，机场人员抽掉舷梯，立刻发动引擎，盘旋起飞，看看手表已是 10 点 50 分了。龙云眼睛上的那条绷带系得不稳，一会儿就滑下来了，他说："干脆不要这条绷带了，怎么样？"

刘宗岳说："我看没有什么问题，取掉它吧！"

朱志高说："离开龙公馆的时候，吉普车刚开到大门口，遇着三公子（龙绳曾）来了，他没有看见主席坐在后面，他和我说话，我开着吉普就跑！"

中午 12 点 15 分，飞机到了上海虹桥机场。才一着陆，陈纳德带了翻译舒伯炎，抱着许多水果和一大盒雪茄烟，上飞机来送给龙云，握手问好，亲切交谈。陈纳德说："我的这架飞机，是我公司里性能最好的一架，驾驶这架飞机的是飞行技术最好的驾驶员，他的飞行记录有 4000 多个小

时。请放心好了。"一直等到飞机的汽油加好了，又握着龙云的手说："祝你一路平安，我不久也要来广州，在惠福路有我的一个办事处，龙将军，在那儿我们再见面吧！"

飞机再次起飞，陈纳德还站在那里扬手送别。

经过三个半小时的飞行，飞机到了广州市上空，快要着陆以前，刘宗岳把三件皮大衣还给魏罗伯，龙云又格外送了魏罗伯1000美金，驾驶员500美金。

没有想到，飞机在广州机场一停稳，忽然间警笛长鸣，一队荷枪实弹的宪兵和警察，如临大敌般地包围了机场和飞机。这一下子，气氛颇为紧张，龙云的眼睛不好，不断地问："干什么，干什么？"

驾驶员下去与宪兵说了几句话，又查看了龙云的"身份证"，上面写着——理查德·宋，传教士兼医生，别无他物。宪兵和警察才撤销了对这架飞机的包围。

据事后了解到，原来有一架飞机从昆明飞广州，在昆明起飞时撞死了两个海关人员。他俩都是广东人，要将尸体运回广州。昆明的鸦片烟商，就想利用这两口棺材来装鸦片，因为死尸一般是不检查的。在昆明已买通死者家属，同意从陆地将尸体运回广州。这个情报被截获，所以龙云所乘飞机一到，被误认为是从昆明来的飞机，虚惊了一场。

龙云等人下了飞机，魏罗伯和驾驶员立即离去。刘宗岳对龙云说："我在前，你扶着我走，有人盘问我会答复，说你是我家老人家，好吧！"龙云说："好！"

出机场后，即见到孙毓亮、严永祥，大家都很沉着。恰在这时，一个美国小伙子迎了上来说："哈罗！你们的汽车在那边。"龙云上了汽车，美国司机问开到什么地方，孙毓亮说："新华饭店。"

　　飞机到广州是下午 5 点整，到新华饭店开好的房间里已是 5 点 35 分。于是，他们就在旅馆餐厅随便吃了点东西。严永祥说："三种票子都买好了，火车是上午 11 点开，飞机是下午两点半，都作废了；只有轮船是夜晚 8 点正开，吃完东西去正好。"大家胡乱吃过饭，就走出旅馆，看看表还不到 7 点钟，便雇了一辆出租汽车在马路上兜了一个小时的风，然后去码头，随着人群挤上船。上船仅仅五分钟时间，轮船就鸣笛开走了。龙云单独在一个房间，躺在床上休息。

　　然而，这时龙云的心情还没有平静下来。船起锚后不久，龙云连问三次朱志高："出了珠江口没有？"

　　出了珠江口以后，龙云又问刘宗岳："你看有几成把握了？"

　　刘答："有七成了！"

　　龙诧异地问："怎么才七成呢？"

　　刘答："估计低一些没有什么坏处。"

　　龙开心地笑着说："有九成了！"

　　第二天（1948 年 12 月 9 日）上午 7 时，船到香港。龙云下船后，直往浅水湾 177 号龙绳武（龙云的大儿子）家居住。

　　龙云被软禁了三年两个月零三天，终于飞出了囚笼。这在龙云的一生中，是一个重要的转折。

　　直到龙云安抵香港以后几天，蒋介石才知道龙云逃脱了，盛怒之下，赏给了宪兵司令张镇一耳光，连声大骂："饭桶，饭桶！"据说张镇下去后，把几个专门监视龙云的"饭桶"枪毙了。这几个"饭桶"临死时，大喊冤枉不止，他们说龙云还在卧室里，并未逃走。原来龙云逃出南京的当天，还传说龙云当天请客，举行宴会。他们根本不知道龙云是怎样溜出去的。到了晚上，也如往常一样，当他们远远向龙云的卧室望去时，只见窗帘依旧按时卷放，窗户依旧按时开启，灯光依旧那么明亮。所以他们没有什么不放心的。第二天，第三天，龙云的卧室依旧如此。他们做梦也没有想到龙云已经逃走，中央路 156 号那座被国民党鹰犬日夜监视着的洋房，早已人去楼空了①。

　　蒋介石无可奈何，只好命令他的"中央社"发出一条新闻："蒋总统批准龙云代主任赴港养病。"然后，蒋介石又让宋美龄"快找陈纳德来，问他为什么要把龙云放走"。蒋介石还决定把胆敢替其父迟两天递送假条的龙绳祖（龙云的二儿子）送到南京"将官班"去学习反省！蒋介石又电召云南省政府主席卢汉到南京，面授机宜，以防出走后的龙云今后在云南进行"叛国拥共"的"不法"活动。然而，龙云既已脱离了蒋介石的束缚，蒋也就不再可能约束得了龙云的行动了。

　　最后，我们还要说的是，龙云的出逃成功，是与周恩来的指点分不开的。龙云事实上被软禁在重庆时，曾受到周恩来的访问和接见。周恩来向龙云讲述了国内外形势后，语重心长地告诉龙云，不能待在重庆，待在重庆不仅政治上起不了作用，就连生命都成问题。应该设法脱离蒋介石的魔爪，到香港或外地去，才能在政治上起作用，生命才有保障。周恩来的指点，使龙云如梦初醒。所以，后来回忆往事时，云南中共地下党员陈赓雅对龙云说："幸亏有周恩来的关怀和指点，要不然，你可能会凶多吉少。"龙答复说："是啊！"②而这已成为历史事实了。

---

　　① 参见刘宗岳：《我所知道的龙云》，朱志高：《龙云下台前后及南京出走的真相》。
　　② 陈赓雅：《周恩来指点龙云出虎口》，《人民政协报》1986 年 8 月 12 日。

# 十五　香港反蒋

## （一）考虑云南起义

龙云到达香港的时刻，正是国内政治形势急剧变化的关键时刻。从 1948 年 9 月 12 日起到 1949 年 1 月 31 日，中国共产党领导的人民解放军先后进行了辽沈、淮海、平津三大战役，历时 4 个月零 19 天，歼灭国民党军队正规军 144 个师、非正规军 29 个师，共 154 万人；同一时期，在西北、华北的其他战场上，还消灭了国民党军队 10 多万人。到三大战役结束，人民解放军基本上消灭了国民党的主力部队，中国人民革命战争在全国的胜利已成定局。

蒋介石国民党统治集团处在一片惊慌失措之中。1949 年 1 月 21 日，蒋介石被迫宣布"引退"，以国民党政府副总统李宗仁代理南京政府的总统。而实际情况则是，李宗仁"代而难理"，蒋介石"退而不休"，蒋介石仍然控制着军政大权，妄图以此争得喘息时间，加强防务，扩充兵力，准备再战；同时对国统区的一切爱国民主运动和不满蒋介石统治的一切爱国人士，进行血腥的屠杀和镇压。

龙云虽然逃出虎口，蒋介石对他当然是不会轻易饶恕的，立即派特务对龙云及其住宅进行监视，并且企图在适当的时候暗杀。这一点龙云是很清楚的。因此，龙云到达香港后，虽然住在依山面海、风景秀丽、地势险要的浅水湾，仍不免为自己的安全担心，所以他向香港英国总督府表示，说自己是来"政治避难"的，请予保护。港英当局同意派警卫人员到浅水湾龙宅，负责保障龙云的人身安全。龙云初到香港，深居简出，也很少接见外人，以防意外。

不过，龙云对宋子文似有好感，曾从香港给当时在广东的宋子文通了一个电话说："我从南京来香港，路过广州时来不及看你这位老朋友，很抱歉！"宋子文听后吓了一跳，惊问："你来香港做什么？怎么来的？"龙云回答："我来香港养病。我给蒋公写了个假条，使次子绳祖在我离开南京后两天送去。"

宋子文碍于老朋友的面子，遂从广州到香港看望龙云。龙云向宋子文倾诉了积压多年的愤懑，宋子文默不作声，听听而已。听完龙云的倾诉以后，宋子文表示可以理解，然而他仍劝龙云以"大局"为重，代表蒋介石游说，建议龙云出面组织"华南反共联盟"，这当然遭到了龙云的拒绝。

当宋子文辞去行政院长，并搬到香港浅水湾179号与龙云为邻居时，龙云立刻前去看望，并说："我恭喜你，这个行政院长实在不好当！"龙云曾提出东北战争的局势，与宋子文交换意见。宋子文却还说什么："这方面陈辞修（陈诚）很有把握，三个半月到半年可以肃清。"[1]宋子文与龙云的见解，显然颇有出入。

龙云已经意识到，蒋介石国民党完全没有了希望，"和谈"不过是一个幌子，希望甚微，因此云南和西南各省就只有和平起义这条路了。龙

① 刘宗岳：《龙云下台后的复辟活动》，《云南文史资料选辑》第4辑第266页。

云在香港策动卢汉尽快在云南起义，并且联络四川、西康和广西。恰在这时，安恩溥以"国民政府立法委员"的身份，在南京参加立法委员会会议，得知龙云已出走香港。于是，安恩溥自南京回昆途中，特地绕道香港看望龙云。

龙云在香港与安恩溥多次谈话，中心问题是商谈云南起义。据安恩溥回忆，在1948年12月中旬，龙云与之商谈云南起义的概要如下：

"蒋介石节节败退，会退到西南，最后退到云南顽抗，是可以预料的。最后仍然是失败，退到台湾或逃往外国，这也是肯定的。这样一来，云南成了最后战场，大家和老百姓的苦难不可设想。并且等待人家来解放，大家的罪恶账是算不清的。唯一的办法只有起义，才能自救，救云南老百姓。想来卢永衡（卢汉）到了今天这一点他可以清醒了。你回去告诉他应该积极准备起义，才能自救和救云南。如果他同意，你们无论在朝在野，要拥护起他干。在外面找共产党的组织关系和各党派联系，我（龙云）负完全责任。起义时间愈早愈好，总以解放军未渡长江以前为好，太迟了搞成马后炮，政治意义就谈不上了。起义时组织一个军政统一机构，我负领导名义，全省的实权仍由永衡负责。

"四川的邓锡侯、西康的刘文辉等都很尊重我，我们是说过内话的。起义前可以去联络他们，滇川康联在一起，对起义好处多，将来说话也有力量！

"若果卢永衡今天还是执迷不悟，大家还是要积极地准备起义。我们大家在云南干这么多年，现时在朝在野念旧的人是不少的。张云鹏（张冲）去东北（起义）以前曾对我说，你家老部下有一句话：'不报十月三号的仇是丫头养的。'这话可以说明，只要你们回去好好团结这些'忠义之士'，不要卢永衡也干得起来。

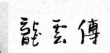

"还有云南各地的世家以及滇黔、滇康边境的世家，对我们是有感情的。尤其是彝族，由你们以我的名义去联络，发动他们跟着干，也是一分力量。安粤（安毅夫，彝族，贵州郎代人，浙江大学学生），你们见过吗？那个小伙子很聪明，若果能约他回去，在滇黔边境上可以起些作用。你看拖车力量如何？"（拖车指云南巧家县拖车土司家。拖车土司禄廷英死后无子，有个女儿招赘龙云的第三子龙绳曾上门继承。）

再一次谈话，安恩溥对龙云说："卢主席当师长时就接近进步人士，并且他一向都是讲现实的，今天看到蒋介石大势已去，不会无动于衷，你家透彻地写封信给我带去，劝劝他，起义的可能性是大的。万一他不干，给龙绳武、龙绳祖（龙云的大儿子、二儿子，都是法国圣西耳军校毕业，在云南都任过师长；龙云下台后，被蒋介石叫去南京入将官班，后来先后到香港）两个回去干好。因为他们比我年轻，离开部队比我年代浅，对旧部号召力强。至于各地大户的武力，大多是腐化成性的乌合之众，只能在必要时作相当的利用，若果依靠他们，是成事不足败事有余。还有，卢不干，另外干，经费也是问题。必要时可否用你家的名义发行一种临时军用券？"龙云对于发行军用券一点，表示不能同意。

龙云还说，湖南的程颂云（程潜）也联系过。程潜说："云南有过护国倒袁的光荣，希望云南先带头起义，耍龙头，我在湖南响应，耍龙身，再后川康起义，耍龙尾。"

龙云最后一次说："我们尽力争取卢永衡起义，因为本钱在他手里，他们在朝在野的都拥护他在省内干。在外与共产党和各党派联系，我完全负责。最要紧的是要在解放军未渡江以前起义。如果他不干，也不要泄气，我们同样可以干。"

安恩溥离开香港回云南时，由龙云的英文秘书刘宗岳交给他两封信，一封送卢汉，一封送龙之荀（龙绳祖之妻）。安恩溥是接受龙云的指示回昆策动卢汉起义的第一人，他的主要任务有二：（一）向卢汉转达龙云对形势的分析，希望卢汉认清形势，准备起义。（二）明白告知卢汉，如果卢汉拒绝起义，龙也要把起义搞起来。龙云要安恩溥尽快回答"卢汉究竟愿不愿起义"这个重要问题。

安恩溥回昆以后，向卢汉如实地转达了龙云的意见。卢汉未及时做出回答。龙云又派自己的秘书刘宗岳持龙云的亲笔信回云南，与卢汉接谈。卢汉深思熟虑约一个月的时间，提出三条办法，回答龙云。这三条办法的大意是：第一，卢汉称病辞职，保安恩溥代理云南省政府主席，然后由龙云直接指挥，安恩溥发动。第二，龙云回来，卢汉到香港，走马换将，由龙云自己发动起义。第三，如果仍要卢汉干，就请龙云命令龙绳曾、万保邦、龙奎垣等都要听卢汉的话，否则事情搞烂了，卢汉不负责任。卢汉请龙云考虑后，在上述方案中随便选择哪一种方案都可以。同时，卢汉从侨民银行汇了 3 万元港币，送给龙云①。

刘宗岳于 1949 年 2 月拿了卢汉复龙云的信（三种办法）回香港向龙云复命。龙云看后即时复函卢汉，表示对第一种做法，不能同意（对第二种做法，则未明确回答），对第三种做法表示同意，仍由卢汉积极准备，领导起义。龙云的复信最后表示"滇事由弟（卢汉）主持，外面接头由兄负责"。龙、卢的意见获得了暂时的统一②。

不过，龙云似乎很急，既已复函卢汉，却又同时给安恩溥去信，反复催促应早日起义。南京解放及长沙起义后，龙云催得更急，并说再迟，困

---

① 安恩溥：《龙云在云南起义前的活动》，《云南文史资料选辑》第 4 辑第 241～244 页。

② 刘宗岳：《龙云下台后的复辟活动》，《云南文史资料选辑》第 4 辑第 273 页。

难很多，就不行了，甚至说看来卢汉不可靠，你们不要受骗。

### （二）不为诱惑

就在这个时期，龙云在香港加入了以李济深为主席的中国国民党革命委员会（"民革"），介绍人是李济深。龙云加入民革后，被选为民革中央委员。"民革"是国民党内的民主派，于1947年12月下旬在香港成立，宣布脱离蒋介石控制的国民党，为推翻蒋介石独裁政权，实现中国之独立、民主与和平而努力。

在人民解放军节节胜利的影响下，在中国共产党领导的"滇黔桂边区纵队"不断取得进展的鼓舞下，人心思变，希望云南早日获得解放。于是在云南又冒出了各式各样的武装力量，大多以拥护龙云为旗号，有龙纯曾、龙奎垣组织的"西南人民革命军"，万保邦组织的"中国人民自卫军"等，而其中力量较大的一支武装力量叫做"共革盟"军。共革盟军，是所谓中共、民革、民盟的"联合武装"，实际上中国共产党及云南地方组织并未参与其事，是龙云一手扶持起来的武装力量，其主要负责人是龙绳曾、万保邦等。这些武装打着"革命""自卫"等旗号，招兵买马，扩大势力，不断地与中央领导的边纵发生冲突，也与卢汉的地方武装发生战斗，并未起到龙云原来期望的扰乱国民党武装、促进卢汉起义的作用。最后由卢汉的地方武装把它们"吃掉"了。

尽管如此，龙云在香港过了一段深居简出的生活以后，又开始活跃了起来。龙云在1949年1月25日借接见法新社社长白龙沙及其他一些记者的机会，发表了长篇谈话，郑重否认自己参加"南方联盟"之事，并抨击了蒋介石下野的幕后阴谋。这篇谈话，龙云派专人送到昆明，在《观察报》上发表，《观察报》还发了社论。

李宗仁代理国民党政府总统以后，曾表示愿意以中国共产党所提八项条件为基础进行和平谈判。1949 年 3 月 26 日，中国共产党作出了与国民党谈判的决定。接着，国共两党开始谈判，国内政治形势有好转的趋势。就在这年 3 月底，李宗仁托龙云的亲属表示向龙致意，希望龙回南京"共商国是和云南的一些问题"。龙云也收到了何应钦请他入京"共商国是"的电报。李宗仁又派其夫人郭德洁飞港劝说。龙云有点跃跃欲试，派其次子龙绳祖到广州找广东省主席薛岳，托薛转告代总统李宗仁和行政院长何应钦，希望他们能让他重返云南，并出任"滇康黔桂绥靖主任"。4 月初，龙云又派长子龙绳武到南京，与李宗仁等作进一步活动。当时，香港进步报纸《华商报》曾揭发此事，并说龙云要试图"粉墨登场"了[①]。

龙云经过一番思考以后，为了澄清迷雾，以正视听，于 1949 年 4 月 11 日在香港浅水湾寓所举行了一个记者招待会，公布了他给代总统李宗仁、行政院长何应钦的一封信，表达了他的个人愿望，希望谋求国家进步和国内和平。这封信说：

"月前奉敬之兄电邀入京，共商国是，盛意殷勤。当嘱小儿绳武晋京候教，并略抒鄙怀，归述厚情高见，并关垂滇局，感纫无既。但以国是一日不定，滇局决无安定之可能，非个人出处所能为力。而今日之所谓国是，一言可决，即须兄等毅然决然，勇敢接受毛泽东主席所提八项原则，电嘱北上代表，依照原则，作出具体决定，付之实施。将为吾民族开万世永久和平，岂独吾滇一省一时受赐。"

龙云在信中指出："今日之事，幕后操纵，怙恶不悛者已大有人者，指

---

① 张增智：《龙云如何走上反蒋拥共的道路》，《云南现代史料丛刊》第 4 辑第 57 页，1985 年版。

示作困兽之斗，荼毒人民。吾兄必须洞烛阴谋，作刚毅之决断，始能免除战祸，实现和平。如稍犹豫，必中操纵者鬼蜮之伎，江南浩劫，必不能免，而兄等亦必同归于尽。"

信中表达了对中国共产党领导中国革命的信服。他说："吾人须知中国共产党与民主人士，所艰难英勇斗争以求实现之和平，为大多数所渴望之和平，与中山先生毕生之愿望与国民党真正之主义并无二致，其前途为正大、为光明；而独裁所欲操纵之和平，则为保存自己残余势力，以供帝国主义者利用，以维持封建制度之残余，以继续残杀人民而肆其凶焰，其前途为黑暗、为死亡。故二者和平之观念，根本不同。兄等为自存，当自存于光明正大之途，不当与黑暗死亡相列。如明乎此义，服从真理，接受和平，亦绝无屈辱投降之义。"

然后谈到了自己及云南省内情况："弟抗日之际，支持后方，勤劳艰苦，心力早瘁，胜利来临，遵令饬所部入越受降，并建议必须以政治协商解决国是，反对'剿共'，永息内争，实行民主。自去岁脱险南下，海隅养疴，滇中每有人来，因询及家乡民变四起，大部含有政治意义，反抗压迫，要求解放，断非所谓绥靖力剿所能平息。如能因兄等果断，全国真正和平迅速实现，则滇省一隅动乱，自必不复存在。"然后说："近闻反动者正阴谋布置，欲于和平破裂之后，即以其残余军力，窜入滇省，不惜以吾滇昔年民主之堡垒，为将来最后反动之根据，以图死灰复燃，亦民族解放大业垂成之际之隐忧，则弟虽疲惫，抑或将有以从吾父老昆季之后矣。"①

这封信当时各报都以显著地位刊登，龙云还派副官谭文骧送往昆明刊登。这是龙云到香港后，第一次公开全面地阐述自己的政治见解和态度，

---

① 《龙云致李宗仁和何应钦的一封信》，《团结报》1984 年 12 月 1 日。

引起各方面的注意，得到了进步报刊的热烈赞赏。而蒋介石集团却大为震怒，在他们看来，这是龙云的公开"叛逆书"和"通共"的有力证据，其言论与共产党的宣传并无不同，准备拿出最后的一招来对付龙云，这就是阴谋杀害。

龙云没有丝毫退缩，派其夫人顾映秋返回昆明活动，催促云南迅速起义。顾映秋到昆明后，先找安恩溥问："卢主席的态度如何？老主席（指龙云）很关心，希望早点动起来，政治作用比较大些。"顾映秋还考虑安排龙云回昆，直接指挥云南起义的问题。她对安恩溥说："你看老主席在什么时候可以回来？回来的交通工具，香港可以找法国人帮忙。"①

### （三）与蒋介石决裂

这时，国内局势又发生重大变化。4月20日，国共和谈破裂。4月21日凌晨，毛泽东主席向人民解放军发布了向全国进军的命令。中国人民解放军在长达500公里的战线上，强渡长江，于4月23日占领了国民党政府的首都南京。这一事件，震撼了世界！龙云在香港急得要命，认为云南如再不尽快起义，政治意义就不大了，遂又派人回昆明，催促安恩溥，并找在云南的知名人士杨杰、周钟岳、丁兆冠、龚自知、李根源等人，请他们也积极催促卢汉，迅速响应起义。

其实，卢汉此时确已在酝酿，准备响应起义，不过由于云南此时处于国民党中央军和蒋介石特务的包围之中，因此他不能不采取比较慎重的态度。卢汉不仅在稳步地扩大保安团等地方武装，还派人与中国人民解放军滇桂黔边区纵队（"边纵"）、中共云南地下党取得联系，相机进行。为

① 安恩溥：《龙云在云南起义前的活动》，《云南文史资料选辑》第4辑第246页。

275

龙云传

了使云南起义万无一失，卢汉把抗日战争时见过周恩来的宋一痕从香港找来，命他秘密地取道北上，到北方谒见周恩来，请示起义事宜。直到 8 月初，宋一痕才返昆复命，传达周恩来的指示。宋说：周公高度评价云南起义的准备工作，但告诫我们，在解放军尚不能直接支援时，最好别轻举妄动，以免云南地方糜烂。所以，卢汉不能声张。卢汉的这些活动，龙云是不清楚的。

8 月 13 日，龙云与黄绍竑、贺耀祖、罗翼群、刘斐、刘建绪、李任仁等 44 人，在香港发表题为《我们对于现阶段中国革命的认识与主张》的声明。声明严斥蒋介石集团背叛孙中山先生三民主义，投靠帝国主义，实行法西斯独裁专制的行为；表示拥护中国共产党所领导的反帝反封建反官僚资本主义的新民主主义革命。声明号召有爱国心的国民党员立即与蒋介石及其集团决裂，坚决地向人民靠拢，为建设新民主主义新中国而共同努力①。

这个义正词严的声明，表明了龙云在经过 20 多年的曲折道路以后，终于与蒋介石彻底决裂了，受到了中国共产党和人民群众的欢迎。这对龙云是一个巨大的鼓舞。

第二天（8 月 14 日），龙云在香港接见记者时，再次阐述了自己的政治态度。他兴高采烈，然而却过早地透露了云南起义的活动，甚至宣布："云南起义！"香港各报立即以大字标题刊登了"龙云策动云南正式起义"的消息②。这条消息冲击了卢汉，震动了蒋介石，也使代总统李宗仁深为不安。李宗仁和此时的行政院长阎锡山在广州召开紧急会议，提出要武力改

---

① 《五星红旗从这里升起》第 74 页，文史资料出版社 1984 年版。
② 张增智：《龙云在解放战争时期》，《文史资料选辑》第 96 辑第 61 页。

组云南省政府，李宗仁还下令桂系部队入滇震慑。卢汉则忧心忡忡地说："老主席发表谈话倒不费力，可给我们穿夹脚鞋了。"这给卢汉准备起义的工作增加了许多压力。

蒋介石也按捺不住了，亲自由台湾经广州到达重庆，决心要解决云南问题。当时，桂系白崇禧主张用武力解决，西南军政长官张群主张用政治解决，蒋介石采取政治与军事兼用的手段，一面增派国民党第八军、第八十九军分道压入云南边境，一面进行政治解决。当时，蒋介石认为，卢汉的行动，是受龙云的影响，遂秘密指示国防部保密局前局长毛人凤（此时国防部保密局局长已由徐志道继任，但毛仍负该局的实际责任），在香港暗杀龙云。

毛人凤接到蒋介石的指示后，由台湾派保密局办公室副主任兼第二处（行动处）处长叶翔之和六名特务，经广州前往香港。叶翔之到香港后，在香港浅水湾龙云的住宅附近租了一所房屋住下来，监视龙云的行动，伺机暗杀。

9月初，蒋介石派毛人凤和保密局西南特区区长兼西南军政长官公署第二处处长徐远举，到昆明会同卢汉进行"整肃"工作。毛人凤到昆明后，积极寻找与龙云相熟，而又愿为保密局服务的人，结果找到了蒋唯生（又名蒋彻寒，化名刘蔚）。

蒋唯生曾是龙云的机要秘书。龙云被迫离开云南后，他也就失业了。龙云从南京逃往香港，蒋唯生去香港见到龙云，当时未曾安排他的工作。不久，龙云决定要策动云南旧部起义，曾电召蒋唯生赴港，将几封亲笔信交蒋带回昆明，转交给龙的旧部。此事被国民党军统云南站昆明组组长李瑞峰侦悉，向军统云南站站长沈醉请示，是否应将蒋逮捕？沈醉说，最好通过与蒋相识的人去和蒋发生关系。不久，李瑞峰和蒋便交上了朋友，相

互往来。毛人凤来昆，询问沈醉是否有办法打进龙云在香港的家里去，充当内应，以便暗杀龙云。沈醉要李瑞峰带蒋唯生来见面，经过几次"谈话"，用重金和官位进行收买，蒋完全同意为军统工作。蒋即向龙云写信报告，说龙的旧部希望能够多得到指示。龙云果然复信要蒋去香港，为此毛人凤亲自接见了蒋，并给了他一大笔钱。

蒋唯生乘飞机到广州，持毛人凤的亲笔信往见保密局广州办事处处长郭旭。毛的信说："介绍刘蔚前来，希面洽，并妥为招待，协助赴港与叶翔之接洽。"广州办事处副处长袁寄滨和蒋唯生接头，商量用一种毒药毒杀龙云。计划将毒药置于酒中，饮后不会马上发作，过几小时毒发后，即无法医治，但市面上不易购到这种毒药。于是决定先介绍蒋唯生到香港见叶翔之，待毒药弄到后再寄往香港。

蒋唯生到香港后，见到了叶翔之及协助叶的毛钟新。叶翔之要蒋住在龙云家，待弄到了药再奉命进行暗害活动。

袁寄滨在广州搜购毒药，各药房声言，没有医生的特别证明，不能出售这种毒药。袁寄滨乃找了女特务陈雯的义父、广州方便医院院长出证明，在药房买了几支。先对兔子进行试验，第一次试验结果，效果不大；又托人买了几支，经试验果然有效，遂将毒药送往香港，准备使用。

即将对龙云进行暗害之际，龙云的儿媳发现，蒋唯生行动可疑，曾与台湾派往香港的特务在住所附近联系，龙云就叫蒋回昆明去。蒋只得回到了昆明（中华人民共和国成立后落入人民法网）。

放毒药计划告吹，叶翔之又拟率特务闯入龙云住宅，暗杀龙云。正布置间，著名反蒋人士、民革负责人杨杰由昆明逃往香港，蒋介石急命毛人凤对暗杀龙云的事暂缓执行，先暗杀杨杰。杨杰是著名军事家，做过陆军大学校长、驻苏大使，名满天下。龙云曾派人联络要他以师生关系，暗中策反二十六军军长余程万，然而事尚未成，杨杰便因逃避国民党反动派在昆明搞的"九九整肃"来到香港。毛人凤接到蒋介石的命令后，打电报给郭旭转叶翔之，马上改换了暗杀目标。

9月19日，叶翔之率特务数人，闯入香港轩尼诗道260号A四楼，开枪将杨杰打死，然后乘车逃走。叶翔之事后说："龙云的运气真好，我已经准备于日内动手了（指暗杀），杨杰做了他的替死鬼。"[1]

杨杰被暗杀后，叶翔之所带到香港的特务，因香港当局搜查很严，遂由香港到广州转赴台湾去了，暗杀龙云的阴谋活动事实上无形停止。

### （四）急于宣布云南起义

在云南方面，卢汉的压力也增大了。卢汉担心云南自身的力量不足，解放军距离又远，万一打起来，地方糜烂，有什么办法呢？他左思右想，无可奈何，只得多方设法请西南军政长官张群在蒋介石面前说好话。蒋介石也疑心桂系要占云南，遂接受张群的建议，不同意行政院改组云南省政府，特派国民党陆军副总参谋长肖毅肃到昆明，进行督察，召开军事会议，决定以余程万二十六军为主力，陇生文旅为配属，"进剿"边纵。会后卢汉将这一信息秘密通知了边纵。

然而，蒋介石对卢汉并不就此放心，他要亲自进行考察。他从台湾赶到重庆后，迭电邀请卢汉去重庆，催促越急，越叫人心焦。卢汉顾虑重重，怕被扣留，称病不去，一拖再拖。蒋介石派其外甥、侍卫长俞济时前来昆明坐催。卢汉无奈，便派民政厅长杨文清和省府秘书长朱景暄代表他前去，向蒋介石陈述云南的实际情况以及不能分身的理由。但蒋介石仍以

---

① 郭旭：《国民党保密局暗杀活动六则》，《纵横》1985年第2期第153～157页。

国家安危所系为由，务必要卢汉抱病去面商，并说他对卢汉很器重。卢汉疑心更大。

这时又得到消息，蒋介石调动中央军余程万第二十六军已由开远向昆明移动，李弥第八军已由泸州向云南前进，先头部队已到威宁，刘伯龙第八十九军已由贵州向云南前进，先头部队已到盘县。形势日渐紧张，张群也多次打电话催促卢汉前往，表示愿担保安全。卢汉迫于形势，不得已决定于9月5日前往重庆。他表示"舍身救乡，为了三迤父老兄弟，虽粉身碎骨，万死不辞"。行前，卢汉作了最坏的设想，让龙泽汇负责军事，安恩溥负责政务。卢汉对龙泽汇、安恩溥说："我这次去重庆，吉凶难卜，万一被扣，你们就打电要求；要求不准，就插起红旗，通电起义，不要管我。"①

岂料卢汉到重庆后，蒋介石隆重接待，并答应云南全权问题交卢汉处理。为什么蒋不敢对卢汉下手呢？主要是此时形势发展很快，蒋自身都难保，处理卢汉可能激化矛盾，加速蒋政权的崩溃。所以，蒋介石只好退而求之，对卢进行安抚，答应卢汉扩军，委卢汉为云南绥靖主任，赋予指挥在云南的国民党军队和警察的全权，并在经济上给予帮助。当卢汉表示接受以后，蒋介石交给了卢汉一张在云南逮捕人的黑名单，要卢汉执行。

卢汉在重庆停留两天后安全回到了云南，然而跟着来昆明的却是一大批国民党特务。9月9日，卢汉宣布解散了云南省参议会。当晚大批军警出动，逮捕了数百余人（杨杰虽先一日逃走，却被暗杀于香港）。这就是新中国成立前夕云南的"九九整肃"。龙云的夫人顾映秋，卢汉连面都没

---

① 龙泽汇：《我在云南和平解放前后》，《昆明起义》第319页，云南民族出版社1989年版。

见，便命人将她送上飞机，飞回了香港。

国民党特务想借刀杀人，把卢汉推到人民的反面，竟然判处 200 余人死刑。卢汉以"慎重"为名，不予执行。"九九整肃"本是卢汉应付时局的手法，一方面要敷衍蒋介石，一方面又不能得罪共产党和民主人士。此案拖到 11 月，以"罪证不足"为名，将被捕人员全部释放。一场虚惊，方才平安过去①。

由于龙云走上了彻底反蒋的道路，因此当 1949 年 9 月 21 日，中国人民政治协商会议在北京隆重开幕之时，龙云被列为 75 名特别邀请人士之一。在 75 名特别邀请人士中包括宋庆龄、张治中、邵力子、章士钊、黄绍竑、程潜、赛福鼎等著名活动家和反蒋人士。由于龙云当时在香港，云南尚未起义，故未能赴会。1949 年 10 月 1 日，伟大的中华人民共和国诞生了，在毛泽东主席签名的公告中，龙云被安排为中华人民共和国中央人民政府委员会的委员。当时，中央人民政府除主席、副主席 7 人外，尚有委员 57 人，包括中国共产党的主要领导人和著名的政治活动家在内。

中华人民共和国宣布成立以后，中国人民解放军继续向西南、西北和一切尚未解放的地区进军，势如破竹，所向披靡。到 11 月下旬，贵阳、重庆相继解放。在云南，边纵和游击队武装有了迅速的发展，控制了云南全省大部分的广大农村；工人、学生和街道居民亦纷纷走上街头，散传单，写标语，举行集会游行，要求民主，要求解放；云南各地要求和平解放的呼声更加高涨。在这种日益高涨的革命形势下，卢汉一方面倾听人民的呼声，停止征兵征粮，禁止国民党保密局的特务活动，拒绝国民党国防部和西南长官公署等单位移驻昆明；一方面为慎重起见，又派周体仁去广州谒

---

① 卢汉：《关于昆明"九九整肃"的情况》，《云南文史丛刊》1988 年第 2 期。

见叶剑英总参谋长，请予指示。周体仁原是北平警备司令，于1949年1月31日随傅作义将军起义后，9月底悄然返回昆明。他向卢汉、龙泽汇等人说，朱德总司令和叶剑英总长以前都在云南上过讲武堂，他们对云南十分关心，特地叫我来对你们传达此意，并介绍北平起义的经过。周体仁被卢汉派往广州，谒见叶剑英总长。叶总长要他随已到南宁的陈赓司令员和宋任穷政委所率领的第四兵团前往云南。

然而，这时蒋介石仍想以成都、昆明、雅安等地为基地进行最后挣扎，一面命胡宗南残部开进滇西，一面命余程万为兵团司令，扩充二十六军的势力，还以昆明机场作转运站，运送人员和物资到海南岛。

12月7日，西南军政长官张群奉蒋介石之命，飞来昆明与卢汉面商，要把国民党的国防部等重要军事机关搬到昆明，使昆明成为反共基地。卢汉则以抗日时期，人民负担过重，元气未复，民心又浮动为词，表示实难应允。张群未达目的，遂于8日带李弥、余程万和龙泽汇等人飞成都向蒋介石汇报。

蒋介石处境非常困难，除了表示希望把云南"变成坚实的反共基地，效忠党国"，并答应满足云南所需饷械的要求外，再也拿不出什么办法了。

### （五）云南终于起义了

12月9日下午，张群又率领原班人马返回昆明。这时，卢汉起义的准备工作，在经过了一番艰苦的努力，并与云南地下党取得联系以后，已决定于当晚10时宣布起义。待张群到达昆明，稍事安排，并暗中加以软禁以后，卢汉即发出了如下的通知：

> 本日张长官莅昆，订今日（九日）下午九时在青莲街卢公馆开

会。各军、各单位关于应请示和需要请领的一切事项，须先分别列单，到会时自行呈出，特此通知。

主任　卢汉

九日下午五时[①]

通知所列名单有国民党兵团司令兼第二十六军军长余程万、第八军军长兼云南区训练司令李弥、宪兵司令部副司令兼西南区指挥李楚藩、宪兵西南区指挥部参谋长童鹤莲、空军第五军区副司令官沈延世、国防部保密局云南站站长兼云南绥靖公署保防处处长沈醉、第二十六军的师长石补天，以及滇军将领龙泽汇、马锳、谢崇文等。不过，卢汉又另行告知龙泽汇、马锳、谢崇文，届时不必与会，其实这几位滇军将领正为和平起义事忙得不可开交，当然不可能与会。

晚上9点正，余程万、李弥、沈醉、李楚藩、童鹤莲、沈延世、石补天相继到会。这几位是当时驻昆明的直属国民党中央军政系统单位的主要头目，也是云南和平起义的主要威胁者。他们的来到，实际上成了瓮中之鳖，使云南和平起义的工作得以比较顺利地进行。

晚9时左右，卢汉的警卫营长龙云青带着14名持枪士兵，走进会客室，声称"奉命检查"。由两名士兵检查一个人。这些不可一世的"大人物"，一时目瞪口呆，手足失措。经过检查以后，这批"大人物"被送上五华山光复楼软禁起来。

而在当晚10时整，卢汉已在昆明市五华山光复楼省主席办公室里，向全省各机关、部队庄严地发出了命令："现在我宣布，云南起义了！各

---

① 《昆明起义》第322页。

单位按照原订计划开始行动！"随之，一面五星红旗从瞭望台上冉冉升起，云南和平起义了，云南各族人民获得了解放。

宣布起义的同时，卢汉向全国发出了起义通电。通电宣告："爰为征询全体军政同胞之意，顺应全滇父老的要求，即日宣布与蒋匪领导下的国民党反动政府断绝关系，全境自动解放，归向人民民主阵营，并暂时组织云南人民临时军政委员会，维持地方秩序，保护公私资财，听从中央人民政府暨革命委员会的命令，并竭诚欢迎解放大军早日入滇接管。今后，汉等誓以至诚，接受中国共产党的领导，为实现新民主主义，建设民主自由和平康乐的新中国而奋斗。"[1]

12月11日，毛泽东主席和朱德总司令从北京发来贺电，对云南起义给予了高度的评价。贺电说："佳电诵悉，甚为欣慰。云南宣告脱离国民党反动政府，服从中央人民政府，加速西南解放战争之进展，必为全国人民所欢迎。"贺电要求卢汉等人，与第二野战军刘伯承、邓小平部取得直接联系，并且准备迎接人民解放军进驻云南，维护社会秩序，镇压反革命活动，以及同云南人民革命武装建立联系等[2]。接着，人民解放军第二野战军司令员刘伯承、政委邓小平，从重庆发来贺电；叶剑英总参谋长也从广州发来贺电，对云南起义祝贺嘉勉。

起义的消息像春风一样传开了，全省各地群众群情激奋，奔走相告，家家户户张灯结彩，挂起了五星红旗，大街小巷，锣鼓喧天，鞭炮齐鸣，欢庆起义成功，欢庆云南解放！

到了1950年2月20日，陈赓、宋任穷两将军率领人民解放军进入昆

---

① 《卢汉起义通电》，《昆明起义》第58页。
② 《毛泽东朱德复卢汉电》，《昆明起义》第60页。

明，受到了各族人民的热烈欢迎。整个春城沸腾了！昆明 30 万人民以无比喜悦的心情欢迎自己的军队，庆祝云南各族人民的解放！

　　虽然，云南和平起义时，龙云远在香港，未能直接参与。而且起义的最后决策以及有关起义的通电文稿，为了防止泄露，也不可能事前与龙云协商。但是，应当承认，在云南和平起义的整个准备过程中，龙云起了支持和促进的作用，其功不可抹杀。后来龙云对卢汉和平起义有过批评，集中起来主要是两点：第一是批评卢汉起义"太迟"；第二是埋怨卢汉起义的通电事前未让他知道。其实，就这两点而论，龙云的心情可以理解，但却也很难责怪卢汉。在某种意义上可以说，龙云的热情可嘉，而卢汉的稳重可贵。

# 十六　爱国一生

### （一）新中国成立之初的活动

新中国的成立，龙云兴高采烈。他对于这一天的来临，是有思想准备的。还在 1949 年秋，龙云为了适应未来的新生活，下了最大的决心戒掉了吸了几十年的大烟。这对龙云来说是难受的，却又是心甘情愿的。龙云从年轻时起，就染上了吸食鸦片烟的恶习，先后达 30 年之久。要戒除几十年来形成的鸦片烟瘾，是不容易的，然而既然下了决心要与旧社会决裂，又有什么旧的恶习不可以彻底抛弃呢？龙云咬紧了牙关，在一个多月的时间内就和几十年养成的鸦片烟瘾断绝了关系。

龙云决心北上，已是非常明朗的态度。然而，一些朋友、旧部却鼓动如簧之舌，向他苦苦进言，提出了上、中、下三策。所谓"上策"，乃远渡重洋，寄居美国；所谓"中策"，乃取中庸之道，仍留香港；所谓"下策"，即北上回到祖国的怀抱。甚至还有人站在反共的立场，鼓吹他仍去台湾。对此，龙云不为所动。

在中华人民共和国成立后五天，龙云对香港《文汇报》记者发表了兴高采烈的谈话。他说："我觉得最高兴的一点是共同纲领的颁布和有了新国旗。看了共同纲领后，觉得它胜过百万雄师，足够压倒美帝装备的反动军队，……这可以说是全中国人民真正的共同意志。"他还说，新中国成立了，"阻碍中国建设繁荣的毛病，扫除得干干净净，全中国人民都清楚地看出了我们国家的远景"。①

云南和平起义以后，龙云更加兴奋，急切地希望离开香港北上，会见毛泽东主席、周恩来总理以及朱德总司令等党和国家的领导人。经过一番收拾和准备以后，龙云于 1950 年 1 月 3 日离开香港北上，当日下午到达广州，受到叶剑英、方方等领导的热烈欢迎。一年多以前，逃往香港路过广州时的紧张心情，与今日的热烈场面相比，他不由自主地洒下了激动的泪花。

龙云在广州休息和参观以后，在 1 月 12 日下午乘专车离开广州，继续北上。14 日路过武汉，又受到中南地区和武汉地区领导的热烈欢迎。18日上午，龙云的专车抵达祖国的首都北京（这是他第一次到北京），他非常高兴，一种完全新的生活开始了。

龙云到达北京后，中共中央领导人相继来访，如朱德、周恩来、叶剑英等，问寒问暖，谈话十分亲切。朱德总司令前来看望使他十分感动。朱德对他说，毛主席、周总理已经去苏联，与苏联领导人会谈，签订《中苏友好同盟互助条约》去了，待他们回来时，再与你相会。龙云抱着热望等待毛主席、周总理回京时前往晋谒。他和朱总司令这次重逢，心情无比激动，从内心里感谢共产党的关怀，使他能彻底摆脱蒋介石集团的控制，回到祖国和人民的怀抱中来，实现了多年的夙愿。后来，周恩来会见龙云时则说："我代表党中央和毛主席前来欢迎你的光临，过两天

---

① 香港《文汇报》，1949 年 10 月 7 日。

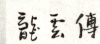

龙云与朱德委员长

1938 年八路军总司令朱德致函龙云的手迹

毛主席会和你见面的，这几天他很忙，请你等候邀请吧。龙委员对于人民
解放事业，备极艰辛，卓有功劳，不要说是我们党，就是全国人民和云南
人民也很感谢你的。"

　　龙云听后十分激动，回答说："周总理，不要这样说，我实在没有多少贡献，谈不上什么功劳。我在旧社会混了大半辈子，原本就是想见到我们中国自由、民主、富强、康乐，今天共产党实现了我的愿望，我死也闭眼睛了。"

　　不久，毛泽东主席果然接见了龙云。龙云对此次接见，印象深刻，并作了如下的回忆。据龙云说，这一天同时被接见的还有程潜、李济深、张澜、张治中、陈铭枢等人，陪同接见的有周恩来总理。毛泽东说："今晚是特别为欢迎志舟先生（龙云）聚会的，约他们几位作陪。桌上的不过是我们湖南的家乡便饭，没有什么山珍海味，你们几位吃山珍海味也吃腻了，倒是我们湖南口味，除了颂云（程潜）、文伯（张治中）两位吃够了，大约其他各位都没有吃过吧？其实没什么稀奇的，就是辣椒，志舟先生就很合口味了。"大家听了都大笑。

50年代初，毛泽东在中南海会见龙云（右四）、李济深（右二）、黄炎培（右五）、史良（左一）等爱国人士。图中有江青（左二）及李讷、李敏等

坐下来，毛泽东单独对龙云说："真对不起，我早就要来看你的，总是太忙，没有时间。我还告诉你一件有趣的事：从前和蒋介石打仗的时候，他用空军不断轰炸我们，逼得我们没法，只好白天睡觉，夜晚行军，搞成习惯了，我和恩来同志都是白天休息，夜晚办公，进城以后，我还改不掉这种习惯。恩来同志是当家官，他可不能白天死掉，晚上活起来，我比他好些。因此，我睡着的时候你们在活动，我可以活动时，你们已经休息了。这样也好，彼此免得拜访的麻烦。"大家又是一阵大笑。

当大家酒足饭饱之后，周恩来致辞说："今晚毛主席约诸位先生来，一方面是叙叙旧，更主要的是在座各位，都是些从辛亥革命到今天的革命老前辈，新中国开国伊始，百废待兴，我们打仗还有点经验，对于社会主义建设就缺乏这方面的经验了，这就要要求全国各族人民和各位老前辈的帮助。所以，请大家今后经常提出意见，共商国是。"

毛泽东接口说："苏联和其他社会主义国家的历史经验要学，我们中国的历史经验也要学，这就是马列主义与中国革命实践相结合嘛！"

这次接见，龙云深受感动[①]。

龙云到京后不久，即住进了北京东单北总布胡同 14 号，直到 1962 年去世为止，他一直居住在这里。在这期间，龙云先后担任了中央人民政府委员、国防委员会副主席，西南军政委员会副主席，第一届全国人民代表大会常务委员会委员，第二届、第三届全国政协常务委员会委员，中国国民党革命委员会中央常务委员、副主席等职务。党和人民的委托和信任，使他深受感动。他对新中国成立后的各项改革，对中国共产党的各项方

---

① 马子华：《一个幕僚眼中的云南王龙云》第 143、146～148 页，云南美术出版社 1994 年版。

针、政策是拥护的。在解放初期，龙云在中国共产党的领导下协助政府，
在安定西南地方的社会秩序，维护民族团结，恢复和发展生产等方面作出了
积极贡献。

在新中国成立之初，卢汉到北京出席全国政协第一届第二次会议期间，
毛泽东主席约见卢汉，同时约见的还有李济深、龙云、李维汉、张治中等

1956年龙云和毛泽东及来访的苏联最高苏维埃主席团主席伏罗希洛夫合影

1957年龙云在克里姆林宫

人。毛泽东在宴请了约见者之后，又进行了毫无拘束的交谈。卢汉很有感慨地说："刚才毛主席对我起义的事过分地表扬与夸张，我很惭愧，我卢汉一生，做了很多对不起人民，对不起共产党的事，云南起义，没有云南人民和共产党的支援，那是不成功的，即使有我点滴之功，那也不足以功赎罪。"

毛泽东听后却说："永衡（卢汉）将军，你这话就太谦虚了。我觉得，人生在世，谁也有些过失，谁也会走弯路，年轻时尤其如此，不值得一提，要紧的就是晚年了。古人说'黄花晚节香'，就是说一个人晚节很要紧，晚年失节，那就来不及弥补了。你看，朱老总这个人你很清楚，他在你们云南做官，抽大烟，他自己说的：'我是半生军阀，半生革命'，他现在是一个伟大的革命家，是解放军的最高统帅，人民谁不佩服他！永衡先生，你也应该如此，今后你还可以为中国人民做很多事的。"

后来，毛泽东又特别地说："我今天约志舟先生和永衡先生来吃便饭，主要是为你们两位的问题。你们两位，关系很深，你们同是彝族，又是至亲，既是同学，又是多年来长官部属的关系，真可以说'患难与共，生死相关'的关系。到了抗战以后，出现了一些分歧与误会，以致彼此有些不和睦。现在，全国解放了，你们都在五星红旗下面，重新参加革命工作，我们都知道：'团结就是力量'，你们应该友好团结在一起。你们两位看，我们和蒋介石国民党之间，不是有血海深仇的么？他们杀了我们成千上万的同志，可是我们自新中国成立以后，仍表示愿意大家捐弃往日的仇怨，国共合作，共同为社会主义的事业，为建设新中国而站在一起，那么说到你们两位彼此谅解，重新团结就没有问题了。我今晚来做个调解人和和事佬，怎样呢？"①

---

① 马子华：《卢汉后半生》第 66 ～ 67 页，四川文艺出版社 1992 年版。

尽管，龙云、卢汉都不便正面承认他们之间有什么明显的矛盾，然而他们对毛泽东的调解却甚为感谢。此后，龙云、卢汉两家之间的关系缓和了，又开始了较多的往来，这对于双方之间的团结，对于今后的工作都是有好处的。龙云的心情愉快了，他对于新中国成立后边疆地区在短短几年内清除了匪患，戒绝了鸦片，经济得到发展，边疆的面貌焕然一新，心驰神往，对共产党的领导心悦诚服，对大批云南青年在全国各地工作和学习的成绩优异，感到欣慰。对毛泽东主席、周恩来总理等党和国家领导人十分尊重。他经常关心国家大事，积极参与政治协商，特别是对边疆的情况和邻国的关系，反映过很多情况，提出过许多很好的建议。龙云还和彭真等领导一起出访过苏联和东欧各国，亲身体会到新中国国际地位的提高，受到很深的启发和鼓舞。

龙云对于民革的工作，对于民革的组织建设和思想建设作出了不少贡献，并同民盟继续保持着良好的关系。

新中国成立后，龙云与西南军政委员会各委员合影。图中右起为邓小平、王维舟、贺龙、刘伯承、熊克武、龙云、刘文辉

龙云传

1957 年初，中共中央号召全党开展整风运动，以反对官僚主义、宗派主义和主观主义。广大群众和爱国人士响应中共中央号召，开展"大鸣大放"，提出了大量有益的批评和建议。在这期间，龙云为了帮助中共整风，就在同年夏天召开的第一届四次全国人民代表大会的云南组会议上，作了一个发言，其内容主要是：

第一，苏联是我们社会主义阵营的老大哥，有着牢不可破的友谊，应该相互帮助，相互支援。可是，他们太欺负我们的党和国家了，借我们的债，要高利息，要限期归还。我们拿物资去偿还，又十分挑剔，说不合规格，每每退回。抗美援朝，我国派人民志愿军到朝鲜作战，这也是捍卫苏联边疆的斗争，支援这次战争，应该是不可诿卸的国际义务，可是苏联支援一点军火，还要我们作为债务偿还。最使人不能容忍的是：苏联进兵东北撤回去的时候，竟把我国东北工厂里的机器，大部分运去苏联，使我国的工业受到严重的破坏。我们应该提出严厉抗议，要求赔偿损失。

20 世纪 50 年代毛主席和龙云等出席一次会议后的留影

20 世纪 50 年代毛主席与龙云等在中南海合影

20 世纪 50 年代龙云参加中央人民政府委员会会议

第二，云南解放以前，云南的农村已经遭到天灾人祸的破坏，人民生活大受影响，十分困难，新中国成立后应该让人民休养生息，早日恢复元气才是办法。来京的云南人告诉我，因为征收农业税和征收征购数量太多，人民的口粮缺乏，受到饥饿。党中央应该密切注意，指示云南的省级

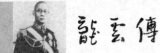

干部关心人民生活，早苏民困。

第三，我们凉山的彝族区域，还处在奴隶社会阶段，社会十分落后。新中国成立后，应该循序渐进地把他们带进社会主义社会来。听说凉山一来就搞阶级斗争，实行土地改革，我觉得为时尚早。果不其然，引起一部分民族叛乱，这样对党对国家都是不利的[①]。

龙云发言完后，张冲尤为担心地对他说："唉，你发言为什么不事前找我商量一下，你对于当前的形势一点也不明白，现在正在运动开始的时候，怎么可以随便泼冷水呢？"又说："话说得是对的，可是这些话你只适合私下向党中央说，怎么可以在群众中间乱说呢？"[②]卢汉在龙云发言回家后也说："老主席太孟浪，他说的话虽然在情在理，但在这反右的风头上，怎么能说这些话呢？要挨，要挨！"[③]

1960 年龙云摄于北京私宅大院

---

①　参见龙云：《思想检讨》，《人民日报》1957 年 7 月 14 日。

②　马子华：《一个幕僚眼中的云南王龙云》第 187 ～ 188 页。

③　马子华：《卢汉后半生》第 213 页。

龙云素以直言不讳著称，他的慷慨陈词，并非毫无道理。可是在当时的历史条件下，龙云的这个发言，被说成是"反苏"就是"反对社会主义"；"挑拨民族关系"就是"反党"。由于反右斗争扩大化，有着"明目张胆"的"反苏"言论和"挑拨民族关系"的龙云，自然被戴上了"右派分子"的帽子，工资级别也由国家行政三级降为五级。于是作为"大右派"的龙云遭到了没有道理的批判。应该说，龙云即使是对某一问题提出不同的看法，哪怕是不一定妥当的看法，也是正常的，谈不到"反党""反社会主义"的问题。

尽管龙云受到冤屈，但他并没有动摇对中国共产党、对社会主义的信念。他一如既往，关心国内外重大时事，慷慨陈述己见，评论得失是非，胸襟十分坦荡。1960年，龙云得知成昆铁路工程计划自宜宾溯金沙江而上的消息后，立即写信给周总理，认为不宜如此设计。周总理考虑后，指示铁道部重新勘测、比较，结果按龙云的意见，改用了现在的路线。我们知道，宜宾溯金沙江以上的这些地区，是龙云青少年时代"流浪"的处所，他非常熟悉，所以能提出比较中肯的建议。后来，周恩来总理曾复信龙云表示感谢说：若不得此建议，又要重蹈错误；老成谋国，并非虚语。龙云读到这封信，非常感动①。

## （二）病逝北京

1962年6月27日上午7时30分，龙云因患急性心肌梗塞症逝世于北京，享年78岁。对龙云的去世，周恩来总理非常关心，亲自指示有关部门，在当时可能允许的条件下，对龙云的后事进行妥善安排。6月28日

---

① 田汝增：《记龙云先生数事》，《团结报》1984年12月1日。

新华社即发出了龙云逝世的消息，同时发布了龙云治丧委员会的讣告。讣告说："中国人民政治协商会议全国委员会常务委员、中国国民党革命委员会中央常务委员龙云，因患急性心肌梗塞症，不幸于 1962 年 6 月 27 日上午 7 时 30 分在北京逝世，享年 78 岁。定于 7 月 3 日上午十时在东单北总布胡同十四号龙宅举行公祭，特此讣告。"

同时，中共中央与有关党派和单位协商，组成了以国务院副总理、全国政协副主席陈毅为主任委员的"龙云治丧委员会"。委员名单包罗甚广，共 31 人。这些委员人名是：万保邦、龙泽汇、卢汉、刘文辉、刘伯承、朱蕴山、李一平、李根源、李维汉、李鸿祥、陈劭先、陈叔通、吴晗、但懋辛、张天放、张冲、张治中、邵力子、金汉鼎、赵钟奇、徐冰、梅龚彬、彭真、曾恕怀、曾泽生、程潜、楚图南、熊克武、潘朔端、蔡廷锴、顾鸿图。

在 6 月 28 日召开的中国共产党、各民主党派负责人和无党派民主人士举行的双周座谈会上，中共中央统战部部长李维汉主持了会议，由中共中央统战部副部长徐冰宣布，摘掉龙云的"右派分子"的帽子。当时的报纸报道说："中共中央统一战线工作部副部长徐冰建议，根据民革中央常务委员龙云过去对民主革命有所贡献，以及近来他的政治思想也有所改变，摘掉龙云的右派分子的帽子。经过讨论，参加座谈会的人一致同意这一建议，决定摘掉龙云的右派分子的帽子。"①

7 月 2 日，周恩来总理、彭真副委员长等前往北京东单北总布胡同 14 号，表示吊唁。在吊唁中，周总理曾对陪同的人讲了几句话，肯定了龙云一生的三大功劳，这就是：反蒋、抗日、联共。在当时条件下，听了这几

---

① 《人民日报》1962 年 6 月 29 日。

周恩来总理出席龙云的追悼会

陈毅副总理主持了龙云的追悼会

龙云在北京八宝山的新墓

句话，无不感动①。

7月3日，首都各界人士公祭龙云。《人民日报》1962年7月4日作了如下的报道：

> 新华社三日讯，首都各界人士今天上午公祭中国人民政治协商会议全国委员会常务委员、中国国民党革命委员会中央常务委员龙云。
>
> 龙云先生的灵堂设在龙宅内，灵堂里布满鲜花，灵台前陈放着周恩来、朱德、刘伯承、何香凝、沈钧儒、李根源等送的花圈。
>
> 今天的公祭仪式由国务院副总理、政协全国委员会副主席陈毅主持，陪祭人有黄炎培、李维汉、陈叔通、蔡廷锴、张治中、熊克武、傅作义、徐冰、刘文辉、卢汉、王绍鳌、陈其尤、楚图南等。
>
> 上午十时，公祭仪式开始，乐队奏哀乐后，主祭人陈毅向龙云灵前献花圈。接着刘文辉致悼词，他在悼词中叙述了龙云先生的生平事迹。他指出，龙云先生是反对蒋介石的，有爱国心，对抗日战争和民主革命是有所贡献的。悼词中对龙云的逝世表示哀悼。
>
> 参加今天公祭仪式的，还有各民主党派和各方面的人士，以及龙云的亲属和亲友等。
>
> 公祭后，龙云的骨灰移置西郊八宝山革命公墓。
>
> 昨天下午，周恩来总理和彭真副委员长曾前往龙宅吊唁。②

龙云的遗体是按照彝族风俗，火化后土葬的。

在那时的特殊情况下，龙云被摘掉"右派分子"的帽子，又在自己宽

---

① 访马子华记录稿，1985年5月2日。
② 《人民日报》1962年7月4日。

大的住宅中举行了比较隆重的公祭仪式，实属不易。

### （三）"爱国者的一生"的评价

龙云去世后的 20 多年，在中国的土地上发生了巨大的变化，既有过严重的曲折，也开始了新的飞跃。中共十一届三中全会以后，对龙云被错误处理为"右派"的问题，本着实事求是的精神，于 1980 年 6 月予以改正，恢复名誉。龙云在八宝山革命公墓的坟墓，规格也提高了。

又过了几年，到 1984 年 11 月 19 日，龙云诞辰 100 周年纪念日来到了，民革中央在北京人民大会堂云南厅举行了座谈会。出席会议的有中共中央军委副主席杨尚昆，全国政协副主席杨静仁、康克清、王昆仑、缪云

1980 年 6 月中共中央统战部部长乌兰夫在为龙云平反会后与龙云后人合影。从右至左为：贾亦斌、程思远、朱学范、全如珇、乌兰夫、龙绳文、龙宗泽、平杰三、张执一、龙宗仪、龙绳德、童小鹏、彭友今

台、屈武等。主持会议的是全国人大常委会副委员长、民革中央副主席朱学范。

朱学范讲话说：龙云先生"真诚爱国，秉性耿直，给我们留下了很好的印象，我们非常怀念他"。

朱学范在介绍了龙云的生平后说："特别值得我们纪念龙云的是他积极参加国家政治生活，认真参与协商讨论，对振兴中华提出了不少好的意见和建议。据我所知，毛泽东主席生前就多次接见过龙云，集二铁路的修建，就是他当面向毛主席提出，并被采纳的。1957年，龙云在一次国务会议上，对苏联拆走东北机器等不友好表现，慷慨陈词，获得不少人赞赏，彭德怀第一个上前与他握手。"

朱学范还说："'人到晚年，分外思亲'。龙云生前一直盼望祖国早日统一，并作了不少工作。他在晚年尤其想念去台湾的儿子和其他亲朋故旧。遗憾的是他生前不能如愿看到台湾回归祖国，实现祖国统一。"

会上，楚图南、朱家璧、伍精华、程思远、李一平先后在会上发言，回顾了自己与龙云的交往。

楚图南代表中国民主同盟，同时也以他个人的名义，在发言中证实说，龙云在抗战后期加入民盟，成为盟员，但不公开。"有一天，龙云先生约请闻一多、冯素陶同志和我，到他的寓所座谈。他设宴招待我们，并举行了入盟仪式。龙云先生不便参加民盟的各项活动，但在经济上有所支持，在安排上也给予一定的方便。"

程思远在发言中，还提及龙云先生爱护知识分子的问题。他说："抗战后期，昆明成为西南的大后方，取代桂林'文化城'的地位，人文荟萃，冠盖云集。当时，昆明有西南联大和云南大学这两个高等学府，所以是高级知识分子集中的地方。龙云先生态度鲜明，心胸宽阔，礼贤下士，乐与高级知识分子交游，促膝谈心。正由于龙云先生这种作风和影响，所以昆明上空弥漫着要求民主、进步与和平的气氛。"抗战胜利后，昆明地区民主运动继续高涨。"国民党最高当局认为龙云先生是这些进步学生的保护伞，必去之而后快。果然十月间采取了一种非常激烈的斗争手段，强迫龙云先生离开云南。"龙云离开云南不久，就发生了国民党镇压学生运动的"一二·一"惨案，以及李公朴、闻一多的被害。"人们不免想起，如果龙云先生不离开昆明，此种事也许不会有。"

民革中央副主席郑洞国、贾亦斌、侯镜如、李赣骝以及李定、平杰三、彭友今、杨拯民等出席了会议，龙云生前好友及有关人士出席会议的有100多人。

晚上，全国政协在人民大会堂设宴招待了专程从美国、中国香港来京参加纪念活动的龙云的子女龙绳勋、龙绳德、龙国璧和其他亲属①。

这次座谈会对海内外都产生了重大影响，海内外报纸发表了许多报道。《北美日报》的报道，标题是："北京纪念龙云百年忌辰，多名政要与会，场面盛大，身后荣光被誉为爱国者。"《美洲华侨日报》报道的标题，突出了一句话：龙云的一生"是一个光荣的爱国者的一生"。

龙云去世20余年以后，"爱国者的一生"的评价，可以盖棺论定了。这也是本传写作的最后结论。

---

① 《人民日报》1984年11月20日；同时参阅座谈会上印发的未刊发言材料。

# 龙云生平大事年表

**1884 年（清光绪十年　甲申）诞生**

12 月 18 日（冬月初二）生于云南省昭通县炎山区松乐村下营盘彝族家庭，彝名纳吉乌梯。父为龙清泉，彝名纳吉瓦蒂，原是四川省凉山金阳县黑彝奴隶主成员。

**1890 年（清光绪十六年　庚寅）6 岁**

龙云的父亲在龙云幼年时去世，母亲回到娘家，龙云为其舅父龙德源抚养成人。龙德清是彝族"海家"，与龙云的"纳吉家"是彝族中的不同支系。龙德清曾送龙云读过两三年私塾。龙云稍长，流浪于昭通至四川宜宾的金沙江沿线一带，并学习武术。

**1911 年（清宣统三年　辛亥）27 岁**

6 月　在四川宜宾投入魏焕章的保路同志军。

12 月　在宜宾参加滇军援川军谢汝翼梯团。

## 1912 年（中华民国元年　壬子）28 岁

5 月　龙云与卢汉进入云南陆军讲武堂第四期，龙学骑兵科，卢学步兵科。

## 1914 年（中华民国三年　甲寅）30 岁

秋　龙云击败了在讲武堂摆擂台的法国拳师，引起了云南将军唐继尧等人的注意。

底　龙云在讲武堂毕业，分到昭通独立营任少尉排长，旋升为中尉排长。

## 1915 年（中华民国四年　乙卯）31 岁

12 月 25 日　云南护国起义爆发后，唐继尧调龙云到昆明，任副官处中尉副官。

## 1916 年（中华民国五年　丙辰）32 岁

龙云先后任唐继尧近卫军二大队中队长、补充第一大队大队附、伙飞军大队附、伙飞军大队长。

## 1917 年（中华民国六年　丁巳）33 岁

11 月　唐继尧以滇黔靖国联军总司令名义率师往贵州毕节，龙云同行。

## 1918 年（中华民国七年　戊午）34 岁

9 月　唐继尧到重庆召开川滇黔鄂豫五省联军会议，龙云护卫。

龙云传

### 1921年（中华民国十年　辛酉）37岁

春　唐委龙云为近卫第十一团团长，驻蒙自地区。顾品珍逐走唐继尧。

秋　龙云进军广西，唐继尧任命龙云为李友勋旅的前敌司令。

12月　唐继尧改编在广西的滇军为四个军，分别以李友勋、田钟谷、胡若愚、杨益谦为一、二、三、四军军长，以龙云为李友勋第一军前敌司令。

### 1922年（中华民国十一年　壬戌）38岁

2月　唐继尧率兵回滇驱逐顾品珍，在广西途中李友勋被打死，唐委龙云为第一军代军长。

3月　顾品珍战死，唐继尧回昆重掌大权，委龙云为第五军军长兼滇中（昆明）镇守使。

### 1923年（中华民国十二年　癸亥）39岁

10月　唐继尧组织建国联军，委龙云为建国联军第五军军长。

### 1925年（中华民国十四年　乙丑）41岁

2月　唐继尧派兵数万进攻广西，以龙云为第二路军总指挥，进攻南宁，旋遭失败。

### 1926年（中华民国十五年　丙寅）42岁

秋　唐继尧撤销各军番号，削弱龙云等的军权。

11月　中共云南省地下特支建立，同时成立了"左派"国民党省党部

（法政派）。

### 1927年（中华民国十六年　丁卯）43岁

1月　在中共云南地下组织领导下，成立了云南政治斗争委员会。

2月6日　在中共云南地下组织的工作下，龙云、胡若愚、张汝骥、李选廷四镇守使发动了"二六"政变，推翻了唐继尧对云南14年的统治。

2月22日　云南省务委员会成立，胡若愚、龙云等九人为省务委员，后又推胡若愚为省务委员会主席，"拥戴"唐继尧为有名无实的"总裁"。

5月7日　龙云派兵查封了"左派"国民党省党部、省农民协会，逮捕共产党员李鑫等人。

6月14日　胡若愚发动"六一四"政变，派兵包围龙云住宅，并囚禁了龙云。

△　蒋介石南京政府同时任命龙云为"国民革命军"第三十八军军长、胡若愚为第三十九军军长。

△　政变后胡若愚释放了共产党员李鑫等人。

△　龙云被囚后，由胡瑛暂代第三十八军军长，率龙云所部进行反击。

7月24日　胡若愚率部离开昆明，至昆明东郊大板桥时释放了龙云，胡、龙双方达成"板桥协议"。

7月25日　胡瑛率部进入昆明。

8月13日　龙云回昆，接任第三十八军军长，兼代云南省务委员会主席。

8月18日　胡若愚、张汝骥联合贵州省政府主席周西成反攻龙云，周西成部占领宣威。

△　唐继虞率三师部队从滇西进逼昆明，旋退走。

冬　龙云部与胡若愚、张汝骥、周西成部战于曲靖，胡、张、周部失利。

### 1928年（中华民国十七年　戊辰）44岁

1月17日　南京政府任命龙云为云南省政府主席。

△　云南"清共委员会"成立。

1月21日　南京政府任命龙云为第十三路军总指挥。

3月30日　云南省政府杀害共产党员赵琴仙等三人。

5月21日　龙云召开云南"内政改革会议"，决定进行"清党"。

△　龙云成立军官团。

### 1929年（中华民国十八年　己巳）45岁

春　南京政府任命龙云为讨逆军第十路总指挥。

3月　龙云部第九十七师师长孟坤倒戈，投靠胡若愚。胡与张汝骥、孟坤联合组织反龙的"靖滇军"。

4月12日　龙云部朱旭师联合黔军李燊部进攻周西成，周战死。李燊继任为贵州省政府主席。

7月11日　昆明北门街火药爆炸，昆明城遭到严重破坏，称为"七一一"事件。

7月　滇军离开贵州，周西成原部属毛光翔反攻贵阳，李燊逃走，毛继任贵州省政府主席。

△　龙云部与靖滇军战于昆明郊区，靖滇军退走。

秋　云南省政府逮捕并杀害共产党员李鑫等多人。

冬　张汝骥为龙云部所俘后枪决，孟坤渡河溺死，胡若愚逃往上海，靖滇军瓦解。

△ 龙云统一了云南。南京政府发表云南省政府组织令，委龙云为省政府主席。

△ 龙云成立军官候补生队，旋改为军事队。

## 1930 年（中华民国十九年　庚午）46 岁

5 月　龙云奉蒋介石命令，以卢汉为前敌总指挥，出兵二万，进攻广西，围困南宁达三个多月不下，败退回滇。

11 月　龙云宣布"废师改旅"。

12 月 31 日　云南省政府杀害中共云南地下省委书记王德三等多名共产党员。中共云南地下省委遭到破坏。

△ 龙云成立军事教导团，自兼团长。

## 1931 年（中华民国二十年　辛未）47 岁

3 月 10 日　卢汉、朱旭、张凤春、张冲四师长联合掀起"倒龙"事件，称为"三一〇"事变，旋即失败。

△ 成立云南省经济委员会。

## 1932 年（中华民国二十一年　壬申）48 岁

△ 改组成立富滇新银行，先后以李培炎、缪云台为行长。

## 1934 年（中华民国二十三年　甲戌）50 岁

12 月　中央红军进入贵州，龙云派孙渡率部"追剿"红军。

### 1935 年（中华民国二十四年　乙亥）51 岁

2 月　蒋介石任龙云为第二路军总司令，命龙率部对抗红军。

3 月　蒋介石先后飞往重庆、贵阳指挥"追剿"红军。

4 月　孙渡纵队赶到贵阳，为蒋介石"保驾"。

△　中央红军分三路进入云南。

5 月 9 日　中央红军抢渡金沙江后，全部离开云南。

5 月 12 日　蒋介石到云南，收买龙云。

11 月　中央红军过云南后，重新成立了中共云南地下党组织。

△　在昆明成立中央陆军军官学校第五分校。龙云任校长。

### 1936 年（中华民国二十五年　丙子）52 岁

1 月　红二、红六军团到达贵州毕节，蒋介石任命龙云为"滇黔绥靖公署"主任。

3 月初　红二、红六军团进入云南。

3 月 23 日　滇军与红军在宣威虎头山发生战斗。

4 月 5 日　蒋介石任命龙云为"滇黔剿共军"总司令。

5 月初　红二、红六军团由丽江石鼓一带渡过金沙江，经中甸离开云南。

6 月 1 日　"两广事变"发生，李宗仁、陈济棠反蒋，龙云支持蒋介石，谴责两广事变。

12 月 12 日　"西安事变"发生，张学良、杨虎城联合反蒋，龙云支持蒋介石，谴责张、杨，但又同情张、杨。

### 1937 年（中华民国二十六年　丁丑）53 岁

7 月 7 日　日本帝国主义发动全面侵华战争。

8月8日　龙云离昆明去南京，出席"国防会议"，同意出兵20万，支援全国抗战。此次去南京，龙云与朱德等建立了联系。

8月22日　龙云回到昆明，旋编成第六十军，以卢汉为军长。

10月　第六十军在昆明誓师出发。

12月　滇缅公路中国段正式全面动工兴建。

## 1938年（中华民国二十七年　戊寅）54岁

4月　第六十军在台儿庄前线英勇杀敌。不久，第六十军改编为第三十军团，以卢汉为军团司令。

8月　滇缅公路中国段建成，全线通车。

12月19日　汪精卫经昆明外逃，投降日本。

△　第三十军团改编为第一集团军，龙云兼集团军总司令。龙云辞兼职，以卢汉为集团军总司令。

△　成立云南军管区，龙云以省主席兼军管区司令。

## 1941年（中华民国三十年　辛巳）57岁

△　皖南事变后，蒋介石派特务到云南，要龙云限制共产党的活动，龙云进行了抵制。

△　成立昆明行营，蒋介石委龙云为昆明行营主任。

△　蒋介石在昆明成立驻滇干训团，自兼团长，以龙云、陈诚为副团长，陈诚负实际责任。

## 1942年（中华民国三十一年　壬午）58岁

5月2日　日本侵略军从缅甸侵入云南西部。

5月10日　滇西重镇腾冲沦陷。

△　滇西军民奋起抗战，把日本侵略军阻止于怒江以西地区。

## 1943年（中华民国三十二年　癸未）59岁

秋　龙云回到昭通老家巡视，大讲民主，反对独裁。

10月　中共中央南方局派华岗（化名林少侯）到云南，与龙云联系，进行统战工作。

## 1944年（中华民国三十三年　甲申）60岁

5月　西南联合大学举行"五四"座谈会，何应钦要龙云进行镇压，龙云婉言回绝。

7月29日　滇西军民向被日寇占领的腾冲发起进攻。

9月14日　腾冲城光复。

11月3日　国军收复龙陵。

11月20日　国军收复芒市。

△　龙云秘密加入中国民主同盟。

## 1945年（中华民国三十四年　乙酉）61岁

1月20日　国军收复畹町，滇西国土全部收复。

8月　日本宣布无条件投降，抗日战争取得胜利。

8月底　以卢汉为首的第一集团军入越南接受日军投降。

10月3日　蒋介石指使杜聿明在昆明发动"一〇三"政变，下令免去龙云本兼各职，调任军事委员会军事参议院院长，云南省政府主席由卢汉继任，而又以李宗黄代理。

10 月 4 日晨　龙云脱险上五华山，抗拒蒋介石的命令。

10 月 6 日　龙云被迫离开云南，飞往重庆。

## 1946 年（中华民国三十五年　丙戌）62 岁

3 月　国民党政府迁都南京，龙云亦被迫前往南京，实遭软禁。

△　军事参议院撤销，另成立战略顾问委员会，以何应钦为主任，龙云为副主任代主任主持工作。

## 1948 年（中华民国三十七年　戊子）64 岁

12 月 8 日　龙云逃出南京，乘陈纳德的民航飞机，经上海转广州。

12 月 9 日　龙云到达香港，结束了三年多的软禁生活。

△　龙云加入中国国民党革命委员会，并被选为民革中央委员。

## 1949 年（中华民国三十八年　己丑）65 岁

4 月 11 日　龙云在香港寓所举行记者招待会，公布了给李宗仁、何应钦的信。

8 月 13 日　龙云等 44 人在香港发表了《我们对于现阶段中国革命的认识与主张》的声明，表示与蒋介石彻底决裂，归向人民。

9 月 21 日　中国人民政治协商会议在北京开幕，龙云被列为特别邀请人士（未及出席）。

10 月 1 日　中华人民共和国成立，龙云被列为中华人民共和国中央人民政府委员。

12 月 9 日　卢汉宣布云南和平起义。

# 龙云传

**1950 年　66 岁**

1 月 3 日　龙云离开香港北上，路过广州、武汉。

1 月 18 日　龙云到达北京。

△　新中国成立以后，龙云先后担任了以下职务：中央人民政府委员，人民革命军事委员会委员，西南军政委员会副主席，西南行政委员会副主席，第一届全国人民代表大会常务委员会委员，国防委员会副主席，中国人民政治协商会议第二届、第三届常务委员会委员，中国国民党革命委员会第二届委员，第三届中央常务委员会委员、副主席等职。

**1957 年　73 岁**

△　被错划为"右派"。

**1962 年　78 岁**

6 月 27 日　病逝于北京。

**1980 年**

6 月　为龙云平反，改正错误，恢复名誉。

**1984 年（百岁冥诞）**

11 月 19 日　龙云诞辰一百周年，民革中央举行座谈会纪念。

# 附　录

## 朱德致龙云的信 [①]

**编者按：** 云南省图书馆 1980 年发现的《曲石文录续》稿本，是辛亥革命的云南前辈李根源（印泉）先生的遗著。内有朱德同志 1938 年写给当时云南省主席龙云（志舟）、四川省主席王缵绪（治易）及四川省绥靖公署主任邓锡侯（晋康）的信（抄件），附李根源给王、邓的信，共五件。这几件重要史料的发现，对研究老一辈无产阶级革命家的生平和统一战线的思想以及当时抗日战争的形势与国共合作的历史等都具有重要价值，是十分珍贵的革命文献。值此辛亥革命七十周年之际，本刊特发表朱德同志致龙云的信，以志纪念。

志舟兄勋鉴：南京晤面，匆匆一年，时深系念。

弟自去岁奉命出征，驰骋华北原野，与敌大小七百余战，徒以戎马倥偬，无暇致候，实深歉仄。

此次驱寇虏于河滨，因渡河来后方一视，得便寄书吾兄，衷心良感无

---

① 原载《云南图书馆》（季刊），1981 年 3、4 期合刊。

上快慰，借此并向久别之云南父老兄弟表示崇高之敬意。

近年来，云南在吾兄领导下已有不少进步。抗战军兴，滇省输送20万军队于前线，输助物资，贡献于国家民族者尤多。敌寇猖狂，半壁河山受尽蹂躏，今后复兴民族之大业，有赖于动员西南、西北诸省之人力物力，继续奋斗。吾人以无比之代价，换取了宝贵之经验，以求得军事政治民运方面不断之进步，始能保证最后胜利之取得。在将来抗战中，在争取最后的搏斗中，云南将肩负更大责任，成为抗战的一个重要根据地。吾兄雄才大略，深信必能遵照委员长所指示之坚持长期抗战精神，发动群众，巩固其爱国热忱，发挥其救亡伟力，同心协力，缔创独立自由幸福之新中国，以符合著名革命发祥地——云南之光荣传统。华北沉沦，日寇烧杀奸掳，极尽人间之惨剧。此种野蛮残暴，虽遍阅古今中外历史，亦难有其匹，其阴险之目的，直欲将我五千年优秀民族绝灭于地球之上。然日寇愚昧估计，每多谬误，其残暴适足以增加我团结力量，其恶毒只能更强固我抗战之勇气与决心。

一年来抗战，我各方面工作，均有长足发展，灵活而机动的运动战术之运用，游击队之到处涌起，民众普遍参加组织协助军队作战，民选政权在收复区域之广泛建立，政府与人民，打成一片，军队与人民融为一体。凡此种种，都能保证吾人创造许多华北抗战根据地，打击敌人，迫其屡次改变其作战计划，并局限其统治于几条铁路线及少数城市，使收复华北，收复一切失地的事业，都呈露无限希望与广大前途。

抗战以还，虽敌寇内部危机加剧，国际地位愈陷孤立，但其在华冒险图逞之野心，将必有加无已。更艰苦而光荣之历史任务，落在吾人之肩上，吾民族之解放，全世界之和平，皆有赖于此一战。抗战无论如何，必须坚持到底；团结无论如何，必须巩固扩大；全国同胞抛却过去旧嫌宿怨，合亿万人之心为一心，本抗日高于一切之原则，努力做去，则胜利自然在危难中险阻中获得。

专此布达，即致

敬礼

弟　朱德谨上

8 月 21 日

# 怀念龙云先生

王昆仑　楚图南

今年 11 月 19 日是龙云先生诞辰一百周年。他生前为人民做了好事，为民革和民盟工作尽了心力，是值得我们怀念的。

龙云先生出生于彝族土司家庭，早年毕业于云南讲武堂，以后在滇军中历任重要职务，在孙中山先生的影响下，参加过讨袁、护法斗争。1927年起，他掌握云南军政大权，并宣布响应北伐。大革命失败后，龙云先生虽然接受国民党政府的任命，但是对蒋介石的排除异己，始终怀着很大的戒心。蒋介石曾经几次利用机会，企图控制云南，都因受到龙云先生的抵制而没有得逞。

抗日战争开始后，龙云先生积极响应，派出部队参加抗日。他受到中国共产党的抗日民族统一战线政策的影响，主张团结对敌。武汉沦陷后，蒋介石采取消极抗日、积极反共的反动方针，先后发动三次反共高潮，龙云先生在云南没有附和这些阴谋活动。当时，随着北方一些大学的内迁，大批进步教授和青年学生集结在昆明，给这些地区的抗日民主运动带来了新的活力，使运动得以蓬勃地开展起来。中国共产党派华岗同志到昆明，同龙云先生建立联系，进行帮助，使他对蒋介石剪除地方势力，排斥异己的一贯手段有了更深的认识，对中国共产党的政策有了进一步的了解。抗战期间，昆明一度成为大后方抗日民主运动发展的重要地区之一，是同龙云先生的同情和支持分不开的。

中国民主同盟成立后，经过有关同志的联系，龙云先生和刘文辉先生秘密加入了民盟。这样，民盟在云南发展组织和开展工作有了比较有利的条件。当时民盟组织在云南工作比较活跃，在群众中有比较广泛的影响，配合共产党的领导，对推动抗日民主运动发挥了积极作用。

正是因为这样，龙云先生同国民党反动派之间的矛盾也就日益加深，并趋于激化。蒋介石知道，要控制云南，镇压民主运动，龙云先生是必须剪除的对象。因此，在抗战刚刚取得胜利的1945年10月，蒋介石就指使他的嫡系部队，在昆明发动突然袭击，进攻龙云先生的寓所。由于蒋介石的军队已经控制了昆明全市，龙云先生无法脱身，最后不得不在武力胁迫下离开云南，去了重庆，后来又被挟持到南京。

龙云先生在重庆和南京时，名义上是国民党政府军事参议院院长，地位似乎很高，实际上只是个虚名，是蒋介石掩人耳目的手段。他处处受到监视，行动不得自由，处于被软禁的境地。那几年，他是很痛苦的，一直希望能够早日摆脱羁绊。也就在这期间，通过各种渠道，他得到了一些朋友的照顾，并看到了《新华日报》，了解到共产党对时局的看法和政策，使他在逆境中受到鼓舞和温暖。到1948年底，蒋介石的统治已经摇摇欲坠，国民党内部人心惶惶，龙云先生利用这个时机，化装秘密离开南京，取道上海，转赴香港，终于逃出了虎口。在香港，他和中国共产党取得了联系，并经李济深先生介绍，秘密加入中国国民党革命委员会，被推选为中央委员。1949年，渡江战役开始前后，龙云先生在香港几次派人到昆明同卢汉先生联系，积极推动云南部队起义，迎接解放。12月9日，当解放大军向西南进军之际，卢汉先生率部宣布起义，云南得以和平解放。

第一届全国政协会议开幕之前，龙云先生来到北平。他作为特邀代表出席了这次会议。中华人民共和国成立后，龙云先生历任中央人民政府委员，国防委员会副主席，西南军政委员会副主席，第一届全国人大常委会

委员，第二、三届全国政协常务委员，民革中央常务委员、副主席等重要
职务。党和人民的委托和信任，使他深受感动。尽管他年事已高，仍然积
极工作。在解放初期，他协助党和政府安定西南地方的社会秩序，维护民
族团结，恢复和发展生产。在土地改革和以后的社会主义改造过程中，他
都以正确的态度对待，受到了人们的好评。他经常关心国家大事，积极参
与政治协商，并且提出自己的意见和建议。他重视民革工作，对民革的组
织建设和思想建设做出了不少贡献，并同民盟同志继续保持良好的关系。
在这期间，我们和龙云先生有了更多的交往。他目睹共产党领导下的新中
国欣欣向荣，心情非常兴奋和愉快。每当他谈到云南在短短几年内，肃清
匪患、禁绝鸦片、生产发展、文化日益繁荣，总是心驰神往，感佩不已。

1957年，由于反右斗争扩大化，龙云先生也被波及，受了许多委屈。
其实，当时他的一些被批判的观点，基本上是正确的，有些是对某一问题
的不同看法，也是正常的。尽管这样，龙云先生并没有动摇对中国共产
党、对社会主义的信念。1962年，龙云先生因病逝世后，周恩来总理亲自
关心龙云先生的后事和丧礼，在当时可能的条件下，做了安排。我们都参
加了龙云先生的丧礼，并会见和慰问了他的家属。党的十一届三中全会以
后，对龙云先生的被错误处理的问题，本着实事求是的精神，予以改正，
恢复名誉。我们知道以后，都为龙云先生感到十分欣慰。对于龙云先生一
生的贡献，人们是不会忘怀的。

今天，我国各族人民正在学习和贯彻中共十二届三中全会《关于经济
体制改革的决定》，加快全面改革经济体制的步伐，努力建设具有中国特
色的社会主义。我们的祖国从来没有像今天这样充满生机，充满希望。龙
云先生有知，必将含笑于九泉。

龙云先生生前十分关心祖国的统一大业，并为此做过不少工作。我们

高兴地看到，中国共产党关于和平统一祖国的方针政策，越来越广泛地受到海内外炎黄子孙的支持和欢迎。中央领导同志又明确指出，可以用"一个国家，两种制度"解决台湾问题。最近，中英两国就香港问题达成协议，体现了我们用"一国两制"解决这个问题的构想，更引起巨大的反应。中华民族的大团结、大统一，已经成为包括台湾人民在内的十亿中国人民的共同愿望。历史潮流不可阻挡，人民意志不可违背。希望台湾当局以民族利益为重，对祖国统一大业做出自己的贡献。我们坚信，龙云先生生前盼望的那一天，是一定会到来的。

《人民日报》1984 年 11 月 19 日

# 《龙云传》第一版序言 ①

黎 澍

我在 1961 年主编过一本《马克思主义经典作家论历史科学》，教育部用为大学史学概论教材。大概是 1963 年夏天，我收到云南大学助教谢本书寄来的一卷油印稿。打开一看，原来是一本史学概论的讲稿，大体上是按照《马克思主义经典作家论历史科学》的顺序，把马克思和恩格斯以来的有关论述，加上说明编辑而成的。本来不相属的摘录的段落，经过一编，居然连贯起来了。我认为这个年轻人有本事，还没见第二个人做过这工作。当时我和宁可、李时岳、胡绳武正在合作编写史学概论教材。教育部文科教材办公室听说有这么一个年轻人，就通知调他来参加我们的工作。他给我的印象是精力旺盛，思想灵活。可惜中间插上其他工作，史学概论的编写只得半途搁下，未能把当时参加工作的几位同志的才能充分发挥出来。

但是，北京之行，对谢本书的影响可能很大。据说他从此研究历史。发表论文近百篇、专著近十种。近年来特别侧重云南地方史的研究，先后出版了《护国运动史》《蔡锷传》《唐继尧评传》等多种。为了写作这些书，他作了许多调查，由于各方面的支持，了解了许多事实。这个方法很好，较之个人坐在书室里讨生活，可以使历史更有真实感。他的新作《龙云传》就是一个例子。

龙云祖籍四川凉山，出生于云南昭通，彝族。1912 年入云南讲武堂

---

① 这是著名学者、中国社会科学院原《中国社会科学》总编辑、《历史研究》主编、中国近代史研究所副所长、研究员黎澍为《龙云传》第一版所写序言，除收入《龙云传》第一版外，还曾刊登于《历史研究》1986 年第 2 期。第二版作为附录收入。

学习。后来因为他在执行军务中，颇有胆识，引起了云南将军唐继尧的注意，不久就任命龙云为伙飞军大队长（即警卫部队大队长）。龙云从此发迹。十多年后，取唐继尧而代之，成了独霸一方的军政首脑，还参加过追击长征过境的红军，一度得到国民党蒋介石的欣赏。因为滇军和红军交战，是使双方互相削弱的好办法，正中蒋介石下怀。

1937 年抗日战争全面爆发。本来设在南京的国民政府第一次西迁武汉，再次西迁重庆。蒋介石随时准备收拾西南各省的地方势力。龙云处境困难。他的政治态度开始发生变化：从拥蒋到反蒋，从反共到联共。抗战时期昆明民主运动的活跃，与龙云的这种转变是密切相关的。这当然为蒋介石所不能容忍。1945 年抗日战争刚结束，就在云南发动政变，把龙云软禁了起来。幸而后来他脱险到了香港；公开宣布反蒋，并在 1950 年来到北京，参加新中国的许多政治活动。后来龙云回忆说："从昆明到北京的漫长之路，也就是我与蒋介石彻底决裂，逐步走向人民之路。"（《团结报》1980 年 8 月 1 日）。

《龙云传》作者根据大量调查材料，记述了龙云的一生事迹，特别着重他后半生的转变，给人以深刻的印象。辛亥革命以后，乘时崛起、割据一方的人很多。龙云的经历说明一个人因为偶然机会而置身高位，如果只为自己打算，不能为人民做些有益的活动，那就不值什么。龙云把他自己同人民的解放事业联系起来，正是他不同于许多同时代人之所在。《龙云传》的意义无疑也在这里。

1985 年 11 月

## 龙云执撰的文章和书序及其他

### 1.《红藕轩遗稿》弁言 [①]

质君既殁，阅一月余矣。余检其箧笥，得旧作五言诗二十余首，临帖行书二册，观楮墨之犹新，怅其人于既杳，不禁暗伤者久之。因念质君幼承家学，性好读书，自入学校，乃专致力于各科学，于诗于书犹其余事。洎来归余后，举一应家政，概以畀之，而矢勤矢俭，日事操作，以此未暇深造。

洎余既主滇政，军书旁午，日不暇给，时或从侧，以相参助；内佐之资，其力居多。今其人已往，而所遗子女，又皆幼小，尚不足以知其母之苦辛。余以十年伉俪之情，有不忍任其诗、字散佚，致湮没无闻者，因付石印，以存其真。他日子女长大，借得以识母氏之手泽，是即余印是编之意也。夫至于工拙，有不计云。

龙云志舟氏识

### 2. 胞妹志桢事略

胞妹志桢先父母之季女也。先父既见背数月，妹始以遗腹生，秉性沉静端庄，不轻言笑。自幼即知孝亲敬长，以故，先母极钟爱之。韶龀受

---

① 本文载《红藕轩遗稿遗墨合刊》，1932 年石印本。云南省图书馆藏。红藕轩主人，即龙云夫人李培莲，字质君，1932 年病逝。

书，聪颖异常，既入昭通女子学校，旁涉经史，益明大义。初先父母生吾兄弟四人，姊妹二人。不幸，吾三兄暨长妹皆先后早逝。所遗以当门者，在男惟云，在女惟妹而已。妹年及笄，乡里有问名者，辄谢绝之。先母微叩其意，妹泫然曰：吾家门衰祚薄，承先祧之重者，仅恃吾兄一身。兄男子当志在四方，而勿为家事所系累，儿愿长留膝下，奉养慈亲。厥后再三劝慰，妹矢志不移。先母亦怜而允之。云既长，奉母命出门，思欲有所树立，家事一委之吾妹。妹纪理钜细，井井有条，昕夕勤劬，不肯少暇。综每岁租入，裁量以制用，然喜贝周恤亲党，遇有婚丧之不能举者，贫病之不能自振者，不惜倾囊佽助，无德容，亦无吝色。妹事母先意承志，跬步不离，及先母弃养，哀毁逾恒，而料理附身附宦之具，无不尽礼。当丧葬时，亲友临吊者至数千人。吾乡居僻远，屋宇无多，深以简亵为虑，而妹从容处理，凡住居之所，饮膳之需，必丰必腆。其处事精详，非寻常女子所能及也。

自云绾军符，主滇政以来，益不暇问家人生产事，妹于持家外，尤尽力公益事业，尝捐资助地方，开水利、修桥梁、兴学校等事，以独力创设炎及回龙湾（即簸箕湾）小学校。地方寒畯、有志响学者，则出资供给之。现昭属青年得其资助留学省内外者数十人，又以昭通女学校舍尚付阙如，辄出所素蓄数万元从事建筑。吾乡地邻川界，近岁川人失业入境逃荒者甚多，妹招徕开垦辟荒地数千亩，而穷民之赖以生活者至数百家。邻村积储仓谷设备，团防及昭通创实业公司，其成立，妹亦与有力焉。云以妹勇于任事，而体弱过劳，尝迎至省垣稍事休息，妹处姑嫂情义，恳挚待子侄有恩，纪顾教督甚严，诸子侄亦喜依其姑而受教。惟谨妹常劝吾尽心国事，宜持大体，并常告以地方疾苦，事吾甚冀。妹常在侧，或能裨补阙遗，惟妹终以地方事萦怀，不欲久留省寓，不得已乃送之归。

妹归，仍董理凤所经营各事业，不辞劳瘁。去冬赤"匪"窜入镇雄，昭通亦告警。云遣次男绳祖接之来省，旋以舅氏新逝，遂不果行。近又遣甥女往接，甫至中途，遽闻噩耗，盖已于九月二日以疾卒于昭通，得年仅四十五。

呜呼！吾妹自幼痛母孀居，即矢志养亲，始终不变。既而以一女子独力持家，使云得专力国事，又能竭赀兴办地方事业，凡教育、实业、卫乡、开垦诸端，皆卓然有成就。今溘然奄逝，恐热心公益如吾妹者，已无其人，此云所以不止为吾家恸惜也。妹尝言生愿依母居，死愿葬母侧，庶可永世不离。母没后，筑屋墓前，携女慵数人居之，朝夕焚香，修理墓园。偶因事他往，事毕仍守墓不去，及临终复以为言。云既因职务不能归视其丧，特命绳祖择穴附葬于先母茔次，并奉其栗主入吾家祠，以遂其志。又以告吾妹，行谊坚卓，养母不字，以终其身，风化所关，未宜湮没。特述其事略如此，以求当世贤达为之表彰，则幸甚。

胞兄龙云泣述

## 3. 胞妹志桢墓表

胞妹志桢既殁，吾乡人士举其守贞尽孝、兴学、劝农诸事实，上达国民政府，明令褒扬，并颁"贞孝慈祥"榜额。于是，海内名流，锡以文辞，播诸歌咏，连篇累帙。呜呼！吾妹数十年坚志苦行，于斯无愧。惟在云痛念骨肉，长逝不返。其殁后荣誉，奚足以塞吾悲？爰再撮其生平，崖略表于墓，以志吾之哀恸。

志桢，吾季妹也。先父见背数月，妹始以遗腹生，云有三兄暨长妹皆不幸早逝，所遗以当门者，在男惟云，在女惟妹而已。妹生而沉静端庄，韶龀受书极聪颖，继入昭通女子学校，旁涉经史，益明大义。及笄，乡里有问名者，先母叩其意，妹泫然曰：吾家门祚衰薄，荷宗恃胞兄一身。顾男子当志四方，儿愿长留膝下，服劳奉养，不愿字也。厥后再三劝慰，矢志不移，先母亦怜而允之。云既从事军旅，妹侍先母跬步不离，纪理钜细，井井有条。综每岁租入，裁量以制用，复喜周恤亲党，婚丧不能举者，贫病不能自振者，不惜倾囊佽助，无吝色亦无德容。如是者有年，先母弃养，云以军次遄归，则妹已先于哀毁中料理丧葬，无不具备，四方临吊者数千人，以筹备周敬，无不嘉悦，谓其治事精详，愈于男子。洎云绾军符、主滇政，益不遑问家人生产，妹于治家外，尤尽力公益事业，尝捐助地方，开水利、修桥梁、兴学校，以独立创设炎山、回龙场小学，出资供给地方寒畯留学省内外至数十人；垦辟草莱数千亩，用以安集邻省逃荒入境之穷氓至数百家；建筑昭通女子学校，出所素蓄数万元；其村中积储仓谷，设置团保及昭通创设实业公司，无不与力焉。

云以妹任事勇毅，体弱过劳，尝迎至省垣，稍事休憩。妹处姑嫂情义，恳挚待子侄有恩纪，诸子侄亦喜依其姑，受教惟谨。妹劝云尽心国事，宜持大体，并尝告以地方疾苦事。吾冀妹尝在侧，裨补阙遗，而终以地方事业萦怀，不得已乃送之归。

妹归，而董理诸事亦勤劬，余复遣次男绳祖及甥女先后回籍迎之。甥女甫载途而噩耗至。盖妹已于乙亥年九月二日以疾卒于昭通里舍。呜呼！痛矣！吾妹尝言，生愿随母居，死愿葬母侧。母殁后筑室墓前，携女傭数人居之，朝夕焚香，修理坟园。偶因事他往，事毕仍守墓不去，临终复以为言。特命绳祖择穴附葬于先母茔次，并奉其栗主入家祠，以遂其志。

呜呼！吾妹自幼痛母孀居，即矢志奉亲，始终不渝，既而以一女子，独力治家，使云得尽力国事。复竭力为地方谋公益，皆卓然有所成就，今溘然奄逝矣。岂余一人一家之悲,实地方所共惜,其殁后哀思宜也,非虚誉也。呜呼!痛矣!

丁丑秋九月　兄龙云谨表<sup>①</sup>

## 4. 龙云挽龙志桢

撤瑱不嫁以养母终,志事初完,痛念贤妹,生平贞孝,无惭北宫女。

秉钺临戎,兼守土责,归思徒切,应识阿兄,情绪感伤,怕读大雷书。

胞兄龙云挽<sup>②</sup>

## 5.《民国昭通县志》<sup>③</sup>序

清云贵总督鄂尔泰《昭通四门记》称,四境所达,东至于镇雄,故名其门曰"抚镇"。西至于东川,西北至于四川,故名其门曰"济川"。南至于威宁,故名其门曰"粜宁"。北至于马湖,故名其门曰"趣马"。趣之为言,趋也。《周礼》有趣马之官,《周书》谓趣马小尹,《小雅》所谓蹶维趣马是已。

昭通古号乌蒙,产善马,与大宛等趣马之名,以此由鄂记观之,其为

① 乙亥为1935年,丁丑为1937年。

② 以上三件见《昭通龙志桢贞孝褒扬录》石印本四册,未注明印刷年月。

③ 《民国昭通县志》,完成于1935年,印行于1938年,计线装九卷九册。在龙云所写的《云南行政纪实·序》及本序中,都明确承认自己是昭通人。因此把龙云说成是"四川凉山人",是不准确的;最多只能说龙云为云南昭通人,原籍四川凉山。

滇中大郡，盖彰彰矣。考旧志，昭通在明为军民府，向隶四川，及清雍正五年，始改归云南，设知府一，领州县五。一百余年间，文物声明之盛，灿然与中州比隆何。前者，壅晦之久；而后者，开发之速也。意者，地望之通塞，无亦各有其时欤。

昭通有志，始于乾隆中，邑人马洲，未及锓板，稿随散佚。光绪间，李开仁纂府志，亦未成书。民国初元，改府为县，始以旧时首县之恩安，改名昭通。至十一年，邑中官绅，遂成县志十卷，梓而行之。越十三年，今县长卢君金锡，属邑人杨君履乾、包君鸣泉，复编为九卷，名曰《民国昭通县志》，明其别于前志也。稿成，嘱为之序。

云忝主滇政，未获与邑人官绅，上下其议论，以绪正其条理。今阅此稿，新旧厘然，首尾衔接，可备数十年来掌故。诸君子网罗放失之功，致足嘉已。

夫物郁久者必发，而天道后起者尤胜。昭通前受制四川之下，鞭长莫及，声教寂然，一旦抉其藩而启其键，勃然若江河云雨之浩蟄，蒸腾而莫之能遏，继自今发挥而光大之，其为进化，正未有艾，是在后之有司与邦人诸友之致力何如耳。

邑人　龙云谨序

民国二十五年一月　吉日

龙云传

# 6.《云南行政纪实》① 序

　　滇位中国边陲，外控缅越，内障黔川华南，屏藩胥恃于此。盖自庄蹻开疆，蒙段建国，迄元置行省，明清相继以来，上下二千余年，恒与中原呼吸相通，而滇人之所以靖献于邦家者，后先辉映，固屡著于国史矣。

　　民国而后，诸先进艰难缔造，护国、靖国诸役，炳炳麟麟，其所表现尤超乎前代。云以菲材，谬膺疆寄，自受命以还，朝乾夕惕，不遑宁居。缅思国父革命建国之遗训，委座立民兴邦之宏规，际此大时代旋转变化之会，当此西南国防紧要之冲，前乎无所因，旁乎无所恃，凛于职责之巨，一惟秉承中枢，恪遵国策，服膺领袖，完成统一之大业。庶乎根本强，而枝叶自茂，苟有福于国家，利于人民者，莫不竭智尽力以趋赴之。而诸僚属与乡邦父老子弟，咸能体斯旨，一德一心，共图迈进。故自民国十八年迄今，差副区区之初望者，盖以此也。

　　省政方针，则因时而制宜。抗战以前，约分三期。当十八年省政府成立之初，值地方秩序破坏，金融紊乱，民生凋残，是以集中精力戡定变乱，肃清萑苻，使行政纳于轨物，而闾阎得以绥靖，此一期也。军事时期既过，为恢复地方元气，计则休养生息，循序渐进，凡百庶政于纷，如乱丝中一一钩稽而董理之，金融制度趋于稳定，财政则达到收支适合之目的，于以树立各种行政之始基，此又一期也。权舆已具，于是合群策群方，谋积极之建设。二十二年十二月，规定县政建设三年实施方案，公布

---

　　① 《云南行政纪实》，由云南省政府于 1938 年组织编纂，以原省政府秘书长喻宗泽为编纂委员会主任委员，主要记述自 1929 年至 1938 年云南省政府采取的有关政务措施及其效果。该书于1943 年完稿付印，龙云为之签署书名并序。该书分为 3 编，线装 24 册。

施行，责成主管，按程课功期，人尽其力，财尽其用。凡户籍、保甲、仓储、清丈、禁烟、警务、教育、卫生诸要政，及水利、造林、纺织、开矿等生产事业，视其缓急，先后举办。而修筑滇黔、滇缅公路干道、支道，咸使督责，依限完成，此又一期也。

洎抗战军兴，滇省一变而为后方，国际交通唯一路线。逮太平洋战事爆发，滇省再变而为前方，防守之第一线。今后时局日艰，职守愈重。回溯以往，行政设施，皆为桑梓者居多。抗战而后，则将前所储备者，举而献之国家民族，为争取最后胜利之资。此云尝以勖勉于人。如此岁月，不居忽忽已十余稔。

二十七年秋，省府同人发起编纂《云南行政纪实》一书，记载务切事实，文辞剪除浮夸，俾鉴往而策来，信今而传后。书既杀青，翻阅一过，欣惧交并。盖是书之编纂有三义焉。为治不在多言，视力行何如；是以行政之原理、原则，虽属古今不易，而因时变通，则宜日求进步，趋向至善之域，不可故步自封，安于现实。故检讨既往，所以策励将来，其义一也。我国区域辽阔，各地环境互殊，民俗不同，在国家一贯施政方针之下，其进程或有不齐，果能因势而利导，必也殊途而同归。昔人敷政，每每参稽志乘，以为抉择。然志乘犹偏于考古，而此书则属于征今，举十余年来地方利弊得失，萃于一编，其应兴应革，何取何舍，不劳考索，思已过半，其义二也。古者，史官记言、记事，后世则有实录，振笔直书，既足以昭鉴戒，而文献之征，舍此末由，其义三也。如是三义，可概其余。

滇之民风，素尚朴质，士风则实事求是。夫朴实古茂，诚滇人之美德哉。因其固有之美德，发扬而光大之，为增进国力之助。是书之旨趣，亦不外乎此也。

爰抒鄙怀于篇首，邦人君子幸垂教之。

昭通　龙云

中华民国三十二年一月

## 7.《云南经济》<sup>①</sup> 序

　　滇位中国南陲，外控缅越，内障黔川，华南屏藩，胥恃于此。云忝主滇政，思所以发扬人力物力，以靖献于邦家者：经济建设，实急之先务，颇期群策群力，共图迈进焉。洎抗战军兴，滇省形势，愈重于曩昔。为促进生产，增强国力计，凡内地企业，迁播来滇，咸与合作辅持；而海外侨胞，其愿归国投资，从事开垦者，则规定优遇之办法，指划区域，积极倡导。先总理开发边疆之计划，庶几实现于今日乎！惟是滇境物资既丰，疆域辽阔，统筹进行，首重调查，年来致力于此者，虽不乏人，而以张君肖梅主持之中国国民经济研究所成绩最优。张君博学宏识，蜚声文坛，而实地考察，矻孜不懈，近以编成《云南经济》一书见示，且嘱为序。披阅之顷，则周咨博访，钜细毕陈，条分理析，纲举目张；得兹一编，吾滇资源、庶物，了若指掌。喜其于促进经济建设之参镜，裨益良多，故乐而为之序。

中华民国三十年三月　昭通　龙云

---

　　① 《云南经济》，张肖梅编著，系《西南经济资料丛书》之三，1942 年中国国民经济研究所出版。

## 8. 云南护国起义简述 ①

　　袁世凯有了称帝的动机以后，他就处心积虑地从各方面加以布置，把全国地方的行政组织和人选都大予变更。在成立筹安会以前，首先废督军制改为将军制，废省长改称巡按使，以实行军民分治的办法，削弱地方力量。特别是对于南方及遥远的西南各省，更是安置了他的心腹，如以陈宧督川，监视滇、川、黔三省；以汤芗铭督湘，监视两湖；以龙济光督粤，监视两广。其他如江西的李纯和安徽的倪嗣冲，都是袁的心腹。这就是袁世凯对南方布置的大概情况。

　　当时云南将军是唐继尧，巡按使是任可澄。至于蔡锷，同云南地方和唐继尧本人都是有历史关系的。

　　蔡锷在广西办讲武学堂，辛亥革命前李经羲督滇时，他请李把他调到云南来，到后不久，就充任十九镇三十七协协统。武昌起义后云南酝酿反正时，日本士官毕业生如唐继尧、李根源、李鸿祥、谢汝翼、顾品珍等，多系带兵的或办讲武堂的。李根源是讲武堂的督办，对讲武堂的学生有一定影响，因此该校革命热情很高。大家曾多次举行秘密会议，定期起义。蔡锷以当时清廷高级军官的地位，参与反正的密谋，因此大家对他的印象很好，认为他是一个开明的将领，由此，蔡同云南将领往来甚为密切，关系也就深厚了。

　　云南反正的消息泄露后，李经羲将七十三标第三营的管带李鸿祥传唤到总督衙门，立刻扣押，蔡锷谒见李督，负责担保说："李鸿祥不会有二心

---

　　① 本文载《云南文史资料选辑》第 46 辑。

的，我愿担保。"保释后，李鸿祥仍复原职。但是，滇督仍不放心，勒令第三营将全营的枪支机柄卸下呈缴，该营也曾遵命将机柄卸下装箱，因时间太晚尚未送去。当晚，该营的全体官兵十分激动，干部中如黄子和等趁机从中鼓动，就于当晚（辛亥年九月九日）在北校场营盘，发动起义。首先进攻标本部，标统丁锦逃逸，即将标本部放火烧掉，其他各标闻讯先后响应，然后分路进攻省城，占领了省会各司道衙门。云南总督李经羲逃入法国领事馆，各司道官员有被杀的和负伤的，藩司世增被杀，靳云鹏和曲同丰逃走，十九镇统制钟麟同负伤自杀，翌日宣告起义成功。

起义成功后，与会诸人聚会处理善后，并要成立政府，共同推选都督。会上，关于都督人选意见颇多分歧，想当都督的人也不少，论资历大家差不多。当时，唐继尧站起来说："蔡松坡先生是老前辈，又是以协统的地位参加革命的，他应该是适合担任都督的人选。我推举蔡公，如果蔡老前辈坚持不干的话……"，唐拍拍胸膛说，"那么我要干。"唐说了这番话以后，大家都一致赞成推蔡锷为云南都督，蔡也就接受了。

云南都督府成立以后，一面出榜安民，一面编组军队。那时贵州省反正没有成功，四川在铁路风潮以后，赵尔丰仍旧督川，川黔两省都处在混乱的局面之下。云南就决定出兵援川、援黔，任命李鸿祥为第一梯团长，谢汝翼为第二梯团长，率兵援川；唐继尧为第三梯团长，率兵援黔。

谢、李入川后不久，成都一带革命党人尹昌衡军起义，川督赵尔丰被杀，尹昌衡当了督军，四川宣告革命成功。谢、李自无前进的必要，遂奉命返滇。入黔的唐继尧一路，因为原先贵阳为哥老会所盘踞把持，唐部到达后，即将之驱逐溃散，贵州的士绅对唐十分感激，黔省革命成功后，就拥护唐继尧为贵州都督。

那时，北洋政府的内阁总理是熊希龄。熊是湖南人，向与蔡锷交厚。

蔡曾秘函致熊,希望离滇到北京供职,想担任陆军部长职位,信里问熊是否可以办到。熊复信说:"谋陆军部长颇有可能,但你离滇后,滇政交予何人主持?"蔡复信说:"云南都督以调黔督唐继尧最为适宜,贵州都督最好以该省刘显世任之。"熊希龄认为很对,报告了袁世凯,袁也同意,就根据熊的报告发表了两省的都督人选。

唐能够回云南任督军,原是他的愿望,所以唐对蔡的推荐斡旋,表示十分感激,两人的关系自此更加密切了。

蔡离滇北上,到了越南的河内,接到熊希龄的电报说:"陆军部职已办不到,但你来京当有重要职务。"蔡到京后,等候数月,始发表了一个经界局督办(是新成立的办地政的机构),蔡遵命筹组,照常办公,但颇不得志,心中悒悒不乐,敷衍应酬而已。筹安会酝酿中,蔡在京中,行动每被密探跟踪,蔡更不自安,不久即潜赴天津日租界,乘船赴日本。

蔡锷由云南到北京后,和唐继尧常有联系,故唐对袁世凯酝酿帝制事早有所闻。及蔡离京赴日,唐知袁的帝制不久就要实现,经派人到京密探回报称:筹安会已成立,唐即暗中部署,召集了军事秘密会议,参加者多系在滇的军政上层人员,也是昔日同盟会员,军中如邓泰中、杨蓁等人,都是国民党的忠实信徒,又是在职团长,在军队中的活动很有影响。与此同时,唐继尧又一面暗中和贵州的刘显世联系,一面电邀李烈钧、程潜、陈强、熊克武、但懋辛、方声涛、戴戡、王伯群等人来滇共商大计。到1915年,筹安会的一切活动,更加暴露了袁世凯称帝的野心。唐继尧又派出其弟唐继虞和李宗黄到上海一带探听各方面的消息,联络反袁同志,并电李烈钧邀请在日本的蔡锷来滇,共商国是。李烈钧复电说:"要你本人直接打电给他,表示你的诚意,他才肯来。"唐就照办了。

1915年冬月,李烈钧、程潜、方声涛、戴戡、熊克武、王伯群等都先后来滇，那时蔡锷也到了香港，乃又与刘显世联系反对袁世凯帝制问题，刘既不表示赞成，也不表示反对，只表示决不向袁告密；但他所属的部将，以王文华为首，力主和云南一致行动，曾派警察厅长李雁宾为代表，来云南商洽一切，并要求云南补充军实。后来云南通电讨袁，刘也就首先响应，与云南采取了一致行动。

正在云南酝酿反对帝制之际，袁世凯派私人特使何佩文、唐宝潮二人来滇，窥伺云南的动态，并对唐继尧游说。何佩文曾对唐说："如果袁氏称帝成功，许封给龙济光和你王位，龙已表示接受，你的意见如何？"唐答道："这事体重大，我还要考虑。"一面对何、唐二人优礼招待，一面派警暗中监视他们的行动，直到云南宣布讨袁的时候，才将何、唐二人驱逐出境。

在通电讨袁以前，唐就先期派了一部分军队出发昭通，借剿匪为名，向川边移动。熊克武、但懋辛两人就同邓泰中支队出发，后来奉唐委为四川招讨军总、副司令，协同滇军作战。

袁世凯已经知道唐继尧邀约了蔡锷、李烈钧等人到滇，也知道云南情况不稳，乃于1915年12月18日由统率办事处电唐继尧说："据探报：有乱党要人入滇，煽乱情形颇显等语，唐将军公忠体国，智勇兼优，必可震慑消灭。倘有乱党赴滇，或猝生扰乱，准唐继尧以全权便宜处置，无论何人，但有谋乱行为，立置于法，事后报明，毋庸先行请示。"次日又接到一电话："蔡锷、戴戡偕同乱党入滇谋乱，应请严密查防。"同时密电给云南蒙自道尹周沆说："若蔡锷入滇，即逮捕就地格杀。"袁又密令云南陆军第　师师长张子贞，接替唐的将军职；第二师师长刘祖武接替任可澄巡按使职。当时第一师的参谋长路孝忱，是袁派的人，对云南军队向取监视的态度，袁给这两个师长的密令，就是他转交的。第二师长刘祖武接到密令后，连夜呈给唐看，第一师长张子贞就有接受的意思，对电报是秘而不宣。因此，唐继尧即刻对第一师加以改组，编为梯团和支队，直属将军指挥，把张子贞摆在旁边，也没有揭破他接受伪命的内幕。

此时，蔡在香港富滇银行取了旅费，来电说明他来滇日期，途经越南入境。唐即派其弟唐继虞率兵一营到河口，候蔡来时，保护到昆明。蔡入滇后，夜宿阿迷州（开远县），周沆率路警二百余人追袭而来，因为唐继虞兵多势众，他不敢妄动，遂转过来说："我们是来欢迎蔡先生的。"

蔡到昆明后，当夜唐就召集先后来滇诸同志举行秘密会议，决定起义讨袁。于12月22日开会决定：先以唐、任以二人名义电袁世凯劝告取消帝制，杀杨度等十三人，以谢天下，限二十四小时答复，否则即以武力解决。

电文如下：

北京大总统钧鉴：华密。自国体问题发生，群情惶骇，重以列强干涉，民气益复骚然。佥谓：谁实召戎，致此奇辱，外侮之袭，实责有所归！乃闻顷犹筹备大典，日不暇给。内拂舆情，外贻口实，祸机所蕴，良可寒心。窃维我大总统两次即位宣誓，皆言恪遵约法，拥护共和。皇天后土，实闻斯言；亿兆铭心，万邦倾耳。记曰："与国人交止于信。"又曰："民无信不立。"食言背誓，何以御民？纲纪不张，本实先拨，以此图治，非所敢闻。计自停止国会，改建约法以来，大权集于一人，凡百设施，无不如意，以改良政治，巩固国基，草偃风从，何惧不给，有何不得已而必冒犯叛逆之罪，以图变更国体？比者代表议决，吏民劝进，拥戴之诚虽如一致，然利诱威迫，非出本心，作伪心劳，昭然共见。故全国人民痛心切齿，皆谓变更国体之原动力，实发自京师，其首祸之人，皆大总统之股肱心赘。盖杨度等之筹安会煽动于前，而段芝贵等所发各省之通电促成于后。大总统知而不罪，民惑实滋。查三年十一月二十四日申令有云："民主共和，载在约法，邪说惑众，厥有常刑。嗣后如有造作谰言，紊乱国宪，即照内乱罪从严惩办"等语。杨度等之公然集会，朱启钤等之秘密电商，皆为内乱重要罪犯，证据凿然。应请大总统查照前项申令，立将杨度、孙毓筠、严复、刘师培、李燮和、胡瑛、段芝贵、朱启钤、周自齐、梁士诒、张镇芳、袁乃宽等即日明正典刑，以谢天下，涣发明誓，拥护共和。则大总统守法之诚，庶可为中外所信，而民怨可稍塞，国本可稍定。继尧等夙承爱戴，忝列司存，既怀同舟共济之诚，复念爱人以德之义，用敢披沥肝胆，敬效忠告。伏望我大总统改过不吝，转危为安，民国前途，实为幸甚。再者，此间军民痛愤久积，非得有中央永除帝制之实据，万难镇劝。以上所请，乞于二十四日上午十点钟以前赐答。临电涕泣，不知所云，谨率三军，翘企待命。开武将军督理云南军务唐继尧、云南巡按使任可澄叩。漾（二十三日）印。

电去后，限期满了没有答复，于是开会商讨讨袁军务。唐提出愿率部出征，请蔡在滇主持一切。蔡当时表示："起义要有本钱，就是说要有军队、器械，要有钱，尤其重要的要有人民，才能够成大功。这些本钱都是云南人民的。我是你电召来的人，只身到滇，相信你讨袁的态度坚决，我才来的，滇政非你不可，仍应由你主持。"当时决定：取消将军和巡按使名义，推唐继尧任督军，任可澄任参议。组织护国军，任命蔡锷为护国军第一军总司令，率兵出川；李烈钧为第二军总司令，率兵出粤；唐继尧自兼第三军总司令，坐镇后方，统筹一切；戴戡为第一军右翼总司令，率领王文华等部出川。会上讨论讨袁的檄文，戴戡拿出一篇梁启超拟的稿子，在会上传观，蔡对此稿未表示意见，唐说："要重新研究。"任说："要加修改。"戴戡不同意，认为"梁任公的文章不能修改"。最后唐说："梁的稿子既不能修改，我们请任（可澄）兄和李厚安先生（名坤、昆明名翰林，有才子之名）另拟吧。"后来，经过任、李二人重拟后，大家都一致同意，遂于 12 月 27 日发出檄文，宣布独立讨袁。文曰：

呜呼！天祸中国，实生妖孽。袁氏以子孙帝王之私，致亿兆生灵之祸，怙终不返，愎谏无亲。既自绝于国民，义不同其履戴，敢声其罪，与众讨之：袁氏昔在清廷久窃权位，不学无术，跋扈飞扬，凶德现已彰闻，朝（野）为之侧目，迨民军首义之日及清廷逊位之时，袁氏两端首鼠，百计媚狐，以孤儿寡妇为大可欺，以天灾人言为不足畏。迹其侮弄神器，睥睨君亲，固已路人知司马昭之心，识者有沐猴之叹。惟时我邦人诸友，念风雨之飘摇，惧民生之涂炭，永怀国难，力奠邦基。故赣宁之役无功，而皖粤之师亦挫。乃袁氏恃其武力，遽即骄盈，蹂躏人权，弁髦法令，国会加以解散，自治横被摧残，异己削迹于国中，大权独操于一手。彼固曰是可以有为矣，卒之无补时艰，不保中立，济南自拓夫战域，辽东复展其租期。甚至俯首为城下之盟，被发有陆沉之痛。呜呼！我国民之忍辱含垢为已甚矣，袁氏之力图湔雪，以求报称，宜何如者？何图异想忽开，野心愈肆，元首谋逆，帝制自为。筹安会发生于前，请愿团继起于后，等哀章之金匮，假疆华之赤符。对国内人民，则谓外议之一致；于外交方面，复假民意以相欺。自奋独夫之私，欲掩天下之目。呜呼！永除专制，夫己氏之口血未干，难拂民心；清废帝诏书具在，无信不立，宁得谓人。食言而肥，何以为国？其谁知彼充耳不闻。因之外侮自召，警告频来，干涉之形既成，保护之局将定。此时杨再思一日天子，宁复有人间羞恶之心？他日石敬瑭半壁河山，更安有吾民视息之所？兴言及此，哀痛何云！夫总统一国之元首，中外所具瞻也。今袁氏躬为叛逆，自失元首之资格，斯其丑行凉德，固有无能为讳者。更举其略，以告国人：南北和议初成，党人欢迎南下，袁氏欲留无辞，乃煽动兵变以为口实，京津一带惨付劫烧，张家口兵变，首乱不过数人，而全军咸遭坑杀。逞一己之淫威，轻万众之生命，是为不仁。黎副总统一代元勋，功在民国；段陆军总长，当世人杰，志尤忠纯，皆袁氏股肱心膂也，徒以反对帝制之故，积被猜疑，瀛台等羑里之囚，西山有云梦之辱，近传霣耗，未卜存亡。叹乌啄之凶残，悲鸟弓之俱尽，是谓不义。梁士诒、段芝贵、张镇芳、袁乃宽、杨度、胡瑛、顾鳌辈，皆市井小人，顽钝无耻。袁氏利其奔走，任以鹰犬之材，梁等遂窃威权，肆其狼狈之技，群邪并进，一指当前，望夷之祸匪遥，轮台之悔何及，是谓不智。当和议初起，袁氏握清廷全权，每语人曰："吾誓不作总统"。及叛迹已露，中外咸知，袁氏犹曰："公等若再以帝制相迫，则我必逃英伦"。竟言犹在耳，今竟何如？是谓不信。辛壬之际，义旅同兴，争冒死以图功，更举国以相授。袁氏之有今日，伊谁之力？乃动矜禅让，横肆诛夷，谓不杀于嫌则此举无名，谓苟无曹瞒，则几人称帝？功反为罪，生者之力已冤；死而有知，地下之目岂瞑，是谓不让。又若财权集于内府，计部徒建空名，大借款以盐税抵押，用途始终秘密。长芦远盐公司独占商利，垄断闻亦同登。袁乃宽、梁士诒、张镇芳，袁氏之聚敛臣也；交通银行袁氏之外府也。甚至以一国之元首，而寄私财于他邦，腾笑外人，贻羞当世，其寡廉鲜耻有如此者。尤可异者，显违亲训，漠视孔怀，乖戾已深，本实先拨。宫门喋血，患已伏于隐微；斗尺寻仇，祸恐烈于典午。彼宗且覆，吾国何存？哀我无告之人民，忍与昏暴而俱尽者哉。昔者董逃未唱，关东州郡同盟；莽窃初成，两河义军并起。今袁氏之罪，更浮于二凶；民国之危，尤甚于季汉。而且孙皓与下多忌，祖约偏陂不仁，孟津之八百不期，牧野之三千愈奋。斯其时也，各省军民长官为共和官吏，实系共和安危，必能挥士行之义旗，标茂弘之大节，举足轻重，立判存亡。其有海内顾厨，先朝耆硕，在昔首阳贬节，原知心在国家；于今大盗潜移，宁肯助其乱逆。谅同义愤，请共驱除。至南阳旧部，新室故人，谁非国人，岂任私匿。况悲凉风于斛律，划地难除；感大树之飘零，长城已坏。难共忧患，请视韩彭，其必有倒戈以图奋袂而起者乎？自余各界人士，虽未与人军师之谋，应念兴亡有责之义，则匹夫蹈海，义感邦居，小吏登坛，节厉群后，于古有之，是所望也。尧等痛念阽危，诚发宵寐，力虽穷于填海，志不挫于移山。请负弩以先驱，冀鼓枻之相应，将与摧公路之枯骨，走杨越之居尸，义声播而黄河清，大旆指而幽云卷。然后保固有之民国，定再造之旧邦，解此倒悬，绵我华胄，天下自此定矣，诸公其有意乎？乃若冀延漏刻，眷恋穷城，等防后之稽诛，效蚩廉之死纣。则师直为壮，助顺者天，何枯朽之能安，将声名之并裂，幸勿贻悔于他日，庶其有感于斯文。唐继尧、蔡锷、李烈钧、任可澄、刘显世、戴戡暨军政全体同叩感（二十七日）印。

同时，唐、蔡、李、程、戴、任以及其他诸人，同至五华山开武亭歃血为盟。

第一军蔡锷部统率四个梯团：第一梯团长刘云峰，率领邓泰中、杨蓁两个支队；第二梯团长赵又新，率领董鸿勋、何海清两支队；第三梯团长顾品珍，率领禄国藩、朱德两支队；第四梯团长戴戡，率领熊其勋、王文华两支队，向四川出发。

第二军李烈钧部，统率三个梯团：第一梯团长张开儒，率领钱开甲、盛荣超两支队；第二梯团长方声涛，率领黄永社、马为麟两支队；第三梯团长何国钧，率领林开武、王锡吉两支队，向两广出发。

唐继尧所兼的第三军，统率赵钟奇、韩凤楼、刘祖武、庾恩旸、叶荃等五个梯团为留守部队，坐镇后方，相机增援。

又任黄毓成为挺进军司令，统率第一纵队司令杨杰，第二纵队司令叶成林，在滇桂边境游击，相机挺进。

护国军编整布置以后，当即分批分路出发，义旗高举，全国震动。

蔡军第一梯团刘云峰部到达川边捧印村，即与袁军伍祥祯部前卫接触，敌军退至横江，即设防抵抗，刘部进攻后，即占领横江。敌军退回宜宾固守，邓支队在长江南岸向敌佯攻，杨支队遂迂回强渡过江，敌守军白树溪部，退回宜宾，邓支队随即渡江与杨支队会合，进攻宜宾城。伍祥祯部不战而放弃宜宾，退到岷江北岸吊黄楼一带防守。

邓、杨两支队占领宜宾后，又向前推进，敌军又退至双鹤场一带固守待援。在这一带战斗甚为激烈，双方伤亡颇重。此时，袁军第十六混成旅冯玉祥部增援上来，敌人大占优势，邓、杨两支队支持不住，退回宜宾。冯玉祥部跟踪猛攻，宜宾本不易防守，遂退回江南岸整补。冯玉祥部重新占领宜宾。冯本人入城后，曾亲自到医院抚慰护国军负伤的官兵。

蔡锷亲自率领的赵又新、顾品珍两个梯团，行军到四川的永宁县，驻防该地的川军第二师刘存厚部，通电响应护国军，因此没有战斗，全军向纳溪及泸州挺进。先头部队抵达纳溪时，袁军曹锟、张敬尧部已经在蓝田坝和棉花埂一带布防，构筑了三道坚固防线，采取守势。蔡军在纳溪集中后，即在纳溪河上架设浮桥通过进攻，大战于是开始，鏖战二十余日，昼夜反复冲杀，双方伤亡甚众，而胜负未分（右翼军戴戡梯团此时已经进抵松坎、九盘子一带，正与袁军李长泰所部接触，战斗也很激烈）。当时情况非常紧张严重，由昆明到前方有两千多里路程，后方补给困难，援军、弹药一时不能赶到，只有自己艰苦支撑。此时，占领宜宾的冯玉祥忽然密派亲信少校参谋张之江赶来纳溪，向蔡表示：第十六混成旅决心响应护国军的讨袁义举，到适当的时机和地点，即可通电表明态度。蔡闻之，非常高兴，对张之江奖勉优待。但蔡对这突如其来的事，仍在半信半疑之间。当晚，张即星夜返回宜宾城。

此时，四川陈宦正计划攻滇，电调冯玉祥回成都面授机宜。冯遂借此将占领宜宾的部队撤到龙泉驿集中，放弃了宜宾。邓、杨两支队接到情报，就重新过江入城。冯到成都后，陈宦要他担任攻云南的任务，冯满口接受，而且表示愿意限期两个月攻占昆明，陈宦坚信不疑，非常欣喜。

广东将军龙济光奉袁世凯之命，派其兄觐光为"云南查办使"，乘我大军四出，内部空虚，一面率所部由广西进犯（当时广西尚未独立），一面令其子弟及乡人，在蒙自之逢春岭募兵招匪，以为内应。其党羽龙体乾、赵樾、黄恩锡等竟公然起兵，于民国五年三月初袭陷个旧、蒙自，进扰临安、丘北、弥勒，气势汹汹。我入桂之第二军，与龙觐光部迭战于滇桂边境。3月9日，敌陷剥隘，12日，陷广南。唐继尧急调挺进军黄毓成部由贵州经黄草坝星夜赶回，绕道北面，与敌战于坡脚、西隆、黄南等地，破其主力，恢复剥、广，进而收复百色，截其后路。与此同时，唐又派赵世铭、马为麟率部南下，会同刘祖武部分头击溃迤南各股匪党，收复个、蒙；派唐继虞部北上，驱除杨匪。龙觐光所部桂军又复倒戈，处此困境，乃向我求和。广西独立后，龙亦不得不加入护国军。至此，桂境无战事。

在四川的冯玉祥部，借进攻云南为名，率其所部出发，未向云南方向前进，反而向北开拔，行军到文源县，即通电响应护国军，脱离陈宦。陈宦以变生肘腋，惊惶失措，急电袁世凯请求取消帝制。在湖南的汤芗铭也和陈宦一样通电向袁请求。陈、汤两人均系袁的心腹，又是南方重要的支持力量，一旦转变，实非他始料所及。袁当时正在病中，得此消息后，病势加重，有人说这就是袁世凯致死的原因。

在纳溪方面，蔡军正在艰苦战斗中，忽然袁军曹锟、张敬尧派人向蔡洽商，请求暂时停战一星期（有人说是一个月）。蔡在紧张吃重的情况下，自然就接受了。借此机会才将部队调到纳溪后方大州驿，整补休息。到了期限届满，袁军又请求延缓一星期，蔡又同意，但声明说："以后不能再延期了。"第二次期满后，曹、张没有表示，蔡即下令进攻。阵地在棉花埂，以这一带地形看，埂长有二十余里，右翼又靠长江，正面进攻是比较困难的，故放弃正面，向敌军左翼迂回。正在此时，北京宣布袁世凯业已病故。曹、张无心再战，宣告撤兵，放弃了泸州、重庆一带，退到武汉去了。至此，云南护国起义之目的已达，中华民国共和国体因而再造。

因陈宦还在成都，蔡又率兵进攻成都。陈无心恋战，遂离川北上。蔡即不战而进成都，主持了四川军政善后事宜。后因劳苦过甚，旧疾复发，电向唐继尧辞去护国第一军长职务，赴日本就医。四川军政，由其参谋长罗佩金代理。以后蔡就病故于日本。

袁世凯既丧失元首资格，北京政府当然不能复认为民国政府。最初护国军以军政府名义对内对外发布一切文告。按临时约法规定，总统不能行使职权时，由副总统代行总统职权。但副总统黎元洪身陷贼围，不能行使这项职权。这时，军政大计，不可无人主持，遂由独立各省商定，于5月

8 日组设军务院于广东肇庆,以执行中华民国中央政府职权。公推唐继尧为抚军长,岑春煊为抚军副长,梁启超、刘显世、陆荣廷、陈炳焜、吕公望、龙济光、汤芗铭、蔡锷、李烈钧、戴戡、罗佩金、李鼎新、刘存厚等为抚军,并以梁启超兼任政务委员长。军务院成立后,主要大事为恢复约法、恢复国会及黎元洪继任总统。护国军提出的主要条款都已完全达到。唐继尧与各抚军商定,于 7 月 14 日通电中外,将军务院宣告撤销。

由上述护国军出师讨袁后的各路的简要战况来看,当时在军事上几乎造成了云南的危险局面。但嗣后所以能转危为安,转败为胜,这与在四川方面的冯玉祥和广西方面的陆荣廷的响应不无关系。但主要的原因,完全由于护国军堂堂正义之师,反封建帝制,符合全国人民的意愿,有广大人民的拥护和支持,政治上就首先取得了决定性的胜利条件。这正如毛主席所说的"星星之火,可以燎原","战争的决定因素在于人"。这英明的论断,由这件事也得到了证实。

回忆当时袁氏盗窃国政后,大权在握,威势烜赫。自江西李烈钧、四川熊克武民二革命失败后,筹安会成立之际,各省军政大员闻之无敢非议者。云南是一个贫瘠省份,向受协饷的补助。自护国军兴,支出剧增,除李烈钧助饷二十万元外,其他毫无外援。以一省之力,当此重任,只有一面发行公债,以济急需,一面悉索敝赋,全力以供护国军之用。当日云南人民负担之重,可想而知。

护国成功后,梁启超曾对人说,护国起义,"蔡锷是主动的,唐继尧是被动的"。未参与其事而不明真相的人,包括少数在外对唐不满的滇人,也随声附和,歪曲史实。甚至当时的教育当局,不加审查研究,把这种说法载之于学校教科书中。

梁启超先生是一代名人,向为世所推崇,然歪曲护国史实,似有欠公

龙云传

正之处。蔡松坡先生智勇兼全，又在军事方面备极辛劳，泸纳苦战数月，击败强敌，此种丰功伟绩，足以彪炳史册。我对唐、蔡两公，均尊为前辈，且为我之直接长官，当时我位居中下级干部，未尝一日离开军旅，故略知其梗概，特将当时耳闻目见的事实简述如上。但因年深日久，又全凭个人记忆之所及，难免有遗漏舛误之处，尚盼与事诸友，予以指正。

我以为，论当时护国之能成为事实，非有人民为基础和一切物质基础不可，及是时势造英雄也。若仅以唐、蔡两人较论，唐是拥有云南省之军政实权者，苟唐不主动或不坚决，如此重大事件，岂能仅凭口舌获得成功。

1961 年 3 月 17 日

## 9. 抗战前后我的几点回忆 ①

### 一

1937 年"七七"事变爆发后，蒋介石在中国共产党的督促和全国人民的压力下，不得不宣布抗战。那时他召集了各省军政长官到南京开会，我接到电召后，当即乘专机赴京。飞机到西安着陆加油，机场上有陕西省主席蒋鼎文偕何柱国等前来欢迎照料，约我到休息室进早餐。蒋鼎文对我说："中共有几位负责人要到南京，在此等候飞机，可否搭你的专机一齐去，你方便不方便？"我问他："是哪几位？"他说："朱德、周恩来、叶剑英。"我当时欣然答应道："周是第一次见面，朱和叶都是我的先后同学，当然欢迎，我们一齐去好了。"蒋鼎文转告了他们，大家在餐厅见了面，一见如故，非常亲热。何柱国在旁边笑道："你们以前曾经敌对作过战的，今天见面却如此亲热。"饭后，我们就同上飞机，经武汉到了南京。何应钦在机场照料，我同何乘汽车到北极阁宋子文家住宿。中共的几位住另一个招待所。

次日，蒋介石由庐山回到南京。当天他请我吃饭，在座的还有汪精卫、冯玉祥、丁惟汾等人。当时上海战事已经爆发，我军进攻日海军司令部数日未下，增援部队正陆续开赴上海。宴会中，汪精卫问蒋道："这次

---

① 本文原载《文史资料选辑》第 17 辑；后又载《云南文史资料选辑》第 47 辑。据龙云之子龙绳文与作者交谈，本文在当时历史条件下写作，对个别史实的认识，难免受"左"的思想影响，不一定准确。而据曾任龙云秘书的蒋家骅与作者交谈，该文系由龙云口述，蒋家骅记录，曾任卢汉秘书的老作家马子华整理成文，然后又读给龙云听，一字一句斟酌后定稿，主要事实不会有明显的出入，应当是可信的。

作者当时系云南省政府主席，兼出滇抗战的六十军、五十八军合编的第一集团军总司令。

中日战争发生在北方，怎么上海也打起来了？如此岂不成了两个战场，我们的兵力够使用吗？"蒋回答说："在北方打仗，国际上是不大注意的；上海是一个国际市场，在上海打仗，就容易引起国际注意。"汪即默不作声。从他们这几句对话中可以看出，蒋介石根本就没有抗日的决心，完全想依赖于国际的干涉，他的所谓"全面抗战"，只不过是欺骗国人的幌子而已。

次日，日本出动飞机，第一次轰炸南京。我看见南京的防空设备非常薄弱，敌机进入市区上空时，地面仅有少数的机关枪射击，形同儿戏。半年前，我在云南看到报上载着南京曾举行防空演习的消息，总以为大体是有个样子了，殊不知并没有充分准备。这件事也证明了蒋介石没有抗战的决心。

蒋介石派了个侍从来北极阁我的住所告诉我："委员长说，北极阁目标太大，恐怕敌机轰炸，不安全，请你去汤山休息几天。"我答应了。次日，我约朱德、周恩来、叶剑英三位一路同往汤山。周恩来因事未去，朱德、叶剑英和我先后到了汤山。晚餐后，我们在外散步，谈到抗日问题，我们的意见大体一致。朱说："云南可以出二三十万人吗？"我说："要看军事发展情况而定。"我问朱说："这次抗日，政府给了你们些什么武器？"他说："我们只要轻武器。"我问："有没有大炮？"他说："大炮运动不方便，我们打游击，不要大炮。"我说："我想派一些干部到你们那里学打游击，好吗？"他说："打游击要长时间才学得到经验，时间短是不行的。"我又问他："以后我们如何联系？"他说："用无线电联系。"我就给了他一本密码。后来他的秘书看后说："这密码不好，容易泄密。"朱叫我的秘书和他的秘书商量另编。我说："不必研究了。我的秘书没有这方面的经验，完全由你的秘书编好，给我一份就行了。"我由汤山回南京后，密码就编好送来了。后来我在昆明与延安方面的电台联系，即用这本密码。

## 二

我由汤山回南京后，仍住北极阁。第二天，蒋介石来看我，他谈的话很多，范围很广，但要点是希望我出两个军的兵力抗日。我当即答应说："可以办到，但只能先出一个军，另一个军要看战争的情况再定。"他非常高兴地说："一切供应和补充，我告诉敬之（何应钦）同你商量办理就可以了。"他又问我："你看目前的军事形势怎样？"我说："上海方面的战事恐难持久，如果一旦沦陷，南京即受威胁，也难固守。上海既失，即无国际港口，国际交通顿感困难了。"他说："这种情况是可能出现的，那时候只有从香港和利用滇越铁路到达内地。"我答道："日本既大举进攻上海，它的南进政策必付诸实行，南方战区可能扩大，到那时，香港和滇越铁路都有问题了。"他问我："那么，你的意见怎样呢？"我说："我的意见，国际交通应当预作准备，即刻着手同时修筑滇缅铁路和滇缅公路，可以直通印度洋。公路由地方负担，中央补助；铁路则由中央负责，云南地方政府可以协助修筑。"他连声说："好得很，好得很。我告诉铁道部和交通部照此办理，叫他们和你商量，早日着手。"我们的谈话，到此结束。

第二天早晨，我即动身回昆明。当我到机场时，蒋也来机场送行。因为机场在头一天已被敌机炸坏，飞机也被炸伤，不能起飞，后来只好改坐轮船到汉口转赴昆明。那几天敌机又连续轰炸武汉、九江一带，九江纱厂被炸起火，地面防空既无高射炮，也无高射机枪，纱厂起火一两小时都没有救火队扑灭。我看到南京防空既是那样薄弱，地方也是如此，心里很难过。蒋介石并没有真正准备抗战，更是暴露无遗了。

我回到昆明后，当即召集地方军政负责人，传达我到南京的所见所闻。我对他们说："日本是真的干起来了，中央却毫无准备，看局势是很危

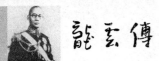

急的。我们自己要迅速充分准备。大家不要怕,在北方有八路军,南方各省很多朋友也都有决心抗日。"嗣后我即将第六十军交由卢汉率领,出发抗日。我并且决定在后方采取如下一些相应的措施:

办理积谷:云南原是一个粮食不能自给的省份,向来依靠越南米进口,若遇歉收年景,更加严重。尤其是个旧厂矿区数十万员工和居民,经常就靠越米供应。从"九一八"事变后,我预料到中日将来会有大战,粮食问题非常重要,云南必须做到粮食自给才行,于是着手办理全省积谷(类似清朝的义仓)。到"八一三"时,云南全省积谷已有相当的成数,每年继续递增,到了抗战期间已有一定的充实。后来京沪两广沦陷,各地的人纷纷到滇,多数的机关、学校、工厂陆续迁来。接着缅甸沦陷,大量华侨回国。蒋军驻滇的部队有数十万,美军及技术人员二万多人。总计涌来的军民不下百余万人。滇越铁路又早已中断,粮食没法进口。在这样的情况下,滇省粮食能供应不缺,积谷实在起了不小的作用。

当时在驻军供应方面最感困难的,就是美军的供应问题。他们每天除了要大量猪鸡之外,鸡蛋最少供应六万余枚,菜牛百余条。此种供应不只数量很大,而且时间又长,地方渐感供不应求。邻近省、区(如西康、贵州)私商牛贩见牛价涨,趁机源源运来,才减少了供应紧张的情况。

禁烟禁种:云南原来是一个出产鸦片烟土的省份,地方政府的财政收入,有一部分是靠烟税来维持的,如果一旦禁种,势必影响度支。我曾向南京行政院报请禁种,请求补助地方财政开支。行政院曾回电允予补助。我遂责成省民政厅迅速拟订禁烟禁种计划,限三年以内分期分区禁绝。可是南京行政院并未如诺补助分文。但因禁种后,烟地一般改种杂粮,粮食因而增产。这也是抗战期中云南粮食供应不致缺乏的原因之一。

购买武器:"九一八"后,我就与驻滇的法国领事商洽,通知法国军火商派负责代表来滇，面商购买军火，预为准备。法、比军火商的代表携带了武器的图片及式样来到昆明，经数日商洽，签订了订购大量轻重武器的合同。我们向法商代表提出，此项武器必须由法方负责运到昆明验收。法商代表初则表示困难，声称只能在越南海防交货；后因我们坚持要在昆明验收，他们也答应了。（照例凡购买外国武器，没有中央政府的护照则不能入境，故我方先行提出此项条件。）我们还向法商代表提出，交货要快，要派熟练技工同来装卸和训练使用，价款可照法商所要求以美金支付。果然，他们的武器来得很快，不久即如数收讫。后又继续用同样办法加订了大炮，但刚要装箱起运时，法、比两国即被德国法西斯打败，此项武器遂无法运来。

训练"保卫队"：为了维持地方治安及补充前线兵源，云南全省各县普遍成立了"保卫队"，进行训练。保卫队分为甲、乙、丙三种（大县为甲，中等县为乙，小县为丙），人数不一，均称为中队，编为营，有一县编一营的，也有两县编一营的，由省府委任营长统率和训练。每六个月退伍一次，一年两次，以后缩短为一年退伍三次（四个月一次）。共计全省编为四十八个营，每营有上千人的，也有四五百的，有也二三百的，人数不等。

修筑公路：全省公路在抗战前已初具规模。为了打通国际孔道，我们急速着手兴修滇缅公路。首先勘测路线，一面动员民力分段施工，每天出勤的不下数十万人，轮班昼夜赶修。此段公路山势险峻，并须跨越澜沧江和怒江，施工颇属不易，交通部帮助的材料也不充足，工程进度虽稍有耽延，但经过年余，终于完成。公路修通后，蒋即电告驻美大使通知美国政府，美政府有些不相信，罗斯福总统电令驻华大使詹森取道滇缅公路回国，顺路视察，回美报告。詹森到美后，向罗斯福报告说：这条公路选线适当，工程艰巨浩大，没有机械施工而全凭人力修成，实属不易，可同巴拿马运河的工程媲美。这条公路是当时唯一的国际交通路线，后来美国援助的军用物资均从此道运昆，在军事上起了很大作用。这是云南劳动人民的血汗所筑成的，也就是云南人民对抗日的贡献之一。至于滇缅铁路，施工较迟，虽后来滇境内的路基大部修完，准备铺轨，美国运来的铁轨也运到了缅甸腊戍，但属于英缅境内的一段还未动工，他们借口没有民工可派。未几，缅甸沦陷，滇缅铁路也就无法完成了。

成立云南人民企业公司：抗日战争前，云南工矿各项企业的经营管理已有了头绪，财政渐有余裕，有了相当的积累。此项财产我未报过中央，因此蒋介石对我甚为不满。抗战期间，滇省成立了"云南人民企业公司"，即以这份财产拨作该公司的基金，由各县选出代表负责经营管理，归地方所有，作为建设之用。该公司的财产，我所记得的约有黄金数万两，银圆约两千万元，还有外汇、英镑、美钞，但确数记不清了。当空袭紧张时，将银圆移到昆明郊外西华洞防空室内封存。我离滇后，杜聿明派兵强占把守，有无损失，不得而知。

以上所说的这些，就是在抗战时期云南省内部所办的几件事。因为手边没有具体的材料，只能简略地回忆到这一些。

抗战期间，还有这样一段事：就是汪精卫曾经过昆明飞往越南。在他未到云南的前几天，我接到国民政府文官长魏怀的电报说："汪主席将到成都和昆明演讲，到时希即照料。"我接到电报后，以为汪先到成都，故未即作准备。后来他突然直接飞昆，已经到了机场，我才得报，去机场接他，把他招待在云南警务处长李鸿谟的家里。那天晚上恰巧我宴请美国大使詹森。我问汪："方便不方便参加？"他说："我不参加了。"当晚宴席散后已夜深，未与汪见面。次日上午，我去看他。他说："我明日要到香港。"

我问他："到香港有什么事？"他说："日本要派一个重要人员来香港和我见面，商谈中日和谈问题，我要去看看他们是否有诚意。"我留他多住几日再去，他说："我还要转来的。"（我曾把他要去越南的事电告蒋介石。）他叫曾仲鸣到驻昆明的法国领事馆办理出境签证，签证办好了，曾仲鸣拿给他看。他看见是一份普通护照，当时就大发脾气，即刻打电到重庆责问外交部，随即他就飞往越南去了。两三天后，蒋介石密派谷正纲（按：据范予遂订正，应是谷正纲弟弟谷正鼎）携带着一份外交护照及旅费，飞越南面交汪精卫。谷正纲由重庆飞往越南，来回都经过昆明，但都不给我知道。不久，汪即在越南发出艳电。几日后汪即遇刺，曾仲鸣被误杀。我曾派李鸿谟去越南看汪，汪将遇刺经过以及谷正纲来往的事情告诉李鸿谟，我才知道这些情形。汪精卫写了一封信交给李鸿谟带给我，告诉我他遇刺的经过及他准备接受广田三原则的意图，并且要我响应他的艳电主张。我看了信后，就将此信送重庆给蒋介石看。蒋介石看后，派唐生智将原信带到昆明，叫我将此信在昆明各报发表。我即照办了。

三

关于蒋介石在抗战初期通过德国大使陶德曼向日本谋求妥协投降这件事，我曾听张群说过如下一段话：当沪战失利后，日军向南京推进，德国希特勒电告他的驻华大使陶德曼，叫他劝阻日军不要即时进攻南京，前进到镇江暂停，德国愿意从中调停。日军当局接受了，曾提出了日方的条件送交南京外交部。此时南京的要人多已纷纷逃往武汉，蒋介石尚在南京。当夜他召集会议讨论日方所提出的条件，参加会议的仅六七人。他把日方的文件在会上传阅后，没有一人表示意见。蒋说："这个条件还不是亡国

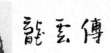

龙云传

条件，可以接受，交王宠惠部长答复陶德曼好了。"王宠惠还来不及答复，日军竟已打过镇江，蒋也就离京飞往武汉，把南京防务交给唐生智负责。不数日，南京即沦陷。日军通知陶德曼说：日军不再前进，在南京等待中国方面的答复。蒋介石久不答复，日军又通知陶德曼说：东京即将召开御前会议，中日问题经日皇决定后就不能变更了。陶德曼即飞武汉转告蒋介石，蒋又叫王宠惠立即答复。当夜王酒醉不能起床，次日才作答复。陶德曼接到文件后就说："答复迟了一点，计算日子，离日皇的御前会议只有两天了。今天发电给驻日德大使，他明天才能送到日本外务省，能否在御前会议之前送达尚不可知，我先声明。"后来听说此电到东京后，御前会议已经开了，而且决定今后中日问题不以蒋介石为谈判对手。蒋介石听到这消息后，非常着急，请汪精卫、孔祥熙等商量对策，然后他才重新宣言"长期抗战"。

由以上张群所说的这段事实看来，蒋介石随时打算与日本妥协，出卖国家，只有在危及他本人的权力地位时，他才被迫不得不作出抗日的姿态，否则他就宁可妥协了。

徐州、台儿庄撤退后，蒋介石打电报叫我到武汉。见面后他非常殷勤，当晚就约我吃饭，席间两次表示说："志舟兄此次到武汉，等于带着百万雄师来的。"我不明他的含意何在，未便作答。后来我问张群说："委员长昨晚在席间说我的话，其含意何在？"张群说："因为日本御前会议决定，中日问题不以蒋为对手，他恐怕这个消息传出后，地方人士及抗日将士对他的威信有所动摇，所以你此次来汉，他特别高兴。"

我到武汉，蒋又叫我再派一个军出师抗日，我也答应了。不久，我就派孙渡率领第五十八军出发到前方。

我事毕随即返滇。临行时蒋又对我说："戴笠派在云南工作的人员，我已告诉他全部撤回，今后如有人假借军统名义在云南活动，你可拿办。"
他这番话是对我表示信任的态度。他一向表面上对我是很尊重的，我对他
也并无私人成见。我和他有 10 多年的关系，起初对他竭诚拥护，后来看
到他为人处事，私心自用，对他才渐渐怀疑起来。到后来，我看出他的所
谓"长期抗战"，不过是为了保持他个人的权位，借抗战之名，消灭异己，
独裁集权，并不是为了国家民族利益。我看清楚这些事实以后，对他就痛
恨起来。

抗战期间，在昆明的爱国民主人士很多，尤其西南联大的教授和我
随时都有接触和交谈的机会，谈到国家大事，所见都大体相同。对于蒋介
石的集权独裁政治，大家都深恶痛绝。他们都反对内战，希望抗日胜利后
召开国民代表大会，制定民主宪法，用以束缚蒋介石，实行中山遗教。这
也就是我当日的愿望。所以我对昆明汹涌澎湃的民主运动是同情的。张澜
派人和我说，组织民盟有许多困难，我就竭力鼓励他放手干，我愿尽力
帮助。后来刘文辉对民盟也与我采取一致行动。蒋介石因此对我深为痛
恨，认为我碍手碍脚，决心要拔除我，后来就发动了昆明事变。事变后，
我去到重庆，蒋介石就开始对昆明民主运动大加迫害，因而相继发生了
"一二·一"惨案，李公朴、闻一多被杀事件。

蒋介石经常玩弄卑鄙毒辣的阴谋手段，我现在略举一二事即可看出：

抗战胜利前，蒋介石对我的阴谋已逐渐暴露。记得有一次，一个美军
的少校乘吉普车经过昆明小西门外的十字路口，被暗枪击中左臂。司机立
即停车救护，在附近巡逻的宪警闻到枪声，也同时赶到，但凶手已无从查
寻，即将受伤的美军官送往云南省立医院，他不愿入院，要回美军营房，
只好把他送往美军医院。当日施行手术，取出弹头，详细检查，经美军鉴
定结果，认为这种枪弹非云南军警所能有，是特务使用的德国制造的枪

弹。又一件是：胜利以后，美军集中昆明，刚要分批回国之时，美军当局突然宣布戒严，城内茶馆、酒店、娱乐场所及市街上美军都突然不见了。在美军中担任翻译员的梅贻琦的女儿，见情形紧张，跑回家告诉她的父亲。梅深夜来找我，探问美军戒严情由，我也十分诧异。次早，我派梁雨皋（英国留学生，能操流利英语，与美军军官多有交往）去美军中询明真相。美军官坦率告诉他说："有人说云南军队要解除我们的武装，接收我们的仓库，所以下令戒严。"梁雨皋对他们说绝无此事，不要轻信谣言。美军官才接受劝告，解除戒严。

上述两件事，后来证明都是蒋介石干的，他企图借此挑拨起美军和云南军队的冲突，然后他才好下手解决云南。他这种卑鄙手段是我事前万万想不到的。

四

抗日胜利之前，很多事实，如大量蒋军麇集云南，军统中统特务网密布全省大肆活动等等，使我对蒋介石的阴谋手段有所戒备。抗战胜利，举国欢腾，毛泽东主席也来到了重庆，我认为多年的国共问题必能得到解决，从此国家可以和平安定，从事建设和复兴事业了。我以为蒋介石是国家元首，一切作为必依理依法，而忘却了他原是一个独断擅权、阴险狠毒、嫉妒成性的人。我就放松警惕，麻痹大意，不加防备。甚至华岗从重庆回昆明告诉我说："蒋介石对和谈诚意不够。"也都不能引起我的注意。蒋叫我派军队到越南受降，我就毫不怀疑，表示同意，派了卢汉率领两个军前往越南。但军队临开拔之时，我还密告卢汉说："如果后方有事，闻讯即火速回军；日军所缴武器以一部分补助胡志明；过去退入滇境内的法军亚历山大部，要阻止他们回越，因他们曾与日军勾结。"

等到云南军队大部调往越南以后，蒋介石就趁机指使杜聿明发动了昆明事变。杜聿明当年到缅甸远征，惨败后只身逃到印度，所部溃散回滇，我曾派人代其收容。当时行营同僚认为杜聿明擅离部队，逃往外国，不仅有忝职守，且失国家体面，应电请重庆命令杜聿明回国受军法惩办。电去后未得复。不久，杜聿明即由印度回到云南，形状狼狈，逢人诉苦，博取怜悯，大家也就对他不加追究了。他的那些部队官兵，零零落落地回到昆明以后，军纪废弛，士气涣散，有盗窃的，有强奸的，昆明社会秩序受到很大的骚扰。我一面责令其严加约束，一面电蒋速将他的部队调离滇境。对杜聿明及其所部，我也不甚重视。不料10月3日拂晓，他突然进攻昆明大东门，并袭击云南省政府。当时我省内尚有五六个团，但都分驻各县，省府的警卫还不到一营，只能警戒五华山，不能出击。是日晨，杜聿明派人把蒋介石的命令送来，命令内容是："免去龙云本兼各职（昆明行营主任和云南省主席），调任军事参议院院长。"当时各城门，杜聿明部同地方宪警还有零星战斗。杜聿明又派人来请我即日乘机到重庆，蒋介石也一天数次电催我到渝。我仍在省府坐候越南方面卢汉的反应。三天以后，越南仍无消息。蒋恐事态扩大，又急派宋子文飞昆明劝我到重庆。我口头答应次日同机赴渝，但暗中准备突围到滇南，以便调回在越南的部队反击。当时张冲和龙绳祖都认为突围危险，极力劝阻。张冲忽又建议说："不如明天同何应钦、宋子文乘飞机去重庆时，在空中强迫驾驶员飞往越南。"龙绳祖更加反对说："这过于危险，一旦空中失事则同归于尽，这是不值得的。"张冲也未坚持，我也就放弃突围及其他盘算了。次日，我只好同宋子文、何应钦、卫立煌等乘飞机到重庆。陈诚和蒋经国候在珊瑚坝机场接我。蒋经国告诉宋子文，邀我直到蒋处吃饭。宋问我怎样，我说："我过于疲乏，需要休息，明天再去吧。"随即往李家花园住宿。

次日，宋子文来约我去见蒋。见面时他假装殷勤，话中略示歉意。我说："我在你的领导下服务很久了，自问对你、对国家、对地方都没有什么对不起的。改组一个地方政府，调换职务，这原是很普通的事情，但是不采用正常方式，而用这种非常手段，未免过分，这样做，恐对国人留下不良影响。"他很难堪地说："我的指示不是这样的，这是杜聿明搞错了，要处罚！"我又说："我身体不好，愿在重庆长期休养，关于军参院院长职，请另委贤能担任。"他说："要不得，要不得！"谈了一会，我就辞出回去了。第二天，宋子文、陈诚都来劝我快就任军参院院长职，并说，时间如果拖久，云南人民及在越南部队恐有误会。我再三推辞不果，最后只有勉强答应就职。随着，蒋介石就来看我，随便寒暄几句。临行时他说："这个房屋不合适。"他叫陈诚替我另外找较好的房子。后来陈诚告诉我说，已经在李子坝另外找好了一所房子，我即迁往居住。

这里我还要提一下：前不久看到杜聿明写的《蒋介石解决龙云的经过》一文中提到："何应钦和我经过五、六、七月这三个月之久，从多方面劝龙云自动辞职，并经龙的亲信卢汉等人婉劝，但均无效。"根本没有这回事，从来没有任何人劝过我自动辞职。真如杜聿明所说，那么就会引起我的注意，加以警惕，绝不会把滇军完全开到越南受降，这是不难理解的，殊欠真实。

卢汉由越南来重庆时，他来看我。我说："此间快要召开政治协商会议了，在此期间，我们的军队仍留在越南，暂勿回滇，静观政治协商会议的发展。如果达成协议，国内和平实现，你们即可正式回滇，着手进行退役复员的工作，恢复地方秩序。万一政协会议不能达成协议而告破裂，你们就在越南通电反对内战，与各民主党派一致行动，此时你们可以打回云南去，肃清蒋在滇的一切势力，并即刻通电反蒋。"后来由于他们处境困难，不能不接受蒋介石的命令，把部队开往东北和"共军"作战。最后潘朔端师长在海城起义，曾泽生军长在长春起义，这两件事我是高兴的；可是锦州卢濬泉军则效忠蒋介石，坚决反共，这是我最痛心的一件事。

我到重庆不久，中央各机关已陆续迁回南京。蒋又催军参院早日迁去，一面派飞机来接我。我拒绝坐飞机，改乘轮船到了南京。

军事参议院迁回南京数月后，因当时军队积极整编，机关也在改组，军参院的人员或退休退役，或另外安插，经处理完毕后即宣布撤销，另外成立了一个战略顾问委员会，委派何应钦为主任，我为副主任；因何应钦在美国，即由我主持。委员有于学忠、何键、贺耀祖、陈济棠、张发奎、蒋光鼐、熊式辉、蒋鼎文、陈绍宽、刘峙、邹作华、鹿钟麟、杨杰等，多半是担负过军政重要职务的人。这个机构是负责研究与战略有关的国防、经济、外交、交通等方面工作的。此时蒋介石在苏北的内战已暗中发动，空军也陆续出动了，表面上还未暴露，中共的代表也还在南京。后来他在山东沂蒙山区进攻解放军遭到失败后，迭次要我拟出"剿共"的计划。我也没有照他的意思办，就此搁下。

1947年夏天，蒋介石到庐山避暑，我却想往钱塘江观潮。他知道了，就叫白崇禧来劝阻我，叫我等他回京和我一齐去，要我先到庐山。我拒绝了，听说他也为此不大高兴。后来我女儿国璧到美国留学，我托吴鼎昌报告蒋，我要到上海去照料一下。他不允许，叫吴劝阻我。吴即对他说："志舟以前要想去杭州，没有得去，此次要去上海，又不得去，会不会因此而生误会呢？"蒋答道："龙志舟有亲共的倾向，不宜到上海。"后来我知道这种情况，心里非常不快，就促成了我决心脱离南京、前往解放区的计划。

　　我开始同上海的中共负责人吴克坚联系。吴托沈德健（鉴）先生来南京同我密商。我当时对他说："希望吴克坚帮助我找船，最好由南京下关秘密上船，离开南京到解放区。"沈大夫回上海和吴克坚商量后，第二次来南京对我说："吴克坚负责进行，但船到南京是有困难的，最好是到上海上船。"我说："能否一到上海就上船呢？"他说："吴的意思，你到上海要住两三天，他可以找安全的地方给你住，然后从容准备，才能上船。"商量以后，我考虑到那时我坐飞机或火车都有问题，只有坐汽车赶赴上海为妥。不料山东境内军事日渐紧张，吴克坚星夜派人来告诉我说：蒋军为运输援军，已将淞沪一带的船只完全封去了，所商定的计划无法实现。于是我不得不放弃坐船的计划，另想别的办法。虽然这个计划未能实现，但我对中共和吴克坚给我的关怀和帮助，迄今仍十分感激。

　　我自到重庆后，行动就被蒋特暗中监视。在南京，我住宅周围早已密探四布。如左侧邻居张继的住宅内，就有特务一个组。与我的住宅仅是一墙之隔。斜对门丁惟汾的住宅楼上，也有特务一组。从这两处看我的院内动静，了如指掌。最厉害的是，特务们在中央路旁的空地上，正对我的住宅大门，修了三间临时房子，周围用竹、苇编成，表面作为卖冷饮的。雇一女佣照料，特务隐蔽在屋内窥视，我家来往人等，他们都一目了然。周恩来总理离南京前，曾在一个夜间来看过我，第二天蒋就知道了。我每次郊游，都有特务暗中跟随。例如有一次我去采石矶游览，我的车后即有特务汽车跟随。另一次我到灵谷寺，亦复如是。由此可知，蒋对我暗中严密监视，真是无所不至。后来乘船计划没有实现，我才派我的秘书到上海找陈纳德密商，希望他派飞机来南京送我到广州转赴香港。我之所以找陈纳德，是因为陈纳德抗战时期在昆明与我私人关系还处得好。他的公司既是商业性质，自然唯利是图。我同他既有旧交，又出巨款租他的飞机，我想他不会告密。但他那时也有顾虑。他曾问我的秘书："蒋是否有公开命令不许龙院长离南京；如有这种命令，就有困难。"我的秘书说："没有发过公开的命令。"他就说："这就好办了，以后蒋如追问，我就有词可措了。"他们商量的结果，陈纳德认为飞机到南京时，不宜使用明故宫机场，因该地情况较为复杂，最好是用军用机场。我的秘书告诉他，军用机场检查甚严，不容易进去，陈说："我有办法。我在南京所用的汽车是寄在空军总司令王叔铭处的，只要我的人到南京，随时可以使用这辆汽车，用这辆汽车就可以不受检查。但是这辆汽车不能直接到龙院长家接他，他只能在约定的地点上车。至于什么时候，倒可以由龙院长决定后通知我。"交涉得了这样的结果，我暗中十分欣慰。此时正值冬令，为了麻痹特务，我便大办过年的东西，杀猪宰羊，腌肉，购买大量煤炭，作春节之用。特务看到这些情形，认为年前不会出事，监视也就比较松懈了。我每日起居，他们也清楚。我出外多半在午后，外出所坐汽车较新，目标显著，容易识别。当我决定时间离南京时，天将拂晓。为避免特务发觉，我改乘一辆吉普车，直到约定的地点。不几分钟，一个外国人（姓名不详）乘车来接我，同到军用机场。机场门卫挥旗三次阻拦，后见汽车是陈纳德的，车内又有外国人，即免予检查放行。我即安全地进入机场，乘机起飞。到上海着陆加油后，即直飞广州。到了广州，在一普通旅馆内午餐后，因事前已派人买好船票，故立即搭船到香港。

我离京到港前，曾亲笔写了两封信。一封由吴鼎昌转蒋介石，内容是责备他发动内战，祸国殃民等等。另一封交我的办公室主任，叫他在我离京后迅速通知各位战略顾问委员。这两封信用一个大信封密封，上面批明："未得我的命令不许开拆，俟得到命令后立即开拆分送。"我到港后，即电办公室主任照办。后来听说，吴鼎昌将此信送给蒋时，蒋甚为震惊，立即

龙云传

找张群、吴鼎昌、何应钦三人商议处理办法，决定由中央社发表消息说："准龙云在港休假三月。"他这样做法，用意不过是敷衍自己一时的面子，蒙蔽一般人的视听而已。消息发出后，南京议论纷纭，并且还曾糊里糊涂下令戒严，真是可恨，亦复可笑。

这就是我在抗战前后的几点回忆，其中难免有错，希望指正。

## 新增论文

### 1. 龙云献图寻踪

红军长征过云南，"龙云献图"是个历史之谜。寻踪"龙云献图"之谜，有助于我们认识中共抗日民族统一战线政策的影响下，龙云政治态度的转变及其历史地位。

**"龙云献图"不应是偶然事件**

1935 年 4 月 27 日，红军长征过程中，中央纵队途经云南曲靖地区，出现了"龙云献图"的事件。对这一事件传统的解释是"纯属偶然"。理由是，从当时公开发表的文告、报刊的报道以及历史档案的记载来看，都是龙云如何派兵"追剿"红军，正面奋力堵截红军，下令各县修筑城池、建筑碉堡，全省前后修筑碉堡达 4000 余座，甚至处罚以至枪毙"追剿"红军不力的县长，在宣威虎头山滇军与红军发生较大规模的战斗等等。综合以上理由，龙云不可能主动向红军献图。因而献图之事，纯属意外。

由中共云南省委党史研究室编著之《中国工农红军长征过云南史》一书，是这样记载的：4 月 27 日，中央纵队从岗路、甘塘一带出发，经乌柴沟，翻越东山，经中所、小泉、小河湾等村到达曲靖城北，然后沿滇黔公路进至西山乡的上西山、下西山、西屯村一带。红军进军神速，使敌始料不及。军委四局管理科科长刘金定、军委纵队作战科参谋吕黎平和侦察队队长陈育才率先遣分队沿滇黔公路行进到曲靖西山乡关下村时，发现一辆汽车从昆明方向开来。红军迅速就近隐蔽于公路北侧水沟里，待汽车驶近，发现系敌军军车后，便向汽车射击、喊话，逼迫汽车停下后将车包围

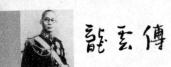

起来，当即俘虏了敌驾驶员及军官各一，缴获了红军正急需的十万分之一比例的军用地图 20 余份，云南白药 1000 多包，另外还有宣威火腿等物资。经提审敌军军官后得知，蒋介石命令薛岳（时为中央军湘黔滇"追剿"红军的总司令、贵州省绥靖公署主任、第二路军前敌总指挥）率军入滇"追剿"红军。薛岳因无云南详细地图，特派副官入滇向龙云索要。龙云原打算派飞机送去，但飞行员突然生病，改用汽车急送。想不到龙云送给薛岳的礼物竟在滇黔公路上被红军夺取 ①，这些物资都是红军所急需的，军用地图，尤为重要。

这在很大程度上是传统的意外偶然事件的解释。

然而，对这段历史还有另外一面的解释，这就是"龙云献图"不应是"偶然事件"，而是"有意而为"。它是在中共抗日民族统一战线的感召下，在红军长征的影响下，龙云政治态度转变开始的一个重要事件。

### "龙云献图"应是"有意而为"

龙云的"有意而为"，并非灵机一动的突发灵感，而是有其必然的历史发展过程的。龙云在 1927 年掌握云南大权后，最初是投靠蒋介石的，但龙云并非蒋的嫡系，不为蒋所重视，并随时准备加以吞并。因此，龙云从统治云南一开始，就决心建设"新云南"，作为与蒋介石中央政府抗衡的资本，随时准备应付不测事变。

1934 年底，蒋介石电令龙云以云南省政府主席兼"讨逆"军第十路军总指挥名义，出兵防堵红军时，为研究对策，龙云曾召开过好几次重要会议讨论。会议最后决定的意见是：对红军派兵"出境防堵"，不让红军进入

---

① 中共云南省委党史研究室主编：《中国工农红军长征过云南史》第 66—67 页，云南人民出版社 2006 年版。

云南为上策；万一红军进入云南，则采取"追而不堵"的策略，让红军尽快离开云南了事。[①] 这是为了防止蒋介石趁机以"追剿"红军为名，派中央军进入云南，解决云南问题，将云南纳入中央势力范围。这就是说，云南出兵"追剿"红军，与其说是对蒋介石"中央军"的支持，毋宁说是对蒋介石插手云南的防备；与其说是对蒋介石"中央军"的拥护，毋宁说是对云南地方利益的维护。因此龙云在做足了"追剿"红军的表面文章以后，又采取了其他的一些措施，其中"献图"是一系列措施中的重要一环。这一点，连龙云自己也有回忆。

据张冲（龙云的部将，后投奔延安，加入中国共产党）的儿子乌谷（云南省民委古籍办公室原主任、研究员）对笔者说，20世纪50年代初，新中国成立不久，张冲陪龙云在北京观看一个苏联艺术团演出，乌谷跟随在后面。艺术团演出开始前，龙云与张冲聊天，龙云曾说，1935年红军在曲靖缴获地图、白药等物资，是因为我（龙云）通过关系，预先告诉了他们（红军）这个消息的。话未说完，演出开始了，聊天遂中断。[②] 龙云到底通过什么具体途径与红军联系上的，仍不得而知。有人对此说表示怀疑，但乌谷却多次肯定，我听得明白，龙云确实是这样说的。

一次偶然的机会，我得知了龙云与红军联系的具体途径。那是1998年8月12日，在云南省政协会议厅的一次会议上，我巧遇到了张渔村先生（水电十四局离休干部、原边纵二支队营教导员）。他主动与我攀谈说，看到了你写的《龙云传》提到了"献图"一事，但未说明谁与红军联系的。我说，正在寻找线索。他说，龙云是通过曾任滇黔绥靖公署查缉队

---

① 孙渡：《滇军入黔防堵红军长征亲历记》，转见谢本书：《龙云传》第100页，云南人民出版社2011年版。

② 转见谢本书：《张冲传》第118页，四川民族出版社1993年版。

长、泸西人张永年，派人去曲靖与红军取得联系，通报送图消息的。张永年是张渔村的叔祖父。此事乃张永年晚年告诉其侄儿张德昌，又由张德昌告诉张渔村的。张渔村说，这件事没有错。[1] 只是联系的具体过程，仍不甚清楚。

张永年是龙云的心腹。1945 年 10 月，杜聿明奉蒋介石之命在昆明发动政变，迫使龙云下台后，李宗黄以代理省长之名统治云南。李宗黄上台后，抓捕了龙云心腹若干人，其中首先抓的一位就是张永年。李宗黄抓捕张永年，仅仅因为他是龙云的心腹，还是掌握了张永年"通共"的证据，不得而知。因为李宗黄从未宣布过张永年有何"罪行"。但张永年被捕，不会是偶然的。

### 两个回忆应是较为真实的

还有两个重要回忆，是支撑龙云"献图"有意而为的证据。

一个是著名作家马子华的回忆。马子华回忆，龙云曾亲口向他说：一天黄昏时突然有一个人来到公馆门口，向守门人说，要见龙主席，有紧急军情报告。我想了一下，就叫副官喊这个人进来，但是先摸摸身上有没有武器。隔了一阵副官把这人带了进来。我一看是个年约 30 岁的小个子青年，清瘦矮小，但眼光有神。一见面，他向我鞠躬行礼。我问，你从哪里来？他说：从威宁。哪个派你来的？他不回答，向左右看看。

我知道其意，叫旁边的人走开，这人便把棉衣的夹里子撕开，取出一封牛皮纸封着的信。我拆开一看，原来是老朋友、红军指挥官罗炳辉的信。信上说，这次红军长征，目的是北上抗日，并不想攻城夺寨，占据城池。现在路过云南，也无意来到昆明，叫我尽管放心，希望我的军队不要

---

[1] 张渔村回忆记录，1998 年 8 月 12 日于昆明云南省政协会议厅。

截堵，让红军经过一些州县，渡江过去，希望我拖住蒋军的后腿，不要让他们尾追红军。

我看了此信，非常放心和高兴，就对来人说，你回去报告你们罗司令官，我一定照办。

这人走后，龙云派人送信给前线指挥官孙渡，嘱咐他不要与红军交锋，尾追送客就行了，不必堵击；同时准备一卡车药品交给他，相机送给红军。①

又据张冲的大女儿张大简（中共吉林省委党校教授）回忆，解放初在北京，张冲去看望老红军赵荣时，曾说："他们（红军）长征过云南时，是我把他们送过去（指过江）的。"② 这与马子华回忆说的对红军"尾追送客"就行了的意思是一致的。

另一个是当事的汽车押运员的回忆。押送货物的汽车押运员赵汝成，当年他 18 岁，1935 年 4 月 26 日接到单位通知，要他次早到昆明巡津街都兰酒店，找中央军薛岳部队李副官报到，接受任务。4 月 27 日天气晴朗，早上 7 点半，我们带两辆车由护国路汽车管理营业部（现护国小学）出发，一辆是处长杨大义平常专用的小包车，驾驶员杨鹏章，准备给李副官乘坐；一辆是雪佛兰牌卡车，驾驶员钱载，助手李福，押运员赵汝成。我们到了都兰酒店，找到了李副官。

李副官是省外口音，穿军服，披狐皮大衣，未戴领章、胸章，我不知道他是什么官阶。他叫我们从他住的房里搬来几捆用玻璃纸密封的圆筒，搬上卡车。之后，他坐上小车，领着卡车到金碧路曲焕章大药房（今锡安

---

① 马子华：《一个幕僚眼中的云南王龙云》第 47—48 页，云南美术出版社 1994 年版。

② 张大简，1999 年 11 月 29 日给笔者的信，转见谢本书：《张冲传》第 117 页，四川民族出版社 1993 年版。

圣堂斜对面），由早已等候在那里的搬运人员向卡车搬上几十箱"百宝丹"（云南白药）。约9时许，小车在前，卡车在后，由昆明城往滇东公路驶去。李副官交代，此行目的地是云南沾益。

中饭后继续行车，卡车在前，小车在后，一路平静。不久，汽车爬坡，又下坡驶入一条狭长的路段。突然，在驶出弯道出口处，公路道心横挡着两棵被砍倒的大树树干，我们赶紧停下车来。一瞬间，响起了清脆的枪声。片刻之后，枪声停止，两旁传来了很多脚步声，在我们面前出现了许多戴五星帽的持枪的红军战士。红军战士见我们几个工人和蔼地说："我们是工农红军，不要害怕，不会伤你们的。"李副官则被几个红军战士押走了。

当天，我们受到红军的热情招待。次日，红军发给我们每人5元大洋做路费，放我们回家了。一个月后，我在昆明还见过李副官，大约是红军"宽待俘虏"政策释放的。这就是"献图"的经过，不过当时我并不知道密封圆筒装的是什么，后来才听说是军用地图。①

"献图"的运输过程说得够清楚了。不过他只是从押运员的角度来说的，对更深层的意义并不清楚。

**薛岳的"李副官"是中共特工吗？**

2010年秋天，记者张小弟到昆明调查、访问，谈及"龙云献图"一事，向我提出了许多质疑。他说，薛岳的李副官这样的大官，运送如此重要的军用地图等物资，竟然没有士兵跟随或保护（不管是薛岳部队士兵或龙云所部士兵），也不用军车而用地方运输公司的普通汽车，单枪匹马行

---

① 赵汝成口述，赵汝能整理：《关于"龙云献图"的回忆》，见《风雨忆当年——昆明市政协文史资料集粹》上册第56—64页，云南美术出版社1997年版。

走，这几乎是不可能的，也是难以理解的。不可能的事成为可能，则应别有原因，值得重视。他经过初步调查认为，这个薛岳身边神秘的李副官，应是"中共安插在龙云身边的我们的人"①。

2011年7月13日，《中华读书报》连续发表了三版长文，题目是《被隐没的中共高级特工卢志英事迹考略》，引人注目。不仅因为，该文题目上加了三句引言：毛泽东主席一次特殊委托，徐向前元帅所谈"我们的人"，长征路上鲜为人知的英烈往事；而且还是作为"庆祝中国共产党成立90周年特稿"。该文相当明确地暗示，这个薛岳身边神秘的"李副官"，就是徐帅所说的"我们的人"。这个人是曾在中共最高机关工作过的高级特工，在毛泽东、朱德、周恩来身边待过，也在刘伯承、叶剑英、李克农、陈赓、曾希圣、潘汉年身边待过。这个"看不见影子"的人，富有传奇性，应是长期从事秘密工作的革命先辈、中共中央特科重要成员卢志英。

卢志英（1905—1948），山东昌邑县（今潍坊地区）人，1925年加入中国共产党，先后在北平、南京、上海、杭州、西安、江西、贵州等地进行秘密工作，在周恩来直接领导下从事军情工作，在中共中央特科与钱壮飞属同类型干部，在南京秘密开展国民党高层统战工作，发展介绍了国民党中央委员王昆仑秘密加入中共。1934年打入国民党江西德安第四行政专员公署保安司令部，同专员公署专员兼保安司令莫雄结成了特殊的统战关系。

莫雄（1891—1980）是典型的民国军人，老同盟会员，与蒋介石关系很深，与国民党要员杨永泰、陈诚、张发奎、薛岳等深交莫逆；也与共产

---

① 徐向前在一次军队情报工作谈话中说，红军长征过程中，我们在西南地区行军，如鱼得水，就是因为我们在龙云、王家烈、刘湘、何键部队内部，有我们的人，并且破获了他们的电报密码。见《解放军报》2001年11月21日。又参见张小弟：《龙云献图的谜底和徐帅谈话的深处——寻找遗落在党史军史长征路上的悬案》，未刊稿，2010年打印稿。

党领导人周恩来、朱德、叶剑英等有着深厚的友谊。1934年3月，莫雄在杨永泰的推荐下，担任了江西德安第四行政督察专员公署专员兼保安司令。而莫雄又在共产党人的推荐下，让卢志英担任保安司令部的参谋长。其时，莫雄在蒋介石的眼皮底下，将"铁桶"合围红军的绝密情报，通过卢志英等共产党人传递给了在瑞金的周恩来。一星期后，红军大转移，长征开始，一举跳出了即将合拢的"铁桶"似的包围圈。

莫雄回忆说："在司令部内与我经常在一起的卢志英同志，给我的影响最深。"由于莫雄特殊身份的掩护，卢志英成为中共秘密战线打入国民党军队内部最深的人员。1934年12月，由莫雄推荐，卢志英进入正在"追剿"红军的薛岳身边，担任副官（人称"李副官"）。1935年1月，卢志英随薛岳进驻贵阳，后又转赴贵州毕节。此时，莫雄担任贵州毕节专员公署专员兼保安司令，而卢志英再度出任莫雄的参谋长。不久，卢志英又回到薛岳身边，继续担任副官。

于是1935年4月27日就出现了一个长征路上知名的故事，这就是"龙云献图"的故事。"龙云献图"的故事决非虚构，除了本文已引用的资料外，还有陈云的回忆，朱德的电报，时任周恩来警卫员范金标、魏国禄的记述，而且还说周恩来当时就在截车、献图的现场。赵汝成的回忆中提到，在截车后他被叫到后厅堂，看到一张红漆八仙桌上头坐着一位留着黑黝黝长胡须的红军干部，在随和气氛中结束了这次谈话。这位留着黑黝黝胡须的红军干部，今天的读者，应该一想即知是谁了。如果周恩来事前没有得到"龙云献图"的消息，是不大可能如此"巧合"地出现在截车现场的。

"龙云献图"被俘的李副官，一个月以后又出现在昆明。据多种史料分析认为，这个李副官在昆明真是如鱼得水、神鬼不知似的独往独来，取得云南最高当局的信任。他既有薛岳身边真正任职的经历，又有多次前往龙云府上"茗茶谈心"的经历，处事干练，办事周全。龙云既知他真正目的在哪里，又没有被蒋介石、薛岳抓住他通共把柄的任何担心。

该文指出，这个"李副官"的一切线索都指向一个人——卢志英。该文还认为，云南省著名历史学家谢本书教授从另一个方向逐渐接近了谜底。严谨学者谢教授的考证，与我们的考证思路"吻合"。卢志英作为薛岳李副官的身份来到昆明与龙云联系，于是就出现了"龙云献图"的事件。①

1947 年 3 月，因叛徒出卖，卢志英为国民党特务逮捕，于 1948 年 12 月就义于南京雨花台，享年 43 岁。

薛岳身边的"李副官"是否就是卢志英，王清波文章的倾向性很明显，但是没有作最后的结论。作为严肃的学者需有进一步考证；卢志英怎样把龙云与红军联系起来，具体情况也不甚清楚。然而这个颇有传奇性的神秘"李副官"及其与龙云的关系，值得我们重视，最终的奥妙与谜底的提示，也许为时不远了。

众多的证据已经或正在证明"龙云献图"属有意而为，龙云政治态度的转变是红军长征过云南时就已经开始，而不是全面抗战爆发后才开始的。

## 2. 最新发现的有关红军长征的龙云手稿

红军长征过云南对云南地区发生了深刻的影响。近日，偶然发现了与红军长征过云南相关的龙云手迹文稿，这既是十分珍贵的史料，也是十分

---

① 这一节的主要材料参见王清波：《被隐没的中共高级特工卢志英事迹考略》，《中华读书报》2011 年 7 月 13 日第 5、6、7 版。

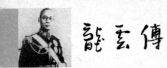

珍贵的文物。

有位收藏家在民间发现罕见的几件龙云手迹的文稿，准备高价收购，但难以确定其真伪，乃将手迹稿件电传给在美国波士顿的龙云最小的儿子、今年已84岁高龄的龙绳德先生，请他判断、鉴定。龙绳德先生也拿不准，遂请他将稿子电传给我，请我帮助鉴定。我收到电传手迹稿件以后，颇为震惊。因为龙云传世的手迹，十分罕见。虽然龙云在执掌云南大权的十多年内，曾有许多题词署名为龙云，但是这些题词，大多为文人墨客代书，真正龙云的手迹几乎未见。我虽然对龙云生平有所研究，但很抱歉的是，并未见过龙云真实的手迹。于是，我电话询问在美国的龙绳德先生，家中是否保留有龙云本人的手迹，以便核对。答复令人失望：没有，虽有署名龙云的文字，但都是别人代笔的。无法从手迹比较来判断，我只能从文字内容来推测了。

在这几件手迹文稿中，恰巧有两个，涉及到红军长征过云南的故事，初步判断其真实性是很大的，具有相当的史料价值。不妨全文引用这两个

龙云复朱德的信

手迹文稿如下：

第一个文稿，《龙云 1934 年冬复朱德的信函》

谨致玉阶兄台鉴：

见字吾（晤）面。

前日兄之信使已密将信件交付与我。悉知贵部商碓（榷）过滇入川之事尔。蒋虽令我阻击贵部入川，但为顾全大局，为兄弟之谊，弟已有所安排布置。我派孙渡住（驻）扎宣威，装样堵截。贵部可由兴义进入曲靖住（驻）军，做出要攻打昆明的样子，我回军自保。贵部可休整数日，让我稍做地主之谊，为贵部补充一点粮食、肉食之类。然后再碌（陆）续启程横穿到会理渡江，沿途我方追而不打。到达会理，我方按兵不动，贵部可放心渡江。

谅只能如此，不能吾（晤）面了。若有机遇，容后再叙。

弟志舟龙云（盖有"龙云之印"方章）

民国廿三年冬

第二个文稿，《龙云于 1935 年发给张冲的手令》

张冲接令

令尔率本部尾随"共军"之后，间隔五十公里左右追赶，防其生变。追至会理，按兵不动，让其顺利渡江入川，则我南滇之幸也。切密。

龙云（盖有"龙云之印"方章）

中华民国廿四年

这两个文稿，在当时是相当机密的，是绝密，因而龙云没有让别人代笔，而是自己手书，以便能更好地保守机密。龙云头脑清醒，机智过人，但文化水平不算高，加上一只眼睛失明，写字困难，因而手书字体

并不高明；而且还有错别字，如"晤面"写成"吾面"，"商榷"写成"商確"，"陆续"写成"碌续"等。显然文稿完成后，没有找人帮助润色、修订，而是直接送出，这是可以理解的。另外，这两个文稿，最后所盖"龙云之印"的图章，并不相同，给朱德的信函所盖图章较小（似属"私章"），给张冲手令盖的图章较大（似属"公章"）。从这些细节来看，是符合龙云的行为特点和身份的。

关于第一个文稿，龙云复朱德的信函透露，1934年底红军长征过程中，红军即将由黔入滇之际，红军总司令朱德曾派信使给云南省政府主席龙云送了一封密信，告知红军将"过滇入川"，让龙云放心，也希望龙云给予方便。这个密信，至今尚未发现。但是朱德给龙云送密信的可能性的确存在。一方面朱德与龙云有较深的关系，朱德是云南陆军讲武堂第三期学员，后曾任第四期教官；龙云则是讲武堂第四期学员，与朱德既是讲武堂先后同学，又有师生之谊。加上朱德后来长期在滇军中任职，与龙云既是同事，又是他的上级。虽然，朱德在滇军时期，与龙云的交往缺少文字记载，但也没有材料证明他们之间曾有过什么矛盾或不愉快之事。所以龙云信函中说，他与朱德曾有"兄弟之谊"，因而要"顾全大局"。另一方面，龙云回答朱德信中，提到的对红军入滇的方针，是"装样堵截"，并愿做"地主之谊"，给"贵部补充"，这很可能是朱德给龙云信中，提到的希望和要求。

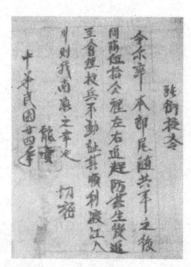

龙云给张冲的手令

至于这封密信是否送到朱德手中，尚

不能证实，但从后来历史发展来看，龙云确实是按照复朱德信函中的办法去做的，这就是滇军对红军入滇采取"追而不堵"的方针，创造条件，使红军尽快"过滇入川"。龙云提出的这个"线路图"，是符合后来红军过云南的路线的。而且在 1935 年 4 月 27 日，还演出了"龙云献图"的故事，龙云不仅给红军送去了十万分之一及五万分之一的军用地图，还送去了大批云南白药、宣威火腿、普洱茶等药品、食品，实现了给"贵部补充"的诺言。关于"龙云献图"一事，学术界曾有"偶然"与"必然"两种观点的争议，现在愈来愈多的材料证明，这不是一起"偶然"事件，而是龙云有意而为的"必然"事件，是龙云兑现诺言的必然结果[①]。龙云复朱德的内容，从历史发展的过程来看，大体上是可信的。

关于第二个文稿，龙云给其亲信，也是彝族的滇军高级将领张冲（原为滇军师长，废师改旅后为旅长）的手令，在张冲后来回忆中得到了认同。当红军即将入滇之际，蒋介石中央军薛岳部以"追剿"为名，进入云南境内时，张冲即向龙云建议，"眼下咱们的军队不是先防红军，而应当先防薛岳，我看红军不过是借路路过而已，对我们没有致命威胁，若我们要与红军大动干戈硬拼，两败俱伤时渔人得利，岂不正中老蒋的下怀。你既是总司令，就有权下令薛岳去追击红军，咱们也得做追击红军的姿态。我认为，你把这任务交给我来干，我自会见机行事。"[②]龙云接受了张冲的建议，很可能就在这时给张冲下了如此的手令，并让他率领近卫第一、二

---

① 这方面材料，可参见王清波：《被隐没的中共高级特工卢志英事迹考略》，《中华读书报》2011 年 7 月 13 日第 5、6、7 版；谢本书：《谜底寻踪——龙云献图新线索揭秘》，《学术探索》2011 年"理论研究"专辑；谢本书：《龙云献图寻踪》，《云南档案》2014 年第 2 期等。

② 谢本书：《张冲评传》，云南大学出版社、云南人民出版社 2014 年联合版，第 83 页；谢本书：《龙云传》云南人民出版社 2011 年版，第 106 页。

两个团兵力，尾追在红军之后，保持一定的距离，追而不打或按兵不动，做做样子。红军主力渡金沙江用了九天九夜时间，张冲也按兵不动九天九夜，红军得以安全渡江。据张冲大女儿、后为中共辽宁省委党校教授的张大简回忆，中华人民共和国成立后她随父亲张冲在北京看望老红军赵荣时曾说："你们长征过云南时，是我们把你们送过去的。"① 这个历史事实证明，张冲事实上是按龙云的手令办事的。龙云给张冲的手令，大体上也应是可信的。

还要提及的是，蒋介石经常给部下发手令，而龙云给部下发的手令，我还是第一次看到，这很有意思，也是很有趣的。

笔者在这里提出的是初步判断，但可能性是很大的，值得进一步鉴定和研究。

---

① 张大简 1992 年 11 月 29 日给作者信中的回忆。

# 再版后记

　　《龙云传》第一版出版以后，得到了学术界、民族界以及龙云家乡云南昭通地区、龙云原籍四川凉山地区各界人士的普遍好评。书出版后，发表了众多的书评，如辛平（孙代兴）的《评〈龙云传〉》，载《云南民族学院学报》1989 年第 1 期，袁国友的《人生历程的实录——评〈龙云传〉兼论历史人物传记的写作》，载《昭通师专学报》1991 年第 1 期，王汝丰的《喜读〈龙云传〉》，载云南社科院历史研究所《研究集刊》，1989 年第 2 期，宋光淑的《读〈龙云传〉》，载《人民日报》（海外版）1989 年 12 月 13 日，唐克敏的《谢本书和他的〈龙云传〉》，载《文汇读书报》1989 年 5 月 6 日，袁显亮的《提高昭通知名度的好书——与"龙云传"作者一席谈》，载《昭通报》1989 年 3 月 29 日等。这些书评，一致肯定了《龙云传》是一部成功之作，有自己鲜明的特点，同时也对书中的某些不足提出了修订的殷切希望。

　　龙云的家属，包括与作者曾有见面机会的龙绳文、龙绳勋、龙绳德先生等，对《龙云传》一书的成功也表示满意。他们认为，作者能写到这样的程度，已属不易。作者与龙云的大公子、在台湾的龙绳武先生虽没有谋面的机会，但龙绳武先生在其回忆录中，多次提到作者的《龙云传》（见张朋园的《龙绳武先生访问纪录》，台湾"中央研究院近代史研究所"1991年5月版），可见龙绳武先生对该书的兴趣。

此外，我还收到众多读者的来信，给予作者以很大的鼓励，同时提出某些宝贵的修改意见。这些读者，既有龙云的同时代的老人，也有老专家、老学者，还有龙云家乡的朋友，以及年轻的一代学人，如胡以钦、王汝丰、袁显亮、熊清华、陈本明、施子健、陇永志、安伍合等。在云南楚雄彝族文化研究所工作的四川凉山彝族同胞安伍合先生信中，有这样一段话说："大著在四川凉山彝族中，已广为传读，颇受欢迎。彝族中有识之士认为，您为彝族历史人物写传，没有任何民族偏见，实是难得。"（1989年4月24日给作者的信）

正因为如此，《龙云传》出版后不久，在云南省优秀社科著作评奖活动中，获省级二等奖，并在1991年得到以云南省人民政府名义颁发的奖金和奖状。

随着时间的推移，作者愈来愈感到，应该对此书进行必要的修订，更正部分史实，弥补某些不足；加上原书第一版虽发行近万册，却已难以再买到，需要的读者仍不乏其人。因此四川民族出版社副社长朱德齐先生向作者提出建议，出版修订版（第二版），作者慨然允诺。为此，作者在进一步听取各方面意见，再广泛搜集资料，以及进行必要的调查、采访基础上，本着下列几点思路，进行修订：第一，增加补充部分新发现的材料，使传记内容更加完善。第二，校订部分史实不够准确的地方和不够妥当的表述，使该书更经得起检验。第三，对重要材料，尽可能使用原始资料，并尽可能注明详细出处，以增强知识性和学术性。第四，全书框架和文字，基本上维持第一版的风格，但对文字作进一步加工、润色，使学术性与可读性更好地结合。第五，增加与传记有关的资料，充实附录的材料。

第六，增补必要的照片，使图文并茂。

作者按照上述思路，花了一年的时间进行修订，始告完成。在这个过程中，作者又得到乌谷、蒋家骅、袁显亮、张友炎、赵静庄、宋光淑等诸位先生、女士的帮助。乌谷先生不仅为作者提供一些新的线索，而且还无私地提供给作者几帧有关龙云的珍贵照片。特在此一并表示感谢。

尽管作者尽了自己的努力，然而不尽如人意之处仍然存在，错误和不妥之处也很难避免，这一切都希望读者继续批评指正。

作者

1996 年春于云南民族学院

# 第三版后记

　　《龙云传》第一、第二版，分别于1988、1999年由四川民族出版社出版，受到欢迎。2010年夏，我在云南电视台举办的"云南讲坛"讲授《民国风云人物——龙云》，八讲播出后，又引起强烈反映。中共云南昭通市委书记夜礼斌先生与远在美国波士顿的龙云之子——龙绳德先生通话，充分肯定《民国风云人物——龙云》的讲座，表示应该重印谢本书教授的《龙云传》，宣传昭通籍的历史文化名人，对于提高昭通的知名度，对昭通群众特别是青少年进行爱国主义教育和革命传统教育，促进昭通社会经济的发展，都是有益的。龙绳德先生告诉夜礼斌先生说，谢本书教授此时恰好也在美国波士顿。夜即请龙转告，谢本书教授回昆明后，尽快与他联系。

　　我于2010年9月返回昆明，与夜礼斌先生取得联系。夜礼斌先生趁上昆明办事的机会，约我在昭通驻昆明办事处见面，盛情款待。他表示，由昭通出资，请云南人民出版社再次重印《龙云传》3万册。其时在场的云南广播电视局局长（原云南省新闻出版局局长）张德文先生，当即与云南人民出版社社长刘大伟先生联系，得到了同意出版的肯定答复。

　　随后，中共昭通市委宣传部部长陆琴雯女士，为落实夜礼斌先生的意见，到昆明约我同赴云南人民出版社，与社长刘大伟、历史编辑室主任赵石定先生见面商议。大家意见，以《龙云传》第二版为基础，只作必要的文字校勘，不必作大的修改。但应当补充照片，改进版式。为此，我与云南人民出版社签订了出版合同。

根据上述意见，我除了校勘文字外，只在一个地方作了少许补充。出版社的责任编辑认真进行了编辑校对，修改了前二版中存在的一些问题。昭通市委宣传部、龙绳德先生以及我本人又提供了一部分图片供选用、补充。

经过短短几个月的努力，该书终于与读者见面了，这要感谢中共昭通市委、市政府、夜礼斌先生、陆琴雯女士，感谢云南人民出版社刘大伟、赵石定先生，还要感谢龙绳德先生的支持和帮助，使该书得以顺利再版。最后也要感谢四川民族出版社为该书的第一、第二版出版所做的努力。

作者

2011 年 1 月于昆明

# 第四版后记

凤凰电视台拟拍摄多集电视纪录片《龙云》，编导拍摄组到昆明采访、拍摄时，向我提到北京团结出版社编辑赵真一女士希望再出版拙著《龙云传》。随后，赵真一女士来电征求意见，我愉快地应允了。她希望介绍一下《龙云传》过去出版的情况。我作了简要的说明。

这是 30 多年前的事了，在 1983—1984 年间，四川民族出版社希望出版一套中国少数民族名人传记丛书。民国时期的"云南王"、统治云南 18 年之久、功勋卓著的彝族爱国人士龙云的传记自然是一个重要的选题。他们派人到昆明，请云南社科院副院长杜玉亭推荐作者。杜玉亭先生遂推荐了我。我当时在云南大学历史系任副教授、副系主任，搞中国近现代史的教学与研究。其时，我正在考虑写作与云南有关的近现代历史上重要人物、事件的系列著作，于是我愉快地答应了。

不久，我调到云南社会科学历史研究所任所长，同时晋升研究员，更能集中精力进行研究和写作。为了写好这个传记著作，除了在昆明查阅相关资料、访问知情人士外，我特邀约历史所的同仁孙代兴先生，一道去龙云家乡云南昭通、炎山等地调查访问。那个时候，从昆明去昭通好像是遥远的地方，没有火车，没有飞机，只能坐长途客车，汽车在路上整整走两天。而今天，从昆明到昭通，不仅有飞机、火车可达，而且公共汽车也只需 3 个小时左右。

因为交通不便，那时去昭通的人并不多。所以我们到昭通，成了个新闻。昭通地委（今昭通市委）、昭通市委（今昭通市昭阳区委）、政府、政协等单位领导高度重视，帮助我们调查访问、召开座谈会、查阅资料等。昭通市委还派专车送我们到龙云出生地——炎山考察。

炎山距昭通城区也就是五六十公里，当时是昭通市所属的一个区（今为乡），只有在不久前才开通的沿着大山边缘的一条简易公路。公路一边是山崖，另一边是悬岩，行车非常危险，易出车祸。简易土公路虽然通车了，但去炎山的人仍然不多。昭通市委派出的一辆吉普车送我们去炎山，五六十公里，车子也走了五六个小时。那天下着小雨，沿途许多地方雾茫茫，驾驶员肉眼只能看见二三十公尺远的距离，开车胆战心惊，十分小心，最后终于到达了目的地炎山区（今为乡）政府所在地。公路通车前，从炎山到昭通市区，走路要翻山越岭，没有两三天的时间是不行的。所以，龙云自 1911 年离开炎山老家后，虽然到过昭通，却从未回过炎山。这是金沙江边高耸的一个山间平地。

我们到达炎山时，区委书记、区长等一批干部出来迎接。据说，自土地改革以后，省里的干部基本上再没有来过这个偏远的山区。

次日，由一位副区长带着几位干部、民兵，为我们领路，到炎山松乐村等地龙云、卢汉的故居所在地及其相关地区进行考察、调研和采访，为我们提供了很大的方便，搜集到一些珍贵的材料。

经过两三年的努力，终于按照四川民族出版社的要求，完成了约 20 万字的《龙云传》，于 1988 年 6 月出版。第 1 次即印刷上万册，不久即售完，而且各方面反映甚佳。顺便提及，拙著《龙云传》与江南（台湾作家）的《龙云传》差不多同时出版，不过江南的著作是在香港出版的。看过这两本传记的读者反映，论点暂且不谈，仅就资料而言，江南的那本显然略有逊色，不过印刷装帧较好。

不久，四川民族出版社希望再版，我对原书作了较大的修订，对重要史料和引文详细注明出处，增加了附录资料，近 30 万字，于 1999 年 1 月再版（第二版）。

2010 年我应云南电视台之约，在"云南讲坛"上讲授了《民国风云人物——龙云》，八讲播出后，又引起了强烈的反映。其时，昭通市委书记夜礼斌认为，宣传昭通籍历史文化名人，这对于提高昭通的知名度，进行爱国主义和革命传统教育，促进昭通社会经济发展，都是有益的，遂请云南人民出版社再版《龙云传》。于是《龙云传》第三版，于 2011 年 3 月由云南人民出版社出版。第三版是在第二版基础上进行必要的润色，并补充了部分照片而成。

2014 年，凤凰电视台在拍摄纪录片《龙云》过程中，认真研究了拙著《龙云传》，认为写得好。团结出版社编辑赵真一女士遂请凤凰台编导征询我的意见，由团结出版社再版《龙云传》。随后，赵真一女士又电话征求我的意见，我当然很高兴。不过，2011 年由云南人民出版社出版第三版时，签有十年版权的合同，现在还不到十年，需要征求云南人民出版社的意见。

我遂找云南人民出版社总编赵石定先生商议，他说要征求领导班子的意见，几经协调，赵石定先生最后通知我，与领导班子成员交换意见后，同意由团结出版社再版。赵真一女士遂正式上报选题，准备出版。

这一版是在第三版基础上作了某些校订，鉴于近年学术界有新的问题出现，也有新的材料发现，对正文不便作较大修改，遂在附录部分增加新近发表的两篇文章，以为补充。

凤凰台在拍摄《龙云》电视片过程中，采访了龙云的幼子、今年85岁的龙绳德先生时，发现龙绳德的口述与拙著《龙云传》中几个具体问题的表述不尽相同，又一时难以考证。我只能说，暂以龙绳德先生的表述为准。然而，由于一时难以考证，拙著又不便修订，特说明如下。第一，龙云年轻时，在金沙江边翻了船一事，《龙云传》记载是做生意、运货的结果；龙绳德回忆是奉昭通知县的命令，龙云组织了一帮亲戚武装，去抓"半客"（土匪）途中，木船靠金沙江岸时，因风浪太大，拴在树桩上的绳索被吹断，造成翻船事故。第二，1914年，龙云在云南讲武堂跑马场与法国拳师比武，《龙云传》说此时龙云穿的是草鞋；龙绳德说穿的是布鞋。第三，1927年发生"六一四"政变时，《龙云传》说，龙云的眼睛受伤，是由于弹片打在玻璃窗上，玻璃碎片打伤眼睛所致；龙绳德说是龙云持枪抗击，时间久了，枪膛发热后挫，伤及眼睛。据龙绳德先生说，这些情节是龙云讲故事时说的。录以备考。

感谢团结出版社赵真一编辑及其领导、同人，为此书的再版所付出的辛勤劳动；也感谢四川民族出版社、云南人民出版社在这之前为出版《龙云传》所作出的努力。

作者

2017年4月于美国波士顿